"十四五"国家重点出版物出版规划项目

"经学与理学"丛书 何俊 主编

马一浮与现代新儒学

宋明儒学的传承创新

朱晓鹏 著

天津出版传媒集团

天津人民出版社

图书在版编目(ＣＩＰ)数据

马一浮与现代新儒学：宋明儒学的传承创新 / 朱晓
鹏著. -- 天津：天津人民出版社，2023.11
("经学与理学"丛书 / 何俊主编)
ISBN 978-7-201-19930-6

Ⅰ.①马… Ⅱ.①朱… Ⅲ.①儒学—研究—中国—宋
代②儒学—研究—中国—明代 Ⅳ.①B222.05

中国国家版本馆 CIP 数据核字(2023)第 206825 号

马一浮与现代新儒学：宋明儒学的传承创新
MAYIFU YU XIANDAI XINRUXUE:SONG MING RUXUE DE CHUANCHENG CHUANGXIN

出　　版	天津人民出版社
出 版 人	刘　庆
地　　址	天津市和平区西康路35号康岳大厦
邮政编码	300051
邮购电话	(022)23332469
电子信箱	reader@tjrmcbs.com
责任编辑	林　雨
装帧设计	卢炀炀
印　　刷	河北鹏润印刷有限公司
经　　销	新华书店
开　　本	710毫米×1000毫米　1/16
印　　张	21
插　　页	4
字　　数	270千字
版次印次	2023年11月第1版　2023年11月第1次印刷
定　　价	126.00元

总　序

　　这部"经学与理学"丛书是我主持的国家社会科学基金重大项目"'群经统类'的文献整理与宋明儒学研究"（13&ZD061）的最终结项成果的重要组成部分。整个项目的研究成果，除了我编著的《马一浮论学书信选读》（四川人民出版社，2020年），以及课题组成员各自撰写发表的数十篇论文等中期成果以外，最终结项成果包括了"马一浮编选《群经统类》整理丛书"与"经学与理学研究丛书"。项目于2020年结项，经专家组评定，并最终由全国哲学社会科学工作办公室审核，给予优秀。

　　文献整理丛书从2017年起陆续由上海古籍出版社刊行，如王宗传的《童溪易传》（2017年）、敖继公的《仪礼集说》（2017年）、陆淳的《春秋集传微旨》与孙复的《春秋尊王发微》（2019年）等。马一浮先生编选的"群经统类"所列著作虽然全部完成了整理，但是考虑到文献整理与出版近年来取得了很大推进，目录中的许多文献已经刊行，因此为了避免重复浪费，经与出版社商议，这套文献丛书的后续出版，将尽量选择尚未刊行的文献，同时兼顾释经文献的种类齐全，总数达二十余种。

　　研究丛书共五种，即此次刊行的四种论著与先行出版的《从经学到理学》（上海人民出版社，2021年）。我撰写的《从经学到理学》具有整部丛书的导论性质，与整部丛书构成有机的整体，但同时也是一项专题研究。因此,在项目结项以后,考虑到整部丛书还有待增补完善,以及出版的相关事宜,同时为了及时向学界同行反映研究的进展,听取意见,遂将《从经学到理学》先行出版。同年,"经学与理学"丛书经由天津人民出版社林雨编辑的申请,获得了"十四五"国家重点出版物出版规划项目,于今年刊行。

这次刊行的"经学与理学"丛书包括张涛、任利伟合撰的《〈易〉与〈春秋〉:宋明儒学的全体大用》,马强才、姚永辉、范立舟合撰的《〈诗〉〈书〉〈礼〉〈乐〉:宋明儒学的性道神化》,张天杰、申绪璐等合撰的《〈孝经〉与〈四书〉:宋明儒学的意涵新辟》,朱晓鹏撰写的《马一浮与现代新儒学:宋明儒学的传承创新》。由书名即可知晓,前三种论著是一个相对紧密的整体,构成了这部丛书的主体,最后一种与先行出版的《从经学到理学》相似,既是整部丛书的有机组成部分,也是可以相对独立的专题研究。只是对于整个课题而言,马一浮先生"六艺论"的研究具有更紧密的关系,因为整个研究是基于六艺论儒学思想展开的;经学之转出理学的问题则更独立一些,因为这是属于宋明理学的一个基础性的专门问题。

"经学与理学"丛书四种对各自的论题与结构都有详尽的阐述,毋须赘述。整个项目的初衷与考虑,我在《从经学到理学》的引言中作了说明,这里也就不重复了,故只简述这套丛书与整个项目的关系,以为序。

何 俊

2023 年 10 月 28 日

目　录

马一浮与现代新儒学——宋明儒学的传承创新

引　论

一

　　马一浮作为现代新儒家的开创性人物之一，并没有像其他几位开创者，如梁漱溟、熊十力一样，在当时就已经名满天下，而是在沉寂了半个多世纪以后才逐渐被人所知。尤其近年来，马一浮不仅被公认为现代新儒家的代表性人物之一，而且其人其学已经在学术界引起了越来越多的关注与研究。不过，随着近年来学术界对马一浮研究的展开，关于马一浮儒学思想体系的定位，其儒学思想的性质与特色，马一浮儒学思想与原始儒学尤其是宋明儒学、现代新儒学的关系等问题，也成为一个众说纷纭、难有定论的重要问题。由于马一浮的学术风格是崇尚孔子的"述而不作"，所以他在一生的思想和学术工作中并没有刻意去追求所谓创新，无论是其言说和写作，还是其关注阐述的理论问题，他反而都刻意地保持了一些十分传统的方式。因此，许多人甚至研究者们都认为，马一浮的思想与学术缺乏创新性，他们往往也不能理解一个没有创新性的马一浮学术思想的真正价值到底何在。如他最著名的"六艺论"，似乎也只是在复述先儒的"六艺之学"，到底有什么自己独特的理论意义？何况还有不少学者一直在质疑它缺乏历史学和文献学上的足够依据。尤其值得注意的是,学界虽然对作为马一浮核心思想的"六艺论"已经有不少肯定了其积极意义的阐述和研究,但是也应该还存在不少值得深入研究的问题。因为学界现有对马一浮"六艺论"的阐述,大都集中在介绍马一浮所主张的"六艺"该摄古今中外一切学术的观点上,但这只是论述了马一浮主张的"六艺"在学术整合上的统摄作用,却未能对马一浮关于"六艺"如何能统摄古今中外一切学术的整合作用作更深入的研究阐述,这样不仅在面对六艺统摄论的种种诘难时难以作出释疑解惑的有效说明,更难以明了马一浮提出"六艺论"的深层要旨。而这些显然是我们在研究马一浮学术思想时首先要解决的重要问题。在此基础上,需要更进一步探讨的问题是,我们不但要深入了解马一浮何以要提出其"六艺论"的深刻原因,"六艺"何以能统摄一切学术的内在理据,而且更要深入了解马一浮"六艺论"所揭示的六艺之间存在的内在联系、"六艺论"所体现的儒学精神及其所象征的文化观、价值观,以及由此形成的马一浮的"六艺论儒学"与原始儒学的"六艺论"的关系及其所具有的思想史和文化史的意义等。

依据我自己近年来的研究,马一浮的儒学思想还是有自己的重大创新的,而他的一个最重要的理论创新就是其所提出的"六艺论"。"六艺论"构成了马一浮的核心性思想学说,或者更准确地说是马一浮以其"六艺论"为中心建构了一个自己的儒学经典体系和理论体系,从而恢复和重建了孔子原始儒学的"六艺论儒学"。①从历史上看,孔子创建的原始儒学就是一种以"六艺"为中心,以中国上古和三代的整个文化知识系统和价值系统为基础,以"六艺"为总体框架的一种六艺论儒学思想系统,体现了孔子对个体理想人格的塑造和对内圣外王理想的追求。同样,在孔子之后直

---

① 详见朱晓鹏:《论马一浮对六艺论儒学经典体系的重建》,《浙江社会科学》2021年第3期;《论马一浮对六艺论儒学的重建》,《杭州师范大学学报》(社会科学版)2021年第5期及本书第二章。

到宋代为止,无论是谁,也无论是哪一派,儒家所有的思想传承与创新,都无不围绕着"六艺"("六经")这一儒家传统经典系统的诠释而展开,整个这一时期的儒学思想史也可以说就是一个以"六艺"("六经")为源头和中心建构起来的思想谱系的演变过程。只是从宋代新儒学兴起后,才构建起了一个以《四书》这一新经典系统为中心的新的儒学经典体系及儒学理论体系,从而打断了六艺论儒学的这一历史进程。所以,虽然我们还需要进一步从历史文献和理论逻辑两方面具体地考察论证孔子所创立的原始儒学就是一种以"六艺"为中心,以中国上古和三代的整个文化知识系统和价值系统为基础,以"六艺"为总体框架的六艺论儒学思想体系,但是我们认为孔子以其"六艺论"为中心建构了原始儒家的六艺论儒学这一说法是可以成立的。而马一浮的整个"六艺论"及其儒学思想实际上就是在阐述和论证孔门的这一六艺论儒学的。就此而言,我们尽管无意于在学术界提出了"心性论儒学""政治儒学""生活儒学"等概念之后,再去增添一个新的"六艺论儒学"的概念用以猎奇和炫人耳目,而是确实如马一浮自己所说的,"然寻究经传遗文,实有如是条理,未敢强为差排,私意造作"①,可以认定"此是孔子之教"②。从这个意义上来看,马一浮所阐述的六艺论儒学,是向原始儒学的致敬和回归,无疑是有其充分的历史和文献依据的,也是有其重要的价值和意义的。它既涉及对传统儒学(孔孟以来的儒学传统)的真实面貌、思想脉络、传承谱系及儒学基本精神等根本问题的全新理解,也涉及如何看待迄今为止已经建构起来的儒学史(如宋明儒学中由以《四书》这一新经典系统为中心的新儒学理论体系)所呈现出来的具有相当不同的面貌问题,而这种理解更可以超越单纯"史"的意义而同时具有

① 马一浮:《致叶左文(十)》,吴光主编,朱晓鹏、邓新文编校:《马一浮全集》第二册,杭州:浙江古籍出版社,2013年,第387页。

② 马一浮:《泰和宜山会语》,吴光主编,邵鸿烈执行主编:《马一浮全集》第一册,杭州:浙江古籍出版社,2013年,第8页。

当代的价值和意义，即可以进一步指向我们现代人应如何理解儒学传统、继承和发挥什么儒学精神以实现中华优秀传统文化在中国式现代化进程中的创造性转化和创新性发展等现代性问题。

正是出于这种认识，全面系统地考察研究作为马一浮思想学说的核心的"六艺论"及其思想理论意义是具有重大价值的，因为马一浮对儒学的理解和阐发，以及由此形成的他自己的儒学思想，都是以这一"六艺论"为核心和体系的。我们通过考察马一浮思想的形成演变过程，特别是其在浙江大学和复性书院讲学对"六艺论"及其以"六艺"为中心的群经大义的阐述，可以看到马一浮的"六艺论"不仅成为容纳和概括其核心性思想学说的观念，而且通过对以"六艺"为中心的儒学经典体系的系统诠释形成了一套自己以"六艺论"为中心的知识系统和价值系统，以及由此形成的马一浮自己独特的六艺论儒学的理论体系和文化体系。由此可见，我们固然可以说马一浮对自己所主张的六艺论儒学的观点的确缺乏从历史学、文献学上的充分论证，这是他自己也承认的，其中的原因既有在当时战争环境下所缀辑资料"俱已失散无存"，"手头无书，证据不足"[1]的条件限制，也有马一浮自己对"考据之疏，吾不以自病"[2]，不重视、不屑于多做这类功夫的治学方法上的偏好。但是如果说马一浮的六艺论儒学没有历史学、文献学上的足够依据，则不仅马一浮本人是不承认的，而且我们也是不赞同的，因为我们通过历史学、文献学的考察发现，以孔子为代表的原始儒学就可以说是一种"六艺论儒学"，而马一浮所做的只不过是对这种"六艺论儒学"的恢复和重建工作。因此，我们完全有必要替马一浮补上从历史学、文献学上对六艺论儒学的论证，做一番知识还原和思想考古的工作。

当然，对于马一浮的六艺论儒学这样一种思想学说的理论价值的认识和评价，仅仅从历史的维度出发是不够的，还需要从它所处的时代现实

---

① 马一浮：《致叶左文（十）》，《马一浮全集》第二册，第386页。

② 马一浮：《致叶左文（十）》，《马一浮全集》第二册，第390页。

这个重要维度上予以考察。马一浮正处于中国社会与文化遭遇空前剧变的时代，西方外来文明的强势冲击与本国社会文化的全面溃败，构成了一个不可回避的时代背景。由此产生的一个极突出的现象就是，以西方的全新知识系统为代表的现代器物、科技文明几乎主导了已经破碎不堪的中国的教育、文化及社会生活的一切方面，造成了中国社会全面性的价值迷失和意义危机。马一浮作为那个时代曾经"开眼看世界"的先进知识分子，是较早就能够深刻反思时代所面临的社会文化巨变、积极探求民族文化救亡图存的有效路径的学者。马一浮认为，民族、国家救亡图存的有效路径首先是要实现文化的重建，而中国原有的以"六艺"为中心的传统文化，实蕴含了巨大的优越性，因为以"六艺"为中心的传统文化，不仅是可以统摄古今中外一切学术的知识系统，而且是具有贯通天道性命、融合内外之道、成己成物的价值系统。因此，它具有超越西方文化的优秀品质，应该成为人类未来的普遍文化及其价值系统。从这个意义上说，马一浮提倡以"文艺"为中心的"国学"的优越性及其重要价值，其目的不仅仅是作为应对西方文化冲击所作出的具有中国特色的路径选择，实际上更是马一浮在文化价值上所塑造的一个理想的文化原型。

二

宋明儒学是马一浮从事儒学研究的一个主要论域。尤其在复性书院讲学时期，马一浮把他的六艺论儒学思想应用于对宋明儒学的研究、阐述及典籍选辑刻印推广工作中，并成为他在那里所从事的一项主要工作。我们发现，马一浮把对宋明儒学的研究、阐述与其典籍的选辑刻印工作这两者结合起来，的确意义非凡，它为我们无论是对马一浮思想的理解还是对宋明儒学的研究都提供了一个全新的角度。

现代中国学术语境中的宋明儒学研究，按形式来分类，大抵有二：一是以某个具体的主题为对象,如理气问题、知行问题、本体工夫问题、天理人性问题等, 围绕某个方面的问题展开相关探讨阐述; 二是以人物为对象,以学派为归趣,用以探讨阐述某一思想学说及其学派的基本思想和系统建构。由于具体的主题可以由具体思想者的研究合成,因此后者逐渐成为各种研究的基础和主要形式。就中国固有的学术传统而言,这种以人物为对象、以学派为归趣的研究范式,在借助于梳理一个个学派的建构过程以判明各种思想的归趣和宗旨方面,无疑有其不可替代的学术功能。而且这种以人物为对象、以学派为归趣的研究范式既与传统学案体一脉相承,又与西方哲学史的主流研究形式若合符节, 因此这种叙述形式也已经成为一般学术思想史研究包括宋明儒学研究的主流形态。近些年来,整个中国哲学史及思想史的研究不仅没有突破这种以人物和学派为主要对象的基本架构,反而有进一步流于这种固化形态的趋势。

然而, 宋明儒学的一个最突出的历史事实是儒学经典体系方面所发生的重大变化,即"退五经尊四书"现象的出现。当然,无论是儒学的发展与重建,还是儒学再辟或新儒学,都是基于先秦儒学而言的,是以先秦儒学包括先秦儒学的经典系统为基础而形成的。就知识形态意义上的宋明儒学的实际展开来看,正如儒学史上的其他阶段一样,宋明儒学中无论是谁,也无论是哪一派,其所有的思想传承与创新,仍然都是围绕着一些基本的先秦儒家的经典系统的诠释而完成的。但是这里最值得关注的问题恰恰在于,尽管就宋明儒学的整体而言,它所依据的儒学经典体系仍然是以"六经"为中心的原始儒家的传统经典系统为基本框架的,但是以二程、朱熹为代表的宋代理学所依据的儒学经典系统已经逐渐发生了变化,即发生了从以"六经"为中心的儒家传统经典系统向以《四书》为中心的新经典系统的转移,而整个宋代所谓新儒学的建立也正是以《四书》为中心这一新经典系统的建立与阐明为完成的标志的。可见,随着核心性经典系统的转移,其理论系统也必然随之发生转移。传统儒学转化为新儒学,实际上已经在很大程度上改变了孔子原始儒学以"六艺"("六经")为中心的儒家传统理论的思想宗旨和基本精神,余英时所谓的新儒学研究中将"道学从儒学中抽离了出来"①的问题其实就首先发生在宋代儒学思想史自身真实的发展过程中。

如果说以"六经"为中心的原始儒家的传统经典系统是"源",而以《四书》为中心的新经典系统是"流",那么我们现在对宋明儒学的研究就应该着眼于仍然以"六经"为中心的传统经典系统为基本框架的整体性儒学为主要研究对象,而不是以《四书》为中心的新经典系统,以二程、朱熹为代表的宋代理学为主要研究对象,否则就有聚焦于流而忽略了源之弊。但是就现有的主流研究形式来看,对于宋明儒学的研究是普遍地聚焦于以二程、朱熹为代表的宋代理学为主要研究对象的。对于宋明儒学的研究来说,单纯地从宋明儒学自身理论形态的变化来分析,恐怕难以得到充分的说明,尤其是随着宋代新儒学以《四书》为中心这一新经典系统的建立与阐明,逐渐形成了一种儒学内部以道统论为中心的新的儒学思想谱系,不断强化了一种以道统人物及其学派为中心的单一化儒学史的演化模式,基本上排除了宋代思想史包括儒学思想史本身的多样化的发展路径,并且影响到以后学术界对作为多样化的思想生态的宋代思想史包括儒学思想史的深入系统的研究,从而逐渐造成了现有的主流研究对于宋明儒学的认识存在着聚焦于流而忽略了源,甚至进而造成流源相分的偏颇。这种偏颇不仅使我们对这一时期思想史的认识出现了盲区,而且使儒学数千年的传统发生了断裂,而这种断裂也影响到了作为精神资源的儒学如何在当代实现传承与创新的问题。

从真实的思想史本身来看,宋明儒学的确是呈现为全面而丰富的多

---

① 余英时:《朱熹的历史世界——宋代士大夫政治文化的研究》(上),北京:生活·读书·新知三联书店,2004年,第8页。

元化思想面貌的。①我们可以发现,要真正认识与阐明宋明儒学这种全面而丰富的多元化思想面貌,一个重要的途径就是以原始儒学为参照系,重新回到"六经"这个源头,通过全面而细致地考察宋明诸儒对这一源头的抉发与阐明,去重新认识宋明诸儒的一系列相关思想主张,以此了解宋明儒学的全面而丰富的多元化思想面貌。同时依此路标,我们可围绕着宋明理学确立起来的《四书》的新经典系统所展开的论证与诠释,比较根据不同的儒学经典系统及其转移对于儒学理论形态而产生的重要影响。所以总起来看,我们无论是对原始儒学还是宋明儒学的研究,只有回归到"六经"之源,才能真正找到理解儒学根本精神的最重要途径,避免学术史研究只聚焦于流而忽略了源,进而造成流与源相分的偏颇,克服以往研究的盲区,打破现有单一性研究模式高度固化的局面。

当然,从学术史上看,历代前贤中并非没有人认识到儒学研究需要重新回到这种以"六经"为根柢的学术史路径,并以自己的切实研究示范这一路径。如明代大儒陈献章就不赞同宋儒对"六经"文本的修改补注,认为"六经不假群贤补,却忆宣尼下手时"②。他强调要以"六经"为根柢:"不睹六经教,空余百代心。"③明代另一大儒王阳明也反对朱熹等宋儒对"六经"文本的修改补注,他说:"如《书》《诗》《礼》《乐》中,孔子何尝加一语? 今之《礼记》诸说,皆后儒附会而成,已非孔子之旧。"④王阳明还认为"六经皆史",因为"以事言之谓之史,以道言之谓之经",于史求事,于经求道,其理同一,故"五经亦史"⑤。先儒无论求事求道必返归于"六经"。王阳明自己之

---

① 朱晓鹏、赵玉强:《平民哲学与社会发展——南宋浙学的文化精神及其现代价值》第三章"宋代思想的演变与南宋浙学的形成",北京:社会科学文献出版社,2019年。

② 陈献章:《读近思录》,孙通海点校:《陈献章集》卷六,北京:中华书局,1987年,第665页。

③ 陈献章:《题云津书院泰和刘氏》,《陈献章集》卷四,第387页。

④ 王阳明:《传习录》,吴光等编校:《王阳明全集》卷一,上海:上海古籍出版社,1992年,第8页。

⑤ 王阳明:《传习录》,《王阳明全集》卷一,第10页。

所以能够摆脱朱熹理学的羁绊而创立自己的心学体系，在很大程度上也是摆脱了朱熹等宋儒《四书》学体系的束缚而返归于"六经"，坚持以返璞归真、自明心体的态度追求自得之学的结果。清代学术"开山之祖"顾炎武，尝著《五经同异》三卷，纂辑宋元明几十家儒者的"五经"之学，以求彰明宋明儒学的宗旨。这些历代前贤以"六经"为根柢的学术路径，不仅表现了不同于宋明理学家对儒学精神的传承与创新的路径，而且有垂范于后人而标示出儒学对传统应取的传承与创新的基本方向。

进入现代学术世界以后，能涵持深厚学养而抱此识见者，是现代儒学的代表性人物马一浮。20世纪三四十年代，马一浮通过其少有的公开讲学力主从儒家"六艺"的整体性与基础性来理解原始儒学，从而自然地以此"六艺论儒学"的基本观念来理解和阐明宋明儒学，并以他的深厚学养与卓越识见，从宋明儒学大量的经部著述中选编了一批代表性书目，编为《群经统类》丛书，拟加以刊刻，以备学者进一步深入研习。马一浮强调以"六艺论儒学"来理解和阐明宋明儒学，实际上就此揭示了宋明儒学认识上的一个重大盲区，而他开列的《群经统类》书目就标示了可以展开此种认识的具体路径。《群经统类》丛书基于儒学有机整体性的立场，选定了易、书、诗、礼、春秋、四书、孝、乐共8类50余种著述，总约700万字，不仅涵摄了以"六经"为中心的儒家经典的基本体系，而且覆盖了宋明时期各具特色的学者，并兼及若干与宋明儒学高度相关的宋代以前和清代的重要著述。概言之，《群经统类》在文献的层面充分展现了宋明儒学的整体形态，极不同于以往学术史上所呈现的以朱熹等少数宋明理学家为主要对象、以宋明理学确立起来的经典《四书》为中心范围的宋明儒学面貌，为人们重新呈现了一个以"六经"为中心的宋明儒学的整体性思想世界。①它提供了更全面地重新认识与理解宋明儒学的重要平台，以此为基础的宋明

---

① 详见朱晓鹏：《论马一浮〈群经统类〉视域中的宋明儒学》，《哲学研究》2021年第3期及本书第四章。

儒学研究也将可以由此获得根本性的推进。然而遗憾的是，由于种种原因，不但马一浮自己生前没能利用好这一平台对包括宋明儒学在内的传统儒学作出全面系统的重新阐述，明确地申明己见，而且无论其门下还是学界都对其独特的思想学术缺乏足够的理解、研究和弘扬，而只能留待后来学者承担起相应的责任了。

　　总之，马一浮通过《群经统类》所建构的宋明儒学的思想谱系实际上是其一贯主张的六艺论儒学在思想史上的经典呈现，也是对其主张的六艺论儒学的有力证明。我们需要进一步具体追问的是：以《群经统类》经典系统为中心所确立的宋明儒学的具体面貌是什么？马一浮为宋明儒学确立起的这一个经典系统具有怎样的学术与思想范式功能？它体现了马一浮自己对儒学包括宋明儒学的思想及其传承谱系怎么样的独特理解？马一浮通过对传统儒学、宋明儒学的经典诠释形成了自己怎样的经典诠释理论与方法？事实上，尽管马一浮以《群经统类》为中心所展示的是马一浮自己所理解的宋明儒学思想的整体性面貌，大大越出了传统上对朱熹等宋明儒学的理解范围，但是在实质上它是回到了以"六艺"为根柢的经典体系，也就是以中国上古的整个文化知识系统为基础，以"六艺"为总体框架的一种思想系统。它力图复原原始儒学的基本旨趣和传统，把儒学放在久远、丰厚、多元、开放、融通、博大、鲜活、典雅的中国文化传统中来予以理解和重建。通过对马一浮这种以经典为中心的宋明儒学的学术史梳理和经典诠释的考察，我们还可以深入考察马一浮的六艺论儒学不同于程朱、陆王心性论儒学的主要内容。以程朱、陆王为代表的宋明儒学是以《四书》为中心，以人物、学派为脉络构建起来的儒学道统思想谱系，以心性义理之学为其主要对象和内容。而马一浮是以"六艺"为代表的经典为中心（"六艺"涵盖《四书》）来诠释其所建构的儒学思想系统，尤其是宋明儒学的思想谱系。总之，在马一浮那里，无论是《群经统类》，还是《泰和宜山会语》《复性书院讲录》所体现的其儒学思想体系，都是一种以"六艺论"为中心的经典诠释所建构的儒学思想系统,呈现了一个全新的以"六经"为中心的宋明儒学乃至整个儒学的思想世界。马一浮的这种以《群经统类》为经典文本构建起来的"宋明儒学"的思想系统,是对原有的"儒学"及"宋明儒学"概念的解构。这样,马一浮的六艺论儒学思想不仅在很大程度上改变了传统上对宋明儒学的理解,更涉及对传统儒学(孔孟以来的儒学传统)的真实面貌、思想脉络、传承谱系及儒学基本精神等根本问题的全新理解。

三

我们说,面对学术界关于马一浮儒学思想体系的定位、其儒学思想的性质与特色,尤其是马一浮儒学思想与宋明儒学的关系、与现代新儒家的关系等问题众说纷纭、难有定论的局面,如果我们从马一浮在浙江大学、复性书院讲学时所阐述的"六艺论",以及在复性书院时编辑的那批以《群经统类》为主的有关宋明儒学经典著作系列来看这些问题,可能会有一个新的很好的切入视角。既然马一浮通过"六艺论"和《群经统类》所建构的儒学经典体系和儒学思想体系实际上是其一贯主张的六艺论儒学思想的经典呈现和理论建构,那么它所体现的马一浮自己对儒学包括宋明儒学的思想及其传承谱系的独特理解对于我们理解传统儒学和宋明儒学具有什么样的价值和意义呢?马一浮的这些思想对现代新儒学和现当代中国文化的发展重建又具有什么意义、具有怎样的贡献及其启示呢?显然,这些问题对于马一浮思想的研究而言,并不是一个单纯的某些方面性的问题,而是关联整个马一浮思想内容的整体理解、把握和拓展研究的基本问题,当然,实际上也是一些学术界似乎很少提出过的难点问题。

可以说,以"六经"为中心重建的儒学经典体系改变了宋代以来以《四书》为主导的这一思想路向,其意义不仅在于极大地拓展了宋明儒学研究的文献基础,更新了传统观念里宋明儒学的基本面貌,更体现了马一浮对于孔子首创的六艺论儒学经典体系的回归与坚守。在古代中国文化中,"六经"本就占据核心地位,"六经"文本及历代经注既为人们提供价值基础,也不断通过制度形塑了人们的生活方式。即使对于宋明时代的儒学学者而言,"六经"也同样是他们知识、教育和精神生活的基本背景,《四书》之学——或者说依据《四书》而建立的天道性命之学——只不过是他们基于时代问题对经学所作出的新的哲学诠释。正因为如此,马一浮依此理念编辑的《群经统类》所呈现的一个以"六经"为中心的宋明儒学的思想世界只是马一浮六艺论儒学思想在学术史、文化史研究上的典型反映。它一方面体现了对宋明儒学研究中已有以学派为中心的研究范式的反思,即我们需要回到以"六经"为中心的广阔论域中去勾勒宋明儒学史展开的原生形态,并由此获得对宋明儒学的全新理解;另一方面,它也是超越《四书》学的框架返回到传统儒学整体性形态之中的一次尝试。这也使它既有助于我们从"六经"元典这一源头性、基础性上对中国儒学史及整个中国思想史作出重新认识,更有助于我们从研究范式的更新上去进一步传承和创新作为精神资源的儒学及整个中国文化。

因此也可见,马一浮这种对儒学的全新理解不仅具有"史"的意义,更具有当代的价值和意义,它对于当代中国文化乃至世界文化的发展创新也仍然具有一定的普遍价值和意义。马一浮对六艺论儒学思想的重建不单纯具有学术史的价值,还具有文化史上的重大意义,因为它实际上已重建了一个新的儒学文化体系。这也就是任继愈说的,马一浮的"六艺论"不仅表达了其所理解的儒学思想学术体系,而且表达了一种整体性的儒学文化观乃至中国文化观。①因此,马一浮儒学思想的一项重要特质就是,它既是一种独特的学术观,也是富有创新意义的文化观。如果进一步从文化

---

① 任继愈:《〈马一浮集〉》序》,虞万里等编校:《马一浮集》第一册,杭州:浙江古籍出版社、浙江教育出版社,1996 年,第 1 页。

学理论上来看马一浮建构的这个儒学文化体系,我们可以发现,实际上马一浮是以"六艺"为儒学及整个中国文化追本溯源的元典,并以此为基本的知识体系和价值体系来形塑儒学甚至整个中国的文化,可以说这就是以"六艺"为一种基本的"文化原型"。在马一浮看来,"六艺"之所以可以成为一种中国文化基本的"文化原型",首先在于它反映了中国文化中那种最初的、原始的、最本真的文化精神。此外,"六艺"作为一种文化符号体系生动有效、全面深刻地体现了中国文化的根本价值取向,具有普遍性的意义,在中华民族的思想文化及社会生活中产生了持久、广泛和深刻的影响,从而成为强烈地形塑着中华民族的历史和文化面貌的"文化原型"。同时马一浮一再地强调"六艺"为教的意义,认为整个"六艺"就是儒学及整个国学的根本教典,因此马一浮一再地把"六艺之学"称为"六艺之教"①"成均之教"②,强调:"学者当知六艺之教,固是中国至高特殊之文化",并且相信它不但是中国文化的原型,也是"可以推行于全人类,放之四海而皆准"的文化原型。③因此,马一浮相信以儒学文化为主导的中国文化的基本方向也是整个人类文化发展的根本方向。尤其是马一浮所提倡的"六艺论"体系不仅有知识上的分类,还有精神价值上的归统。分类既保证了学术、知识的条理性,也暗示了这一体系本身的开放性,即人类一切新旧知识、思想只要经过条理化的分类,皆可纳入这一体系。归统则确保了这一体系的价值统一性,使得"六艺论"体系蕴含了马一浮所认为的儒学基本精神和文明理想,对于打破当代教育和学术研究中学科、专业的过分分工和划界,反思人类知识体系和价值体系的分裂和对立现象,重建对世界的整体性认识具有丰富的启发意义。这也正是马一浮十分欣赏和追求的境界和智慧。马一浮主张以"六艺"该摄古今中西一切学术,要求"不分今古、

---

① 马一浮:《泰和宜山会语》,《马一浮全集》第一册,第 8 页。

② 马一浮:《泰和宜山会语》,《马一浮全集》第一册,第 23 页。

③ 马一浮:《泰和宜山会语》,《马一浮全集》第一册,第 19 页。

不分汉宋、不分朱陆"①、不分中西内外、兼收并蓄、融会贯通，不徇外物、不私内欲，上不媚神鬼、下不欺百姓，以一种充满恬淡自然、包含了"多样性的统一"②的圆融境界，真正体现了富有中国文化特色的人文主义精神。它体现了知识与价值的统一，理性与信仰的统一，天与人、群与己、内与外的合一，理智与感性、礼与乐、德性人生与艺术人生的统一（礼乐人生），它对于当代人的个体完美人格的塑造和自我道德的培养仍具有重要价值和启示。显然，重建诗书礼乐等"六艺"文化，弘扬"六艺之教"的人文精神，应该是马一浮六艺论儒学的一项主要追求。而在马一浮看来，"六艺之教"的重心在德性涵养、变化气质，其最终目的便是培养完满充实、知行合一、德道一体的六艺之人，也就是具有丰富健全的人格形态之人。这一思想对于当今时代人的全面发展和社会整体性文明的建设都仍具有重要的方向性意义。因此，"六艺论"文化可以说是马一浮在激变动荡时代对中华民族自身文明传统的一种归复，更是对人类文明未来方向的一次重要探索。

当然，马一浮的六艺论儒学也存在一些重要的理论局限和内在矛盾。如马一浮的六艺论儒学与心性论儒学存在由对立逐渐趋同的现象，由此造成了六艺论儒学存在知识与价值的紧张和矛盾，即由在知识论层面对"六艺论"的崇尚又倒退到在价值论层面以心性论为主导的思想取向上。同样，马一浮的六艺论儒学在"内圣外王"问题上，也存在内圣有余、外王不足的问题，实际上其"内圣外王"之学最后往往是以内圣代替外王，外王只是主体道德从意志到行为的自我循环，表现为强烈的内在化倾向。当然，马一浮之失也是整个传统儒学之失，是自原始儒学以来的通病，在其理论框架内本无可解之方。由此，马一浮最终趋同于宋儒的心性论儒学，也有其理论逻辑和时代的必然性。另外，马一浮在"判教"上也存在不少失

---

① 马一浮：《尔雅台答问》，《马一浮全集》第一册，第413页。
② 丰子恺：《桐庐负暄》，吴光主编：《马一浮全集》第六册（附录），杭州：浙江古籍出版社，2013年，第343页。

误,特别是其过于严苛的是非得失观是建立在以儒学为标准的基础上的,其标准本身就不能保证完全客观公允,自然就难免判教不能客观、公正了。因此,尽管马一浮极力倡导圆融、贯通、不分今古汉宋等超越"局而不通"之弊的学术理想,其自身却仍然有囿于过于严苛、固化的是非判断和价值选择之弊,也难免进一步造成了传统与现代、中学与西学、儒学与其他思想学说的某种紧张和对立。这些无疑是当代儒学如要获得真正的发展就必须面对和解决的问题,同时它也是一切传统思想文化要在当代获得真正的重生和发展必须面对和解决的普遍性问题。

第一章 传统与现代:马一浮的思想演进

马一浮作为现代新儒学的创始人之一,恰恰是有着十分深厚的传统文化和儒学思想根基的。因此,尽管在他成熟的思想学术中,他已经回归传统学术特别是儒学思想,甚至其学术风格和言说方式都是十分传统的,但是其实他仍然是有着自己创新性的儒学思想的,而且他在早年还曾经有过激烈地反传统而追求现代西学的思想经历。他弃旧图新、热衷西学、激烈反传统的早期思想,在很大程度上恰恰促进了他后来向传统的回归,甚至可能构成了他后来形成自己独特的新儒学思想的必要张力,而整个马一浮的思想学术,也经历了一个从传统到现代,又回归到传统的一个曲折演变过程。

第一节 从传统到现代

马一浮是学问渊博、涵养深厚的学者,与梁漱溟、熊十力一起被视为"现代新儒学三圣"。但是与梁漱溟、熊十力颇为不同的是,马一浮并没有像他们一样在当时就已作为现代新儒学的开创者名满天下,而是在沉寂了半个多世纪以后才逐渐被人所知。其中的一个重要原因就是,马一浮的学术风格一向是崇尚孔子的"述而不作",在其一生的思想和学术工作中并没有去追求所谓的创新,无论是其言说和写作的方法,还是其所关注阐述的理论问题,都刻意地保持了一些十分传统的方式,还有他乐于自隐、不务虚名,不愿进入现代大学及学术体制。正如有研究者指出的:"甚至一些对马一浮有好感的人或研究者也同样认为他是继承传统有余而创新不足,是儒家而不是新儒家……即使像竺可桢这样欣赏马一浮,请他去浙江大学任教的人,也认为马一浮复古精神太过……以后一些像李慎之这样的学人干脆就说马一浮不属于现代学术了。"[①]然而,如果我们深入了解一下马一浮一生的思想演变过程,不但可以看到他的确有自己的创新性的儒学思想,而且可以发现其实他在早年有过激烈地反传统而追求现代西学的思想经历。显然,考察马一浮这样一个从传统向现代的转变过程是如何发生的、它又具有什么样的内涵等问题,对于了解马一浮后来如何回归传统恰恰是必要的,甚至构成了他后来形成自己独特的新儒学思想的必要张力。这样看来,我们还是需要对这一学术界关注得还比较少的马一浮早年从传统向现代的转变过程先展开深入系统的探讨。

一、弃旧图新

马一浮所成长和活动的时代正在经历"数千年未有之大变局",在腐朽愚昧的清政府的专制集权统治之下,近代中国的社会文化受到西方文明的强势冲击已溃败崩解,国家和个人均深陷于空前的苦难和危机之中。这些无疑构成了马一浮不可回避的时代背景,对其产生了深刻的影响。

马一浮的青少年时代是在故乡绍兴上虞度过的。在这山水秀丽的江南乡村,马一浮以勤奋和聪慧获得了神童美誉。1898 年,16 岁的马一浮应

---

① 陈锐:《马一浮与现代中国》,北京:中国社会科学出版社,2008 年,第 5 页。

父命参加县试就独占鳌头、名震乡里。如果不出意外,马一浮应该会在传统的科举考试的道路上走得很远。而且,"马一浮在家庭中受到的是典型的儒家教育,儒家的道德文章以及封建的八股取士、科场功名正是他的父亲对他所能唯一寄予希望的"①。但马一浮却在17岁新婚后不久就去上海求学,与好友谢无量等人一起学习英语、法语,其间虽因父亲病逝、妻子亡故曾短暂回乡,却能在经历了这些人生中重大的不幸事件后仍坚定不移地回上海学习外文和西学,并与谢无量等人共同创办了《二十世纪翻译世界》,全力投入对各种新学的研习译介,直至1903年6月赴美国工作和游学。②这长达五年的经历,对于年轻的马一浮来说,无疑是其人生和思想观念上的一个从传统到现代的巨大转变过程。

那么这种巨变是如何发生的呢? 可以说,几乎所有马一浮的传记及相关研究都没有深入具体地解答这一问题。实际上,如果结合当时的社会历史状况,应是可以找到主要原因的。

首先,要了解马一浮的这种思想巨变,就应先搞清楚马一浮此前的思想状况。马一浮在自述其一生学术路径时说:"余初治考据,继专攻西学。用力既久,然后知其弊。"③可见马一浮在转向西学前曾有一段"治考据"的时期。对于这段"治考据"时期,马一浮专门回忆过:"某幼时尝依张文襄《輶轩语》求治经门径,及用力既久,方知此只是目录学,与身心了不相干也。"④由此可见,马一浮最初治学,是依清儒所通行的以考据、目录之学为主的路径进行的,而这个时期大概应从早年求学、入绍兴府学直到1901年去上海游学为止。马一浮在这方面的学习成效,应该还是不错的,从他在"需以古籍集句成文"的县试中考了第一名的成绩这件事中可见一斑。

---

① 滕复:《马一浮思想研究》,北京:中华书局,2001年,第6页。
② 马镜泉、赵士华:《马一浮评传》,南昌:百花洲文艺出版社,1993年,第14~15页。
③ 乌以风:《问学私记》,《马一浮全集》第一册,第771页。
④ 乌以风:《问学私记》,《马一浮全集》第一册,第771页。

但是马一浮在深入研习之后发现,"此只是目录学,与身心了不相干",最终予以放弃。这说明此时的马一浮已不满足于考据、目录之学的外在知识性的学习,而要求能诉诸身心的内在性体悟和自得之学,这显然是其思想认识上的一个巨大进步, 正是这一思想进步促成了马一浮放弃传统的知识体系和治学路径,转而投入当时方兴未艾的西学东渐的洪流中去。

其次, 促成马一浮放弃传统治学路径的最直接原因是科举制度的改革和废除。自 19 世纪中期以后,拥有船坚炮利的西方列强以一种强硬的方式宣示了其代表的现代器物、科技文明方面的巨大优势,也凸显了中国传统科举制度下人才选拔和教育上的落伍和积弊。由于科举的内容和形式已无法为晚清社会提供足够先进的机械和技术人才, 更不可能据此培养出具有创新性思维能力的新式人才, 所以清末维新派代表人物严复在《救亡决论》中,明确提出变法"莫亟于废八股""禁科举"①。中日甲午战争的失败进一步刺激了中国社会改革科举制度的需求, 清政府及各省于甲午战争后的次年(1896 年),向日本派出了第一批留日学生。也正是马一浮参加县试那一年轰轰烈烈的戊戌变法运动发生了,京师大学堂成立,拉开了废除沿习了一千多年的科举制甚至整个封建专制制度的序幕。1901 年清政府迫于内外严峻形势,明令变通了科举章程,1905 年正式废除了科举制,代之兴办各类新式学校。显然,正是这种科举渐废而新学速兴的重大社会政治和文化教育趋势上的变革, 成为决定马一浮无法继续沿着科举制的道路前进的主要原因。如与马一浮参加同一场县试的鲁迅,就于同年去南京,先后入读了新式学校南京江南水师学堂和江南路矿学堂;另一著名的同乡杜亚泉于 1898 年应蔡元培之聘任绍郡中西学堂数学教员,两年后又赴上海创办了中国近代首家私立科技大学——亚泉学馆,致力于西

---

① 严复:《救亡决论》,载《严复论学集》,北京:商务印书馆,2019 年,第 177、191 页。

学的普及教育,成绩卓著。在这样一种时代背景下,马一浮放弃科举的旧途也就不难理解了。不过,尽管"西学东渐"之风已愈演愈烈,新式教育也正在兴起,但能像马一浮这样做的年轻人毕竟还是属于思想较为先进的知识分子,其大胆作为对于大多数仍受传统价值观影响的家庭来说还是一时难以接受的。据说马一浮父亲生前就十分反对他"远离家乡去读书这件事"①。这也表明了年轻的马一浮已很有自己的主见和胆识,也承受了不少压力。

当然,推动马一浮实现上述人生和思想路径上的巨变的另一个重要原因是马一浮对西学的热切向往。在近代中西文化的激烈碰撞下,特别是在戊戌变法维新运动的激荡下,向西方学习以便寻求科技发展和社会变革的真理成了当时先进中国人的共识,马一浮和那些具有爱国抱负的知识青年一样,真诚地渴望新知识、追求新文化,所以他决然辞别老父和新妻到上海游学,首先就是为了能学习外文直读西方原著,了解西方最先进的思想文化资源,用以启迪自我、唤醒民众,谋求人类的普遍幸福。马一浮在1902年写的《故马浮妻孝愍汤君权葬圹铭》中说:

> 浮之为志,不在促促数千年,数十国之间。以为全世界人类生存之道,皆基于悲之一观念所发布,渐次而有家族、社会、国际之事,迄于今日,其组织规则,尚未有完全者。不改革全世界迷信宗教、黑暗政治之毒,则人类之苦无量期,而国种优劣存亡之故,尚为人类历史事实之小者。浮之言曰:吾欲唱个人自治、家族自治,影响于社会,以被乎全球。破一切帝王圣哲私名小智,求人群最适之公安,而使个人永

① 马镜泉:《马一浮传略》,载毕养赛主编:《中国当代理学大师马一浮》,上海人民出版社,1992年,第153页。

永享有道德法律上之幸福。①

从文中可见，此时的马一浮已吸收了很多西学中新的思想文化观念，融入自己的血液并转化为自己的全新价值观。他要求超越一家一族、一国一地的范围，而追求全人类的最普遍的价值："破一切帝王圣哲私名小智，求人群最适之公安"，"以为全世界人类生存之道"。所以，"马一浮之志、之学、之性情，之意识"也不是简单的求知和个人在仕途、功名及道德上的自我实现，而已经是关乎全人类生命存在的终极意义和超越的价值。显然，马一浮已开始超越一般传统知识分子的追求，而成为具有新型知识分子特质的先进中国人中的一分子。正如《马一浮评传》中所说的："自1901年清政府迫于形势，正式明令变通科举章程后，中国出现了一个不同于旧式文人或封建士大夫的新式知识分子群体。他们接触了西方资产阶级的社会政治学说和自然科学，受着民族危难的刺激和群众斗争的影响，纷纷走向清皇朝的对立面，成为清皇朝统治者无法控制的一股力量。"②历史表明，这实际上就是中国现代新文化运动和社会政治运动中一股重要的革命力量，而马一浮在上海的经历正是促使其蜕变成新式知识分子群体中的一员的关键。他在上海的几年中除了与好友谢无量等人一起发愤学习英、法等多种外文外，还如饥似渴地阅读了大量译介进来的西方名著和如雨后春笋般涌现出来的各种进步书刊。同时，"马一浮还广交朋友，相继结识了马君武、李叔同、邵力子、黄炎培、洪允祥、林同庄等一大批有识之士"③，而这些人后来大都成了新文化运动及社会革命运动中的著名人物。马一浮还在自己与朋友合办的《二十世纪翻译世界》杂志上译介了大量的西方文学、政治、经济、哲学、社会等新思想，用实际行动与朋友们一起参与了这

① 马一浮：《故马浮妻孝愍汤君权葬圹铭》，《马一浮全集》第二册，第248~249页。
② 马镜泉、赵士华：《马一浮评传》，第14页。
③ 马镜泉、赵士华：《马一浮评传》，第15页。

场中国现代最伟大的新文化运动和社会革命运动。

同样，对这种新思想、新文化的普遍价值的追求也促使了马一浮于1903年应聘清政府驻美使馆留学生公署秘书，赴美游学。马一浮在美游学近一年的时间里，工作之余阅读了一大批西学著作，"从（马一浮）当时的日记看，每隔三四天就要去书店购一次书，购回以后常不顾酷暑严寒，夜以继日地口读手译，所读的书包括政治学、社会学、文学、美学、伦理学、心理学及语法修辞、历史等方面的著作……在广泛阅读中，对卢梭、马克思的著作尤为喜爱。得到卢梭《民约论》说'胜获十万金'，病中得马克思的《资本论》是'胜服仙药十剂，予病若失矣'"①。青年马一浮与当时大批海外的留学生一样，希望去西方寻求一条救国的自强之路，更希望从西方文化中找到人类解放的普遍真理。正如他写诗自述道："沧海飘零国恨多，悠悠汉土竟如何"，所以他要"万里来寻独立碑"。②马一浮之所以对卢梭的政治学说、马克思的社会主义理论特别予以重视，大概也是由于它们蕴含着普遍的思想价值和社会革命意义。

更进一步来看，推动青年马一浮实现从传统到现代的巨变的，还有其个人独特的人生际遇方面的因素。在马一浮的早年生活中，他所经历的一个最重要的人生遭遇就是由于其家庭的衰落和家庭成员接连不断的死亡带来的家庭解体和深重痛苦。马一浮出身于官宦之家，书香门第，"世世以儒学著"③。其父马廷培，曾任四川潼川府通判、仁寿县知县，"是一个忠孝两全的人物，儒学正统的一个典型"④。他挂冠归籍后，家道中落，但仍能以田园、骨肉之乐，切己躬践庭训，影响于马一浮。不过，家道的衰落也引起

① 汤彦森、丁敬涵：《学融百家、一代宗师——略述马一浮先生的治学精神与学术思想》，《古今谈》1989年第3期。

② 马一浮：《过太平洋示沪中诸子》，吴光主编，徐儒宗、董平编校：《马一浮全集》第三册，杭州：浙江古籍出版社，2013年，第620页。

③ 马一浮：《会稽马氏皋亭山先茔记》，《马一浮全集》第二册，第216页。

④ 马镜泉、赵士华：《马一浮评传》，第2页。

了家庭的经济困顿,这可能是导致其家庭成员不断病故的一个重要原因。马一浮从 6 岁到 20 岁,先后失去了三姐、母亲、二姐、父亲、妻子五位至亲,这不仅让马一浮的家庭完全解体,使他几乎从此孑然一身漂泊于世,缺少家庭的亲情和温暖,也使一直专心治学的马一浮生活困顿,长期依赖他人照料接济。这种亲人的连续死亡和家庭解体在对马一浮造成巨大痛苦的同时,无疑也会对其思想观念和性格产生重大影响。滕复在论及青年马一浮这些遭遇时说:"所有这些都对马一浮的思想造成强烈的冲击,不仅构成了他思想上的矛盾,同时也在他的心灵上留下了永久的创伤。"①就像鲁迅在少年时期,家道中落和经济困难给他的精神世界打上了难以抹去的烙印一样,马一浮青少年时期的这些痛苦遭遇既给他的整个人生抹上了一层悲观的底色,更促使他努力挣扎,以摆脱旧的一切束缚以求新的生命。马一浮原名"福田",正是在 20 岁前后自己改名为"浮",又名"一浮"。同时,他还自题旧照曰:"此马浮为已往之马浮,实死马浮矣。"②显然,由家庭灾难造成的极度痛苦已使马一浮万念俱灰,坠入虚无的深渊,不得不宣告自己的死亡,即作为过去有着特殊遭遇的马浮的死亡。实际上,马一浮仍是希望通过这个旧个体的终结,让自己与"已往之马浮"作告别,挣脱以往的有限世界和特殊经历,而飞升向一个无限超越的新世界:"浮之为志,不在促促数千年、数十国之间",即使是"国种优劣存亡之故,尚为人类历史事实之小者"。因此,他真正要追求的是"欲唱个人自治、家族自治,影响于社会,以被乎全球。破一切帝王圣哲私名小智,求人群最适宜之公安,而使个人永永享有道德法律上之幸福"③。家庭亲人的死亡、个人的苦难没有彻底摧毁马一浮,反而成为马一浮转向寻求新的生命存在的价值、展开一个新的思想创造进程的契机和动力,这正是马一浮自述的"以为全世

---

① 滕复:《马一浮思想研究》,第 12 页。

② 陈锐:《马一浮儒学思想研究》,上海:上海古籍出版社,2010 年,第 19 页。

③ 马一浮:《故马浮妻孝愍汤君权葬圹铭》,《马一浮全集》第二册,第 248~249 页。

界人类生存之道,皆基于悲之一观念所发布,渐次而有家族、社会、国家之事"①。这样,青年马一浮不顾一切地走出家乡,走向上海和国外游学,如饥似渴地钻研西学,正是他努力寻求一种最普遍真理的途径。对于马一浮思想演变中的这一特点,陈锐有较深入的认识。他指出:"过多的死亡使马一浮逃向江湖,逃向那无限的虚空和普遍的存在,并且还像叔本华和王国维一样,从人类的苦痛中到达普遍的升华,来认识世界和人生的真谛,并将整个人类的发展和生存建立在此种基础之上。"②

马一浮所背负的深重的痛苦几乎贯穿了他一生,他在多年后写的《哭二姊八律》诗中说:"金刀剜臂痕犹在,脯奠陈筵殡已迁。老泪何堪拼一恸,昨宵曾自问床前。"③以往二姐割股救父以致早亡的惨痛经历如在眼前,始终挥之不去,多年后仍常在深夜辗转难眠,难以化解。又如他在妻子去世后,一再谢绝友人劝告,终生未再娶。人问其故,他说:"人命危浅,真如朝露,生年欢爱,无几时也。一旦溘逝,一切皆成泡影。吾见室人临终时之惨象,惊心怵目,不忍入睹,自此遂无再婚之意。"④马一浮后来几乎没怎么回过故乡,因为"人去楼空,回乡又添触景生情,不如其已。盖此是吾伤心之地也"⑤。不过,难能可贵的是,马一浮能努力超越这些常人的痛苦和重负,通过这些痛苦和重负来认识世界和人生的普遍真理,不仅实现了自我拯救,使自我的生命获得了新的价值,塑造出了"将来之马浮",而且进一步升华为对更普遍性价值的关心和对整个人类生存发展之道的探求。也正是这种生命意义的升华,为以后马一浮着力探求中国文化的再生及其普遍性价值、开创现代新儒学的理论境域打下了一个深厚的基础。

---

① 马一浮:《故马浮妻孝愍汤君权葬圹铭》,《马一浮全集》第二册,第248页。
② 陈锐:《马一浮儒学思想研究》,第18页。
③ 马一浮:《哭二姊八律》,《马一浮全集》第三册,第619页。
④ 马镜泉、赵士华:《马一浮评传》,第16页。
⑤ 马镜泉、赵士华:《马一浮评传》,第16页。

二、致力于西学

在青年马一浮从传统到现代的转化过程中,"弃旧图新"并没有停留在表象上,而是包含着切实的内容:所弃之旧就是中国传统社会中那些落后的文化观念,"皇朝的暴主政体"、奴性的卑劣人格等,而所图之新乃是西方文化中全新的有关政治学、社会学、文学及其人生观、价值观等新知识、新观念。这种弃旧图新的现象,从表层上来看,主要是近代中国面对西方现代文明的强势入侵和威胁后所作出的一种回应,呈现为一种典型的"刺激—反应"的被动现代化模式。因此,以西方的全新知识系统为代表的现代器物、科技文明成果在戊戌变法之后逐渐主导了中国的教育、文化及社会生活的方方面面,成为中国社会从传统走向现代化的主要方向。因此,转投西学,甚至留学西方,以求能更多地学习和研究西方的思想学说,是那个新旧交替时代有志青年们的普遍目标。马一浮游学上海和美、日,同样也是怀抱了这种自救与救人的热切愿望。从这个意义上来说,正如先秦诸子是起源于"救时之弊"的时代需要一样,青年马一浮和当时那些先进青年一样,转投西学甚至留学西方,正是出于"刺激—反应"模式下"救时之弊"的选择。

不过,如果从更深层次上来看,这种从传统到现代的弃旧图新现象,正是中国社会及其文化的"合法性危机"和"意义危机"大爆发的结果。数千年未有之大变局造成了原有社会的衰乱、秩序的解体和道德的堕落等,甚至达到了亡国灭种的边缘,而造成这一切可怕后果的外来因素终究是次要的,中国传统社会及其文化的有机体已腐朽不堪,以致原有的一切价值和意义都已无所附丽,这才应该是最根本性的原因。因此,要探求解决中国传统社会及其文化走向现代化的根本途径,就是要解决造成中国传统社会及其文化的"合法性危机"和"意义危机"的有机体本身的腐败和更新问题。从这个角度上来说,青年马一浮与他同时代的先进知识分子们一样已能初步认识到这一点,这是十分可贵的,这说明他们已认识到必须借用西方外来文化中的全新的政治、思想等工具对中国社会及文化作彻底的改造,否则别无出路。这一时期的中西文化论争也已从以"中体西用"为主的观念转向了以"西体中用""全盘西化"等为主的观念,可证明这一社会共识的转变。

正是在这一观念的引导下,青年马一浮无论是在上海游学,还是在美日游学,都十分热切地投身于西学,努力了解西方先进的思想文化。从1901年马一浮开始到上海求学,到1906年寄居西湖广化寺全力攻读《四库全书》,标志着其"治学的重点转向国学"①,在这五六年时间里,马一浮在西方学术思想的学习方面确是下过一番功夫的,因此大多数研究者都"相信他在短短几年间确实读了大量的西方学术著作,同时对西方学术形成了相当程度的了解"②。马一浮不仅广泛地涉猎了西方近代以来的文学、政治学、经济学、社会学、社会主义思想等,而且能利用在美日游学的机会,切实地观察分析西方社会的现实,为真正学习了解西方社会文化提供了更真实的路径。譬如据他在美国时的日记、书信、记载,他观察到美国人普遍热心于社会公益慈善事业,大量捐赠财物,与国人较普遍的狭隘、自私,"不顾社会之苦痛,而唯知营自身之快乐"③相比,其强烈的集体精神和社会公德意识令人印象深刻。由此,马一浮进一步延展对中西方不同社会性质的认识。他认为,普遍的幸福与否是衡量一个社会进步还是落后的标准,一个社会中凡痛苦多而快乐少,则为罪孽、堕落的,快乐多而痛苦少就是幸福、进步的。欧美人正在致力于建造快乐幸福的社会,他们在为一个

---

① 马镜泉、赵士华:《马一浮评传》,第158页。

② 滕复:《马一浮思想研究》,第17页。

③ 马一浮:《一佛之北米居留记》,吴光主编、王翼奇执行主编:《马一浮全集》第五册,杭州:浙江古籍出版社,2013年,第49页。

共同的社会整体奋斗的同时,每一个体也能享受社会进步繁荣的成果。而在中国社会中,每个人都是自私的,人人只知追求个体(自我及家族)的幸福,却不知没有社会整体的进步只会导致每个人更大的痛苦。因此,马一浮又将理想的社会形态分为"美的世界"和"恶的世界","美的世界"就是幸福快乐的社会,"恶的世界"就是罪恶痛苦的社会。西方文化"以科学哲学之抽象的美,而造成社会国家具体的美。今欧美人,可谓能造美的国家。惟于美的社会,尚有欠点耳。吾支那之国家、社会,则非美的而恶的也。吾支那人,惟够造恶的,日日生息陶铸于恶之下,以致自己丧失天赋之美性,可哀也哉!"①所以,"文明之极边,人道之究竟,不过完全此'美'而已。发达两者完全者,谓之'文明',反是则野蛮也"②。应该说,马一浮的这些认识虽然还带有简单化的二元对立论的局限,但他对中西方社会性质的认识还是富有洞察力的,达到了同时代人难得的深刻程度。对此,马一浮是有所自觉和自信的。他曾批评国内学人对西学的了解还大都停留在其"形而下之器"的层面,"是当世为西学者,猎其粗粕,矜尺寸之艺,大抵工师之事,商贩所习,而谓之学"③,但马一浮相信,西方文化作为一种优秀的文化应该是体用不二、有体有用的,所以西学中不会只有一些器用之学,而是也应存在一些更为根本的形而上的理论。这些形上之学"大抵推本人生之诣,陈上治之要,玄思幽邈"④,更多的是体现在不具实用价值的哲学、文学、社会科学领域中,往往不为世俗所重,却被马一浮所喜好:"凡此皆国人所弃不道,甥独好之,以为符于圣人之术。"⑤他认为,国人只图实用,幻想走捷径,以为只师夷之长技就能制夷,这种浅薄之见已被甲午战争的惨败所粉碎。只有真正放下身段,承认并虚心研习西方文化中有关社会人生

---

① 马一浮:《一佛之北米居留记》,《马一浮全集》第五册,第44页。
② 马一浮:《一佛之北米居留记》,《马一浮全集》第五册,第44页。
③ 马一浮:《致何稚逸(二)》,《马一浮全集》第二册,第294页。
④ 马一浮:《致何稚逸(二)》,《马一浮全集》第二册,第294页。
⑤ 马一浮:《致何稚逸(二)》,《马一浮全集》第二册,第294页。

的大本之道，才能找到真理，为中国的复兴找到可借鉴的路径。马一浮的这种西方文化观是十分富有远见的，是一种居于那个时代前列的观念，值得肯定，因为熊十力、贺麟等人都是在几十年后才表达了与马一浮早年类似的坚信文化是体用一源、西方文化既有其用也有其体的观点。只可惜，青年马一浮的这些远见卓识未能在当时整理成文以广为人知。

三、激烈的反传统

马一浮对新的西方社会文化的价值和意义的热切拥抱认同，是以他对旧中国原有社会文化的价值和意义的否定为前提的。在深层次上中国原有社会文化的有机体本身已腐朽，居主宰地位的统治者又骄横独断、愚昧妄行，使得社会的衰乱和秩序的崩溃已近于大爆发，整个社会文化的"合法性危机"和"意义危机"空前剧烈，而这些无疑构成了马一浮在西学的启发下对中国原有社会文化进行否定和批判的重要历史背景。

马一浮对中国传统社会文化的批判，主要体现在以下三个方面：

一是对清政府的腐败和专制的揭露和批判。马一浮通过对西方的政治、经济、社会、文化等思想学说的了解，对照反观中国的社会现实，不禁产生了强烈的反差感，促使他对中国传统政治特别是清政府的专利集权和愚昧腐败有了更清醒的认识，从而产生了日益强烈的愤恨之情。马一浮是怀着国破家亡的剧痛前往美国的。他写诗说，"国命真如秋后草"，"沧海飘零国恨多"。[1]马一浮认为，近代以来列强对我国的肆意欺凌、社会民众遭受的种种惨痛，最深重的根源无不在"暴主之政体"："盖彼固以绝对之野蛮国待我，皆我之败种，我之腐臭政府自取之。已失国际上之位置，比于

---

① 马一浮：《过太平洋示沪中诸子》，《马一浮全集》第三册，第620页。

亡国。"①在马一浮看来,中国两千多年的政治毫无进步可言,不仅对近代合理的"群治"政治原理毫无所知,也不知道什么是作为"社会全体"共有之国家,而且民众贱若草芥,专制君主只会高高在上,成为独夫民贼,为了保全自己的统治地位,无所不用其极,已成"腐臭政府""暴主政体"。从最普遍的社会正义立场上看,这种罪恶累累的君王不仅不应再成为民众的合法统治者,反而已成为人民的公敌,如果无法变革,"则唯有扑灭,不少可惜。……必罪人灭绝而后群治可保、道德可全也。今政府为奴隶者何也?中国社会全体之罪人,何一非中国社会全体之公敌,何一非中国社会所诛灭者乎"②。为此,他十分赞同近代革命派提出的推翻清朝政权,重建文明中国的主张:"夫中国寸土一毛皆我汉种所有,彼政府正我家贼,不扑灭何待。览此不胜愤激,不知革命党运动何若耳!深愿一激不挫,从此推翻,吾辈即流血以死,亦复何憾。"③马一浮虽然是作为清政府的雇员来到美国的,但出于对其专制和腐败的痛恨,他到美国一星期后就剪掉了长辫子,其在日记中记载:"下午遂截辫改服,同住者皆笑而讪之,真奴隶种也!"④由于马一浮怀抱"万里来寻独立碑"的目的,希望通过向西方寻求自由、民主、独立的真理,达到"一凤孤鸣万鸟歌""谁为吊魂找汨罗"⑤的救民救国之理想,所以他到美后敢于公然剪辫改服,明确自己反对清政府统治的立场。马一浮到美后不久发生的上海《苏报》案,使章太炎、邹容被清政府抓捕入狱。谢无量受牵连逃往日本,马一浮十分忧愤,写诗云:"一夜西风起,萧条万象收。残山皆筑垒,衰草已惊秋。贾哭因时悯,阮狂抱国忧。家乡三

---

① 马一浮:《一佛之北米居留记》,《马一浮全集》第五册,第 2 页。
② 马一浮:《一佛之北米居留记》,《马一浮全集》第五册,第 10 页。
③ 马一浮:《一佛之北米居留记》,《马一浮全集》第五册,第 7 页。
④ 马一浮:《一佛之北米居留记》,《马一浮全集》第五册,第 3 页。
⑤ 马一浮:《过太平洋示沪中诸子》,《马一浮全集》第三册,第 620 页。

月史,遥寄海西头。"①

　　客观来说,相较于当时革命派的反对清王朝的专制统治、建立民主共和的新国家的先进思想而言,马一浮的认识并不见得太独特,而应是当时进步知识分子的共识,但马一浮至少没有落伍于时代,至少不是一个后世大多数人印象中的保守主义的典型。

　　二是对软弱、奴性的民族性的痛切批判。青年马一浮在揭露和批判清政府的专制和腐败,视之为罪所当诛的"中国社会全体之公敌"的同时,也对中国民族自身普遍具有的软弱、奴性和自私的性格特点深感痛恨,尤其是他身处异域,看到别国国民充满蓬勃生机的美好生活,"闭目内忆我国之悲境",不能不充满感慨,正如陈锐所说:"在马一浮居留北美的这一段时间里,他的思想中充满了热情,对中国民族的奴性充满了批判,而对美国和日本都处处流露出赞美。"②正是在强烈的对比中,他对故国是持复杂感情的:既对中国社会历经患难的现状深抱同情哀痛之心,又对国民的衰弱和奴化现象深恶痛绝。他看到动物园里几只凶猛的狮子都被一个纤纤女郎驯服得俯首摇尾、任其驱使,不禁感慨于中国民族数千年来已被君权和儒教扼制驯化不断衰弱和奴化,真如被驯化了的狮子一样:"中国经数千年来,被君权与儒教之轭,于是天赋高尚纯美勇猛之性,都消失全无,遂成奴隶种姓,岂不哀哉!"③中国人在历经长期的极权统治的奴役之后,已普遍地丧失了纯美勇猛的天性和活力,就连那些已身处自由国家的中国留学生们,其坚牢的奴性都难以改变。"哀哉,我同胞乎!入自由国,受自由教育,而奴性之坚牢尚是吾族富有矛耶!"④譬如,据马一浮于1903年8月17日的日记记载,这一天为"中国满洲君主载湉之生日,同在诸狗子皆摇

---

①　马一浮:《偶成》,丁敬涵编:《马一浮先生遗稿三编》,台北:广文书局,2002年,第3页。

②　陈锐:《马一浮与现代中国》,第75页。

③　马一浮:《一佛之北米居留记》,《马一浮全集》第五册,第55页。

④　马一浮:《一佛之北米居留记》,《马一浮全集》第五册,第30~31页。

尾叩头,写一纸牌曰'皇帝万岁',以供奉之。直是病狂学鬼,诚可哀怜。予辄坚卧不起,彼曹度在亢,不敢来嬲也"①。所以马一浮将身边那些奴颜婢膝的同住者都鄙弃地称之为"狗子"等动物、"学鬼"。他们已经丧失人的自尊自强之心,只热衷于动物般地逐利求官。"前观某君报告书云:'欧洲中国留学生之骄情无志气可为太息,彼人见欧人之尊礼印度贵族,则思求官,以为亡国后可蒙欧人之一盼;又见南非州之富人面目漆黑,而巴黎之贵女有与之同车者,则又思发财,以为吾虽亡国,萎黄之人种,但得拥巨金,尚可匍匐于美人之前。'呜呼!此种留学生适成其为同治时代派遣之留学生耳!安有半个之人物耶!哀哉!"②可见,马一浮对这些懦弱、自私的留学生十分鄙视,斥责他们已完全不像个人了。这些留学生们关心的往往不是民族的尊严和危亡,反而是"'我学生当造成辅佐朝廷之资格'之语,嗟乎!至于今日,苟尚有一点人血者,尚忍作此语耶?因又念此种崇拜暴主之政体,天赋之贱种,真不足与语也"③。

三是对传统礼教的批判。马一浮在批判中国民族性中的衰弱和奴化倾向时,不仅把其罪责归于统治者专制集权的"暴主政体",还把病毒根源归于传统儒教之害,认为正是儒教配合君权扼制了中国民众达数千年,使整个民族都丧失了自由、纯美的天性,陷于被奴役的命运。马一浮说:"中国经数千年来,被君权与儒教之扼","宋明以来,腐儒满国"。④传统儒学所崇奉的礼义道德本来是用来教化社会、促成和谐有序的社会生活,然而,自秦汉以后,随着君主专制制度的不断强化,儒学被改造利用成为国家的主导性意识形态之后,也就逐渐沦为了专制与腐败的温床。"一方面是愚忠愚孝,大多数中国人长期生活在森严的礼教制度下,礼教已经沦脊浃

---

① 马一浮:《一佛之北米居留记》,《马一浮全集》第五册,第10页。
② 马一浮:《一佛之北米居留记》,《马一浮全集》第五册,第40页。
③ 马一浮:《一佛之北米居留记》,《马一浮全集》第五册,第30页。
④ 马一浮:《一佛之北米居留记》,《马一浮全集》第五册,第48页。

髓,深入人们的头脑,主宰人们的生活,束缚了人们的思想;另一方面则是少数人(统论者)的特权、腐败和堕落。这正是过去中国历史的全部写照。"①尤其是在儒教所最为注意的道德和教育领域,其流弊也最为深重,而这也正是中国近代以来先进知识分子在这些方面批判最有力的原因所在,如对礼教吃人的批判、要求废除科举制等。青年马一浮生活在一个谨守礼教的家庭,而他所遭受的个人和家庭中一系列重大不幸和痛苦,如二姐、妻子的早亡,应该都与传统的纲常伦理中的孝亲、节义的异化和误导有根本性关联。②如马一浮二姐在其父病中,不解衣带四年侍于床侧,"时时思得终殉先君"③,并割肉救父,病甚遂卒。而马一浮妻子新婚不久就去世了,丰子恺说:"汤氏夫人被封建礼教所杀,真是可怜。"④青年马一浮所遭受的这些惨痛经历,使他对传统礼教和家庭伦常的残酷具有最切身的感受,应该也是促使他在父亲、妻子先后病重时乃至去世后仍一再逃离家庭的重要原因。这种逃离,是青年马一浮面临巨大灾难和痛苦时出于本能的自保自救行为。正像陈锐指出的,这些离别行为"也许能传达出当时的道德风俗和伦常名教给马一浮带来的复杂感受;或者也可能传达出饱受忧患的马一浮要逃离家乡,逃离这个笼罩着恐惧和死亡的家庭的愿望"⑤。的确,那个时代确实有许许多多的青年知识分子和马一浮一样从旧的家庭、旧的社会环境里逃离出来,而投奔向当时已居国内最西化的上海甚至欧美日本游学和工作,以求得自我的新生命、新生活。同时,它也是青年马一浮对传统礼教的反抗和初步觉醒的象征。马一浮在给妻子写的祭文中说自己因"念家道之酷,终不能相保,计不知谁先死者"而前去上海"奔走游学江

① 滕复:《马一浮思想研究》,第 11 页。

② 陈锐:《马一浮与现代中国》,北京:中国社会科学出版社,2007 年,第 47~60 页。

③ 马一浮:《二姊事述》,《马一浮全集》第二册,第 229 页。

④ 陈星:《隐士儒宗》,济南:山东画报出版社,1996 年,第 6 页。

⑤ 陈锐:《马一浮与现代中国》,第 57 页。

马一浮与现代新儒学——宋明儒学的传承创新

海"①时，马一浮的妻子却不能像马一浮一样逃避那些沉重的家庭责任，不得不忍受着来自礼教的压力，终日被笼罩在死亡的阴影中。马一浮写道："君以弱质留，奉几筵，承祭祀。茹饮万毒，轮转百辛。……君归浮家三十四月，无日不在悲愁惨怛之中。"②年轻的马一浮妻子独自在家侍亲守礼的生活竟然是"茹饮万毒，转轮百辛""无日不在悲愁惨怛之中"，传统儒家所倡导的忠孝节义在家庭伦理和名教制度的温情外衣下，竟又包藏了这么多对个体生命的无情摧残和对自我价值的残酷否定！因此，马一浮说中国人数千年都遭受"君权与儒教扼"，以致普遍地丧失了自由、独立的人格和纯美、幸福的生活，无疑是以自己切身的惨痛经历为基础的。正因为如此，我们才可以理解为什么马一浮在其二姐、妻子早亡后要一再地写诗文哀悼纪念她们，而且其诗文充满了深沉的悲痛、愤怒和歉疚的复杂感。其悲痛和愤怒是感于她们成了纲常礼教的牺牲品，其歉疚是自己虽逃离苦海，却未能挽救她们于水火之中。

总的来看，青年马一浮以西方文明为镜鉴，在批判清朝统治者的腐败和专制的同时，对中国民族的软弱、奴性和自私，以及传统儒教表现出了强烈的痛恨和厌弃。尽管他的这些认识还缺乏系统的分析阐述，但在那个时代已属难能可贵，比许多人的认识已超前了很多。正像陈锐所说："他的这些语言和愤激之情，对民族传统和劣根性的批判，在十几年后新文化运动中倡导西化、批判传统的鲁迅和陈独秀那里，才真正成为社会和知识界的普遍潮流。"③而且马一浮早年这种激烈地反传统而追求现代西学的思想经历，在很大程度上恰恰促进了他后来向传统的回归，甚至可能形成了他后来形成自己独特的新儒学思想的必要张力。

---

① 马一浮：《亡妻汤孝愍哀辞》，《马一浮全集》第二册，第 232 页。
② 马一浮：《故马浮妻孝愍汤君权葬圹铭》，《马一浮全集》第二册，第 248 页。
③ 陈锐：《马一浮儒学思想研究》，第 21 页。

第二节　传统的回归

如前所述,马一浮早年与当时的许多先进知识分子一样,曾经有过一段激烈地反传统而追求现代西学的思想经历,但是他很快就转向了对以儒学为中心的传统文化的全面而深入的研究,并且逐渐摒弃西学,完全投入对传统的回归。这种治学及思想的回归从此伴随马一浮一生,成为马一浮思想演变历程中一个最大的转变。显然,这种对传统的回归最终使他形成了自己独特的新儒学思想,并使其成为现代"醇儒"的一个主要代表。

一、全面研究国学

大约从 1901 年到上海游学开始,其间历经去美国、日本游学,去镇江与谢无量结伴读书,马一浮主要致力于外文和西学的钻研达 5 年之久。从 1906 年开始,马一浮的研习重点不再是他曾十分热衷的西学,而是中国传统的思想文化。《马一浮先生年谱》记载:"是年起,先生治学的重点转向国学。"①马一浮自述:"余初治考据,继专攻西学,用力既久,然后知其弊,又转治佛典,最后始归于六经。"②其弟子乌以风这样具体描述其师的学术思想演变过程:"先生早年治考据,欲从张之洞所编《书目》入手,求为学门径。旋悟其非,即行舍去。继而致力西学,又悟其专尚知解,无关乎身心受用。体究多年,始转向老庄和释氏之学,求安身立命之地。用力既久,一旦贯通,方知释老之学,亦有得有失。而亲切简易,发明心性义理贯彻圆融全

---

① 马镜泉、赵士华:《马一浮评传》,第 158 页。

② 乌以风:《问学私记》,《马一浮全集》第一册,第 771 页。

无得失者,莫如六经,于是治学始以六经为主。"①可见这种思想的回归确实发生于其"专攻西学"之后。

不过,马一浮这次回归不是简单地像过去一样是回到传统的学术路径上去,而是全面地回到传统的各种思想文化资源中去,力图运用新的视野和新的方法对它们进行深入系统的文化总统和创新,这是一项非常浩大的文化工程,更是一项前无古人的学术创新工程。

从1906年开始,马一浮来到杭州居住,此后他除抗战期间被迫外迁外,几乎终生定居于此。在最初几年,马一浮大多数时候都隐居于一些陋室中,先是独居于宝极观巷等陋巷之中读书,后寄居于西湖边广化寺的禅房中,就近通读了文澜阁《四库全书》。1908年转居永福寺,并在此一直居住到至少1917年。②实际上,这时期的马一浮读书治学涉猎十分广泛,除了通读文澜阁《四库全书》外,"在独居宝极观巷时,已开始研究佛经"③。同时,他还对政治、宗教、历史、文学等产生了广泛的兴趣,翻译了托尔斯泰的《艺术论》、路易斯·博洛尔(Louis Proal,马一浮翻译为布诺德鲁易)的《政治罪恶论》,撰著了不少文章,还对传统的戏曲词赋深有研究,专门编选了历代女性作品集《名媛文萃》等。从这一时期他写给舅舅何稚逸的两封信及所列的《文宗第目》(1907年)、所撰《重印严氏全上古三代秦汉三国六朝文序》(1908年)、《〈诸子会归〉总目并序列》(1910年)等材料中可以看出,马一浮这一时期读书至多、至广,甚是庞杂,真可谓学富五车、博览群书。马一浮在《岁暮书怀在广化寺》一诗中自述了当时刻苦攻读的情形:"故国惊心物候廻,不堪衰病日相催。江城鼓咽寒潮动,佛阁青灯夜雨哀。"

① 乌以风:《马一浮先生学赞》,合肥:安徽新华印刷厂打印稿,1987年,第32页。
② 滕复:《一代儒宗——马一浮传》,杭州:杭州出版社,2004年,第56页。1917年马一浮在给谢无量的信中曾有"囊者相期集于永福,垂至而不果"这样的话,表明此时马一浮仍住于永福寺中。
③ 马镜泉:《马一浮传略》,《中国当代理学大师马一浮》,上海:上海人民出版社,1992年,第161页。

①难怪后来经李叔同引荐而与马一浮相熟的丰子恺说:"弘一法师有天对我说,马先生是生而知之的。假定有一个人,生出来就读书,而且每天读两本(他用食指和拇指略示书之厚薄),而且读了就会背诵,读到马先生的年纪,所读的还不及马先生之多。"②20世纪30年代苏曼殊在拜访马一浮后也得出这样一个结论:"马先生是无书不读。"③

最能反映这一时期马一浮博览群书、"无书不读"状况的是1907年他在给舅舅何稚逸的两封信中详细阐述了自己庞大的研究写作计划。马一浮在信中表示,面对清室腐败、民不聊生的家国危难和内忧外患,自觉自己缺乏才能去做"却虎狼于西土,驱狐鼠于中原,使功高泰山,国重九鼎"的"非常之烈,魁桀之事"。④因此他杜门发愤,绝意仕进,甘居陋巷,致力于中国传统文化之学。他说:"若乃贯缀前典,整齐百家,搜访文物,思弘道艺,次献哲之旧闻,竢来者之足徵"⑤,则是自己所能够做且"可勉而至"的。也就是说,马一浮在经历对西学满腔热情的学习之后,其"万里来寻独立碑""对镜自磨刀"的革命思想这时竟逐渐淡化了,而转变为更具理性精神的学术文化上的理想和志向。当然,我们也不能说此时的马一浮已完全没有政治革命上的关怀了,实际上他对辛亥革命前血腥的政治镇压,革命党人一再的牺牲还是深感愤慨的。1907年夏,秋瑾因反清起义失败被害后,马一浮深怀幽愤,著五言长诗《悲秋四十韵》和《鉴湖女侠行》表达自己的悼念和敬佩。辛亥革命前,他还与陈独秀、程演生等激进人士相往还。但是从总体上看,马一浮从1906年起,已把自己的时间、精力和兴趣从政治思想领域更多地转向了学术和思想上的理性思考,逐渐形成了富有特色的文化追求,即他在给舅父信中提出的要成为"儒宗""文宗"的宏大愿望:

① 马一浮:《岁暮书怀在广化寺》,《马一浮全集》第三册,第724页。
② 丰子恺:《桐庐负暄》,《马一浮全集》第六册(附录),第342页。
③ 马镜泉、赵士华:《马一浮评传》,第32页。
④ 马一浮:《致何稚逸(一)》,《马一浮全集》第二册,第292页。
⑤ 马一浮:《致何稚逸(一)》,《马一浮全集》第二册,第292~293页。

"窃有志于二宗。欲为儒宗，著秦汉以来学术之流派；……为文宗，纪羲画以降文艺之盛衰。……将以汇纳众流，昭苏群惑。悬艺海之北辰，示儒术之总龟，振斯道于陵夷，继危言于将绝。"①马一浮认为，从古代学术史上来看，整个儒学史的整理研究是很不够的，李二曲欲作《儒鉴》，但未如愿；万季野的《儒林宗派》只列举了一些名称，缺少具体内容上的陈述；黄宗羲撰、全祖望补修的两部《学案》，又存在"断自宋人、偏崇门户、滥收著籍"②之弊。所以，整个学术史自两汉至唐，有许多"通儒大师千载相嬗，阙而未录，岂非学者之憾？"③因此，他希望纂辑"汉以来迄于近代诸儒学术，考其师承，别其流派，以补黄、全之阙"，以为"儒宗"。在成为"文宗"方面，马一浮实际上是希望撰著一部反映自远古以降文艺的盛衰演变通史。他认为："文章之道，历世递变，至于今日而敝极矣。斯直治道升降之所系，非细故也。"在马一浮那里，他所说的"文艺"，"不是我们今天的文学和艺术的概念，而是中国古代的'艺文'这个概念，这个概念比今日'文艺'概念大许多，基本涵盖了所有的文化和学术，是文化学术的总称"④。正因此，马一浮认为它是"治道升降之所系"，值得重视，"因为七序、八史、五表、六论，发挥指趣，著其得失，以待后之君子择焉"。⑤

除了对中国传统的学术文化要做上述宏大的研究整理工作之外，马一浮还同时计划对西方的学术文化做类似的全面研究整理工作。马一浮自己曾热衷于西学数年，又曾游学海外，"收彼土论著百余家，略识其流别"⑥，对西学已有所体认。然而，马一浮对当世那些所谓西学学者颇为不满，认为他们只是"猎其粗粕，矜尺寸之艺，大抵工师之事，商贩所习，而谓

---

① 马一浮：《致何稚逸（一）》，《马一浮全集》第二册，第293页。
② 马一浮：《致何稚逸（一）》，《马一浮全集》第二册，第293页。
③ 马一浮：《致何稚逸（一）》，《马一浮全集》第二册，第293页。
④ 滕复：《一代儒宗——马一浮传》，第59页。
⑤ 马一浮：《致何稚逸（一）》，《马一浮全集》第二册，第293页。
⑥ 马一浮：《致何稚逸（二）》，《马一浮全集》第二册，第294页。

之学。稍贤者,记律令数条,遂自拟萧何;诵章句不敌孺子,已抗颜讲道,哆口议时政。心异其矜炫,而盈国方驰骛以干要路,营世利"①。一拥而起的西学潮流中这些粗陋、庸俗之弊,让马一浮不愿与之为伍,而宁愿"谙然远引,不欲以言自显"②。但是马一浮认为,西方的学术文化自有其价值,"大概推本人生之诣,陈上治之要。玄思幽邈,出入道家。其平实者,亦与儒家为近。文章高者拟于周末诸子,下不失《吕览》《淮南》之列"③。正因此,马一浮说:"凡此皆国人所弃不道,甥独好之,以为符于圣人之术。……欲综会诸家国别、代次,导源竟委,为《西方学林》,辅吾儒宗,以竢来者。又欲草《西方艺文志》,著其类略。"④此外,马一浮同时对佛、道思想也有深研专究。马一浮不仅"几乎通读了'三藏十二部'的佛学著作"⑤,而且广交方外之友,息迹名山古刹,与众多佛教界高僧往来密切,为佛界修撰碑铭,发起组织了"般若会"等活动,写作了《法数钩玄》等佛学论著,还影响了李叔同等人剃度出家。这些都显示了马一浮在佛学界的特殊地位和影响,以至有与北方的汤用彤齐名的"南马北汤"之说。

　　而几乎同时,马一浮也对老庄之学及其他九流百家之说予以深研。早在 1905 年马一浮与好友谢无量在从日本回国到镇江焦山海西庵隐居读书时就深入探讨过老庄之学,其诗记述云:"浮玉峰头读道书,雪埋酣卧焦处士。"⑥此后又作有《老子注》《庄子笺》(均为未完稿)。

　　从上述这些庞大的阅读、研究和写作计划上来看,马一浮在经历了数年的多方探索甚至彷徨沮丧之后,终于为自己找到了今后努力的方向,这

---

① 马一浮:《致何稚逸(二)》,《马一浮全集》第二册,第 294 页。
② 马一浮:《致何稚逸(二)》,《马一浮全集》第二册,第 294 页。
③ 马一浮:《致何稚逸(二)》,《马一浮全集》第二册,第 294 页。
④ 马一浮:《致何稚逸(二)》,《马一浮全集》第二册,第 294 页。
⑤ 马镜泉、赵士华:《马一浮评传》,第 38 页。
⑥ 马镜泉、赵士华:《马一浮评传》,第 28 页。

就是他自己说的"毕志文艺"，①实际上是想要做一个杰出学者的学术性工作。马一浮相信自己在学术上虽不敢说能达到孔子、司马迁、扬雄、周敦颐、二程兄弟等人那样的"名世之业"，但至少可以不逊于刘向的《别录》、昭明的《文选》等。为此，马一浮沉下心来从最具体的工作做起，数十年如一日甘居陋室，老老实实坐冷板凳，深入全面地研读各种著作文献，希望完全凭一己之力去分别完成中国和西方的学术通史、艺术通史等巨著。这些巨著显然不像有些学者认为的只是"传统资料的汇编"工作，而是包含了马一浮融会古今中西文化而予以总结提炼的目的，从而实现其"贯缀前典，整齐百家"的宏愿。为此，马一浮不但博览群书、寻访百家，而且"撮其大要，写为《第目》"②和大量的初稿、笔记等，如"所为《文宗》，论撰及半"③。不过，毕竟这些计划实在过于庞大了，的确不是马一浮短期内所能完成的，马一浮自己也说："论撰及半，智短力局，旷乎难成"，"积简凌芜……愚不自量，妄有删述之志，所业浩博，白首莫殚"。④事实上，此后马一浮也确实没有再写出上述作品，而应是逐渐放弃了这些宏富的著述计划。结合此后马一浮一生的学术活动情况来看，这类宏富的著述学术工作显然也不符合他一贯的学术旨趣和个性特征。他终其一生都很少进行系统的著述就反映了这一旨趣和特点。正如陈锐指出的："无论就当时马一浮的心境还是其特点来看，系统的逻辑分析和理性的建构本来就不是他的特色，而更多地表现为诗人的热情、带有理性化的佛教和道家的境界，以及对古代典籍的博闻强记三者的结合了。"⑤

不过，尽管马一浮在具体的学术研究工作方面未能真正实现宏大抱

---

① 马镜泉、赵士华：《马一浮评传》，第29页。
② 马一浮：《致何稚逸（二）》，《马一浮全集》第二册，第294页。
③ 马一浮：《致何稚逸（二）》，《马一浮全集》第二册，第294页。
④ 马一浮：《致何稚逸（二）》，《马一浮全集》第二册，第294~295页。
⑤ 陈锐：《马一浮与现代中国》，第103页。

负，但由此下的扎实全面的治学功夫，使他在传统知识体系方面具有极高的造诣，在 20 世纪二三十年代就已成为公认的国学大师。如蔡元培主政教育部和北京大学时一再地邀请马一浮出任秘书长和文科学长，北京大学校长陈百年、浙江大学校长竺可桢后来也一再地邀请马一浮出任教职，现代新儒学的二位开创者梁漱溟、熊十力在 20 年代起就先后主动拜访马一浮请益，从此相交不断，马一浮还应邀为熊十力的成名作《新唯识论》提出了许多修改意见并作序推荐。甚至在佛学和佛教界，"马一浮的佛学研究成果，当时不仅在杭州望重一时，全国乃至海外，都誉之为佛学大师"①。所以，正如滕复所评价的："在那如火如荼群情翻涌思想主义层出不穷中国之危亡如垒卵悬丝而时代之风云人物又如过江之鲫的年代，他远离尘嚣隐居佛门清静之地，晨钟暮鼓粗茶素饭，潜心治学，虽未使他成为救国之前驱，却使他成为渊博的学者。"②总之，马一浮虽然一生不重著述，主张圣人语默，重在亲躬力行，但其通达、圆融的治学之道使他成为当代难得的通儒，彰显了一代宗师的风范，也以自己向传统文化全面回归的独特姿态及其文化理想在现代中国思想史上留下了重要的印记。

二、对现代文化的反省

那么马一浮这样一种重大的思想转向是如何发生的呢？这与马一浮对现代文化的反省是密切相关的。

首先，马一浮认为现代社会所面临的种种问题，其主要根源在于现代人在思想文化方面走上了歧途。

马一浮对现代文化上述宏大的学术研究计划及成为"儒宗""文宗"的

---

① 马镜泉、赵士华:《马一浮评传》,第 44 页。
② 滕复:《马一浮思想研究》,第 22 页。

目标显示了马一浮超乎常人的学术志向，与中国传统读书人读书是为了入仕甚至成圣成贤相比，马一浮读书是纯粹为了实现自己"贯缀前典、整齐百家"的学术追求，而这正是马一浮希望以自己所能进行学术救世的体现。因为正像他自己在给舅父的信中所表示的，在当时那样一个世事剧变、群雄逐鹿的时代，他自知没有能力成为"却虎狼于西土，驱狐鼠于中原"的军政将相，只好效法"静行之僧"，隐身丘园，埋首道艺，不仅可作乱世中的存身之道，更可以以此作为贡献于社会的救世之道。其学生乌以风说：

> 先生目睹国事艰难，世道益苦，推求其根源，皆由于学术之大本未明，心性之精微难知，故欲挽狂澜，转移风气，非自拔流俗，穷究玄微，不足以破邪显正，起弊兴衰。于是益加立志为学，绝意仕进，远谢时缘，闭门读书。[1]

也就是说，马一浮经过多年的摸索，终于认识到中国现实中政治黑暗、社会无道的根源主要在于"学术之大本未明，心性之精微难知"，因而亟须在思想与学术文化上寻找到一条根本性的路径，为当代社会的变革提供"破邪显正，起弊兴衰"的发展方向。可以相信，这样一种认识上的转变和明确化，应该是马一浮从此"立志为学，绝意仕进，远谢时缘，闭门读书"的根本原因。

正因为如此，前述马一浮长期闭门读书，努力作"儒宗""文宗"及《西方学林》《西方艺文志》等庞大的学术研究和撰著计划，可以说就是为实现上述目标所做的实际工作。而且，从这些读书做学问的方法上来看，可以显现出马一浮在很大程度上还是受传统目录学、考据学方法的影响。也就

---

① 乌以风：《马一浮先生学赞》，第 2 页。

是说，马一浮至少在开始专注于治学的早期阶段还是想借助于传统的目录学、考据学方法对古今中西的思想学术文化作一个全面系统的考察研究和宏观性总结，以期找到一种解决中国乃至整个人类社会发展的根本路径问题。这正如马一浮早在游学上海时就发愿追求的："浮之为志，不在促促数千年、数十国之间，以为全世界人类生存之道。……破一切帝王圣哲私名小智，求人群最适之公安，而使个人永永享有道德法律上之幸福。"①不过，此时马一浮所采用的目录学方法与他早年所习用的传统目录学方法还是有所不同的，因为传统目录学是在图书分类基础上的一种知识分类，而马一浮此时所采用的目录学方法则试图在知识分类的基础上进一步探讨其知识构成的体系及思想价值体系，从而具有不同的思想创新意义。这正如何俊所指出的，这"其实可以说是从传统经学路径中转出的创新。换言之，马一浮是由传统目录学进入，复又转出，从而提出他对传统中国学术的'楷定'。这是马一浮的思想创新，是他作为现代意义的思想家的表征"②。由此可见，青年马一浮的这些宏大研究计划实际上已显示了其终生追求的一个伟大的学术目标，即从借鉴传统目录学的方法入手，努力通过对中西古今学术思想的探源、甄别和总结，达到"知类通达"③、万流归一的创新性提炼，从而求得一种终极性的学术知识体系和最高的思想价值，其于 20 世纪三四十年代所阐述的"六艺论"就是这样一种探索的理论结晶和典型形态。

如果我们从更深入更广泛的层面上去看待马一浮的这一重大思想转向，恐怕还能发现它其实反映了马一浮已开始意识到思想文化因素在社

---

① 马一浮：《故马浮妻孝愍汤君权葬圹铭》，《马一浮全集》第二册，第 248~249 页。

② 何俊：《〈群经统类〉文献整理丛书前言》，何俊主编：《〈群经统类〉文献整理丛书·仪礼集说》，（元）敖继公撰，孙宝点校，上海：上海古籍出版社，2017 年，第 14 页。

③ 马一浮：《〈诸子会归〉总目并序例》，《马一浮全集》第四册，第 371 页。

会文明的改造、进步中的重要意义,而这也恰恰是清末民初一批较先进的中国知识分子刚刚开始树立的一个普遍观念。近代国人自开眼看世界以来,先是看到了西方的坚船利炮,于是要"师夷之长技"。然而洋务运动的失败使国人认识到仅仅学习西方的先进技术是不够的,于是就想通过改变政体等政治制度层面的问题来改造社会,而戊戌变法运动的失败又一次给了国人深刻的教训。因此,清末民初一批先进的国人开始注意到更深层次的思想文化方面变革的重要性,像陈独秀、鲁迅、胡适等人,就纷纷倡导新文化运动,提出"伦理的觉悟为吾人最后觉悟之觉悟",猛烈抨击保守、陈旧的封建伦理道德观念和国民劣根性,要求建立一种全新的中国文化。可见,通过谋求思想文化层面的变革来实现救国救亡的社会重建已成为这一时期中国思想界先进分子们较普遍的共识。显然,青年马一浮的上述思想转变反映了他也已进入这一先进的思想行列。只是陈独秀、胡适等大多数人希望引进科学、民主两位外来的"先生"来救亡启蒙从而实现对中国社会的彻底改造,与此不同的是,马一浮选择了更具传统色彩的道德心性的改善,以作为达到理想社会重建的主要资源,体现了他在"知西学之弊"之后所作的文化路径上的新选择。当然,表面上看马一浮这是向传统的回归,而实际上在一定程度上他的思想还是蕴含着对传统的超越和思想的创新。

其次,马一浮的这一重大思想转变也是其对西方文化的反省、批判的结果。马一浮尽管与清末民初整个中国知识阶层大力引进西学、拥抱西方文明的潮流相适应,也一度热衷于西学,但他在实际游学美日、深入观察体会西方文化之后,很快就发现了其中的一些弊端,进一步反思了西方文化的局限及"西化"道路的问题,从而超越了原先那种"向西方寻求真理"以救亡图存的单纯的"西化论"。

与当初出于救亡图存的目的而热衷于西学相一致的是,马一浮接触的西学主要是西方政治学、社会学、伦理学、人类学,特别是其中具有激进色彩的社会主义、无政府主义、民族主义等思潮,因而对西方近现代社会发展持有较多的怀疑、批判的倾向。如马一浮从 1903 年就开始接触并关注法国人路易斯·博洛尔所著《政治罪恶论》一书,一直持续到 1912 年,其间不断地翻译及发表书中相关内容,充分体现了这一特点。

该书之所以受到马一浮特别的重视,是因为它对西方政治史进行了严厉的道德批判。它以西方历史上种种政治历史、政治事件为例证明了各种各样的统治者、政治家"往往是一些杀人不眨眼的屠夫、刽子手、狂人、大盗、伪善者、破坏者、疯子、道德败坏者和邪恶传播者……在人类社会生活中,最大的犯罪者莫过于政治上的犯罪者"[①]。他们"在合法的外衣下把政治变成了一种说谎与欺诈的骗术,甚至变成了一种抢夺与压榨的霸术"[②]。即使在西方现代民主政治的体制下,自由、民主、平等、正义等启蒙主义的理想价值也往往遭到践踏,难以实现。"人类文明在各个领域都获得了巨大进步,不断地日趋完善,然而政治领域却是个例外"[③]。

马一浮通过这部书,认识到了西方政治生活中同样存在注重现实利益更甚于道德及一切的现实,政治权力和政治组织往往沦为政客、党派之间利益争夺的工具,因此造成了可怕的罪恶。马一浮在为该书在《民立报》连续刊载译文的译序中对西方政治和文明不断陷入马基雅维利主义的权谋政治表示深恶痛绝:"政权既集,莫敢予违。苟利其身,弃义坏理,悖道叛德,罔恤于衷。……悲夫,此其去兽近矣。"[④]由此,马一浮也对自己及国人曾一度十分仰慕的西方近现代政治文明产生了怀疑:"近代均权统治,定宪守约,粲然备矣。四方观政,孰不曰'美哉,欧洲之治也'!夫考其绳式,则信美矣,顾其所以行之之心,其诸比于意大利权谋家之术,有以异乎,无以

① [法]路易斯·博洛尔:《政治的罪恶》,蒋庆、王天成等译,北京:改革出版社,1999 年,"原著者序",第 1 页。

② [法]路易斯·博洛尔:《政治的罪恶》,"原著者序",第 1 页。

③ [法]路易斯·博洛尔:《政治的罪恶》,"原著者序",第 1~2 页。

④ 马一浮:《政诚序》,《马一浮全集》第二册,第 3 页。

异乎？亦至难决哉！"①

马一浮既然已认识到盲目赞赏"美哉，欧洲之治也"的局限性，就必然进一步要思考什么是理想之治。马一浮认为："人性近理而常不胜其欲。……理欲消长之量，治忽升降之枢也。"②因此，马一浮主张，理想的政治必须建立在道德的基础上："政者，正也。去其不正而返之正。……究论为政之道，必克去其欲，纳之仁义。"③正因此理欲之辨，乃政治之本，"倔然区政治、道德而二之，许操政者以为奸利之柄，不亦悍而可怪乎"④。而政治与道德的结合，实质上乃是要用"以理克欲"的道德自觉作为政治的根本，而不是借助于任何权谋诡诈之术。马一浮指出："故欲举善政，必弘至正之理，行无欲之教，绝颛权之制，建共治之法，守背私之训，充博爱之道，尽万物之情。尊德性，平好恶；均劳力，通货财；兴辞让，祛争夺；措刑罚，乐文艺。知者弗爱其才，壮者弗爱其力，民忘其私而各得其分，然后群治可得而进，人道可得而久也。"⑤从上述马一浮对理想政治蓝图的勾画可以看出，他虽然对西方近代民主政治感到失望，却仍然对西方政治传统及社会主义思潮中的平等、博爱等价值观充满了认同。当然，更值得注意的是，由于马一浮强调造成了各种政治罪恶和政治危机的根源在于"倔然区政治、道德而二之"，所以马一浮在这里不知不觉又重新发现了素来以凸显政治与道德合而为一的儒家等东方思想的价值。在马一浮看来，儒家等东方思想重视"以理克欲"的道德自觉和修齐治平的大同理想，为实现人类普遍追求的人道理想提供了可能的途径。总的来说，在马一浮这一时期的政治理想中，已不单纯是对西方政治文明的肯定，也有对东方传统文化的认同，体现了一种把古今中外的民主主义、社会主义、平均主义、大同理想熔为

---

① 马一浮：《政诚序》，《马一浮全集》第二册，第4页。
② 马一浮：《政诚序》，《马一浮全集》第二册，第3页。
③ 马一浮：《政诚序》，《马一浮全集》第二册，第3~4页。
④ 马一浮：《政诚序》，《马一浮全集》第二册，第4页。
⑤ 马一浮：《政诚序》，《马一浮全集》第二册，第3页。

一炉的思想,而且其中隐含了向中国传统思想回归的价值取向,这为他日后重视传统儒学特别是宋明理学中的心性之学埋下了伏笔。

再者,马一浮因受各种限制而对西学的研究毕竟有限,从而在后面没有能够系统地完成《西方学林》《西方艺文志》等经典选辑、诠述计划,应该也是其回归传统的重要因素。

如前所述,这一时期马一浮在兼收并蓄、融合中西的基础上逐渐回归国学的思想特点,在前述他准备做的几个宏大的研究著述计划中得到充分体现。如1907年他先后两次在给他的外舅何稚逸的信中提出自己要"贯缀前典、整齐百家",编撰"儒宗""文宗"、《西方学林》《西方艺文志》等经典选辑、诠述等计划,①尽管由于计划过于庞大而难以在短期内实现,但是它们所体现的马一浮"将以汇纳众流,昭苏群惑。悬艺海之北辰,示儒术之总龟,振斯道于陵夷,继危言于将绝"②的学术抱负和思想旨趣,还是十分典型的。不过其中所体现的马一浮学术关注的重心已经开始明显侧重于传统文化这一面。实际上,这种学术重心上的转向,也在马一浮的行动上得到了集中体现。因为这一时期马一浮正寄居在杭州西湖边的广化寺,专心致志地全力通读浙江图书馆的文澜阁《四库全书》,并做了大量的读书札记,随后又提出了前述"贯缀前典、整齐百家"的"儒宗""文宗"的庞大编撰计划,不久后又写下了《文宗第目》《〈诸子会归〉总目并例序》等有关的具体编撰计划。此后,马一浮还是一直在从事以传统文化为中心的学术研究活动,并在20世纪30年代逐渐形成了系统的六艺论儒学的基本思想。

但是马一浮在提出编撰《西方学林》《西方艺文志》等经典选辑、诠述等计划之后不久,就基本上没有再专门从事过西学的研究,更没有完成上述研究计划。造成这种情况的原因,当然与马一浮后来学术兴趣的重心逐渐转向了中国传统思想学术这一点有较大的关系,但是也应该看到,它与

---

① 马一浮:《致何稚逸(一、二)》,《马一浮全集》第二册,第292~295页。

② 马一浮:《致何稚逸(一)》,《马一浮全集》第二册,第293页。

马一浮对西方文明的了解及反省批判中存在着明显的局限性也有很大的关系。虽然马一浮在至少五六年的时间里花了主要时间精力去接触和了解西学,甚至到美国亲身接触了西方文明,对西方学术文化已有了相当程度的了解,但从总体上看,由于马一浮是以业余的自学为主,受语言及专业训练等限制,"马一浮对西学的了解只能说是泛观博览……远不是通透",以致"西方文化与学术中并没有哪一个学派的思想对他造成深刻的影响"。[①]从内容上看,马一浮对西学中的政治学、社会学、文学等,以及相应的平等思想、社会主义思潮、浪漫主义理想有较多的关注和认同,而对较深层次的哲学、经济学原理及历史学等则接触得较少,认识也不够深入,这导致他对西学的了解还是有限的。不过,正如滕复所说的,"对于西学的了解不能通透,严格说来亦不是马一浮一个人的缺憾,这是那个时代普遍的特点。中国人在先进的西方侵略自己时,急于从西方的文化中学得强国振兴的道理。殊不知西方的文化亦有数千年的历史为基础,故浮于表面乃至于不能对中、西学术之关系做出正确的审视,也是在所难免的"[②]。正因如此,马一浮在发现了西方文明及政治现实中的一些缺陷之后,逐渐冷却了他对西学的热情转而返归于传统中学,也就不难理解了。

最后,马一浮逐渐疏离西学而转向中国传统文化,一个很大的原因应该是他对当时中国现实社会和政治的黑暗状况及自身前途的巨大失望。青年马一浮与当时的大批进步青年一样,受戊戌变法失败、辛丑条约签订等重大事件的影响,立志向西方学习富强之术,以求振兴国家。但在努力求学于西方一段时间后,他发现西方文明也有其不可避免的缺陷而深感失望。同时,清政府腐败独裁的专制统治、镇压革命,拒绝变革的黑暗无道,也让马一浮看不到任何希望。特别是辛亥革命前同乡秋瑾被害,对马一浮产生了巨大的刺激:一方面他作诗表达自己的满腔幽愤和悲痛:"痛

---

① 滕复:《马一浮思想研究》,第17页。
② 滕复:《马一浮思想研究》,第18页。

绝黄门狱，冤沉北寺囚。……漫空飞毒蛊，白日叫鸺鹠。"①另一方面，他又对这种血腥、黑暗的现实充满了悲观："永夜何时旦？佳兵日未休。……雨血天应泣，流沙地转遒。"②即使是在辛亥革命后，马一浮目睹了民初政治的混乱和种种负面现象，也对其充满了失望情绪。如马一浮在 1912 年特意把自己以前翻译的路易斯·博洛尔的《政治罪恶论》在《民立报》上连续刊载时所加的数条按语中就说：

> 革命诸贤之政略，其为不道，无以异于暴主。其所操者，便利耳、黠诈耳、暴力耳，故往往争斗相杀、搜捕异己、报复睚眦、疑逐同党、收没财货，考其行事，固霸者之横恣，专制之余烈也。谋略为重，民命为轻，虽显理弟八、腓力得理弟二、亚尔巴法之残虐，何以过之？此数语，今日革命诸贤听者，今日政治家听者！
>
> 今立法议会，直数人而决耳，虽有未当，孰从而折之？按此数语，今之参议院听者！
>
> 假变政之名，而行压制之术，用自由、平等、博爱之义而肆放殛之刑，真权谋家之桀也。按此数语，今之政府中人听者！③

马一浮这些批评的矛头已经直指民初革命党人及其议会政治。他认为，在西方式政治表象下隐藏着种种最丑恶的现象，实与以往黑暗暴政无异，以至于他发出了这样的感慨："若是乎，吾国今后之政治家，其有进步乎？私心窃未敢信。"④

---

① 马一浮：《悲秋四十韵》，《马一浮全集》第三册，第 625 页。
② 马一浮：《悲秋四十韵》，《马一浮全集》第三册，第 625 页。
③ 转引自于文博：《〈政治罪恶论〉与马一浮早期思想》，《浙江社会科学》2015 年第 3 期，第 120 页。
④ 转引自于文博：《〈政治罪恶论〉与马一浮早期思想》，《浙江社会科学》2015 年第 3 期，第 119 页。

正是由于对现实政治陷入严重的失望和悲观，又深感自己有心报国而无力回天，马一浮也逐渐冷却了对西学的热情，转而发愤杜门，谢绝时缘，退隐陋巷，游学三教，不仅希望以学术救国，也以文字寄身："遗憾逃文字，余生戴骷髅。"①正如马叙伦所说："一浮长余二岁，彼时朱颜绿鬓，各自负以天下为任。乃一浮寻即自匿陋巷，日与古人为伍，不屑于世务。"②从这一点来说，正是马一浮对当时国内社会政治的血腥、黑暗和国际社会处于一战前后的混乱、残酷现实深感悲观、失望，加上原有的家庭悲剧给他带来的剧痛和创伤，使他一步步地陷入深深的悲观主义，对国内外的社会政治及自己的个体人生都充满了失望消极的情绪。可以说，这种悲观情绪不仅成为马一浮在清末民初这样一个急剧动荡、西化风行的时代却逐渐反向而行、回归传统儒学的一个重要的主观原因，而且构成了贯穿其一生的精神底色。

当然，马一浮虽然从日渐兴盛的西学和风起云涌的时政中退隐，却并未简单地避世于山林，而是更多地以独自沉潜学术、回归传统作为自己安身立命的根本方式，以追求自己所喜欢和擅长的文化事业为最终使命。也可以说，正是此重大的思想转向和人生抉择，才最终成就了一代新儒学大师马一浮。

第三节　马一浮六艺论儒学思想的形成

尽管马一浮从西学和时政中退隐后独自沉潜于学术并且最终以回归中国传统的思想文化为自己的根本追求，但他还是有自己思想理论的创新的。他的一个最重要的理论创新就是其提出的"六艺论"，而"六艺论"也

---

① 马一浮：《悲秋四十韵》，《马一浮全集》第三册，第625页。
② 马叙伦：《马君武》，《石屋余渖》，上海：上海书店，1984年，第63页。

构成了马一浮自己的核心性思想学说，或者更准确地说，是马一浮以其"六艺论"为中心建构了一个自己的儒学经典体系和理论体系，也可以说是重建了以孔子为代表的原始儒家的六艺论儒学。而从思想史上来看，马一浮这一重要的思想创新绝非一蹴而就，而是经历了一个漫长的过程。

一、归宗于"六艺之学"

马一浮对"六艺论"的阐述和理论建构是与他在整个学术思想上逐渐从包括佛道在内的传统国学最终归宗儒学的过程相一致的。

那么马一浮是在什么时候由佛道转向儒学呢？不少研究者对马一浮由佛道转向儒学的具体时间有不同的看法。①这实际上应是一个逐渐转化而不是一步到位的过程。

大约在20世纪20年代前后，马一浮从儒佛并成互摄走向了以儒学为宗，虽然这一时期他对儒学的理解还是较宽泛的，但是他已经开始逐渐明确地以"六艺"来楷定儒学的基本内涵。也可以说，他正是随着不断深入认识和体悟儒学，最后形成了以古典的"六艺之学"来把握、定位儒学的系统性认识。马一浮自述其学术思想的变化过程："余初治考据，继专攻西学，用力既久，然后知其弊，又转治佛典，最后始归于六经。"②这表明，马一浮从传统的考据出发，历经了外来的西学、佛学之后，又回到了传统的"六艺之学"。然而，这种归宗"六艺之学"，并不是简单地回到传统，而是在吸

---

① 马镜泉等认为："马浮弃释道而归儒的时间，从资料分析，确切的时间是在1923年四十一岁之后。"（马镜泉、赵士华：《马一浮评传》，第53页）滕复认为："马一浮何时由佛学返折儒学？这是关于马一浮思想研究中的一个重要问题。据笔者的研究，马一浮在二十年代前形成了他的博综百家'观其会通'的学术思想，在儒、佛关系上主张'儒佛并成''二家互摄'。……而马一浮以儒家六艺之学统摄一切学术的观点的形成，大致是在五四文化运动以后。"（滕复：《马一浮思想研究》，第25页）

② 乌以风：《问学私记》，《马一浮全集》第一册，第771页。

收、借鉴之后的反思、扬弃，更是基于对历经社会政治的剧变后依然黑暗的现实的反省和对过去所热切追求过的西学，以及种种对新学的真理性产生怀疑而探寻的新路，正如其弟子乌以风说的：

> 先生目睹国事艰难，世道益苦，推求其根源，皆由于学术之大本未明，心性之精微难知，故欲挽狂澜，转移风气，非自拔流俗，穷究玄微，不足以破邪显正，起弊兴衰。于是益加立志为学，绝意仕进，远谢时缘，闭门读书。①
>
> 先生早年治考据，欲从张之洞所编《书目》入手，求为学门径。旋悟其非，即行舍去。继而致力西学，又悟其专尚知解，无关乎身心受用。体究多年，始转向老庄和释氏之学，求安身立命之地。用力既久，一旦贯通，方知释老之学，亦有得有失。而亲切简易，发明心性义理贯彻圆融全无得失者，莫如六经。于是治学始以六经为主。②

马一浮与当时许多先进的中国知识分子一样，面对一个由外来西方文明的强势冲击与本国社会文化的全面溃败所构成的剧变时代，认识到以单纯的现代器物科技的引进或政治的变革来应对已无法彻底拯救中国，需要首先实现文化的重建。只有在文化上找准了正确的方向，重塑了人心，自拔于流俗，才能真正"起弊兴衰"、实现复兴。不过，与大多数知识分子在当时选择以西方文化为中国文化重建的主要资源不同的是，马一浮是极少数曾崇尚西学又"知其弊"而弃之的学者之一。他认为，希冀遵循西学之路来拯救国家和民族的危亡是行不通的，因为西方文化"专尚知解，无关

---

① 乌以风：《马一浮先生学赞》，第2页。
② 乌以风：《马一浮先生学赞》，第32页。

乎身心受用"，"因其求之在外也"，①是一种致力于外在性作用的文化。马一浮相信，真正能够矫正社会发展的方向，实现社会的良性演进的关键因素必是内在性的人性因素和人心的作用。也可以说，马一浮更注重的是内在性的文化自觉特别是道德主体性的重建，认为只有借助于主体道德意识的提高和人格的完善，真正从内部优化国民的心理素质和精神品质，重新塑造具有强大融会创新和调适能力的文化体系，以破解当时中国社会由中西文化的碰撞引发的巨大危机，走出中国由传统向现代化的变革过程中遭遇的困境。正是基于这种认识，马一浮开始转向东方的传统智慧，先是求诸佛老之学，最终认定唯有中国传统的"六艺之学"才能担此重任，成为实现转变社会风尚和道德人心的大本正途。如1926年他在给洪巢林信中说："禅是闲名，大可束阁；性是实德，必须亲证。……浮愚，以为公于禅教二门涉猎已久，汎汎寻求，终无把鼻。曷若归而求之六经，取法宋贤，约而易入。"②又如1927年马一浮在致学者金香岩的一封信中说：

> 浮年来于此事(指参禅之事)已不挂唇吻，其书(指佛书)亦久束阁。尚欲以有生之年，专研六艺，拾先圣之坠绪，答师友之深期。虽劫火洞然，不敢自沮。③

这些话不仅表明了他要接续先圣的遗志，致力于弘扬"六艺之学"的决心，而且表明了他的主要兴趣已从佛道转向了儒家，并已明确地聚焦于"六艺之学"，以"六艺之学"作为他所皈依的儒学的核心思想。他自己后来在《尔雅台答问》中也对这一时期思想的转变作了总结："往者亦尝疲精于考索，

① 马一浮：《尔雅台答问》，《马一浮全集》第一册，第425页。
② 马一浮：《致洪巢林(八)》，《马一浮全集》第二册，第366页。
③ 马一浮：《致金香岩(六)》，《马一浮全集》第二册，第438页。

致力于冥思,久乃悟其无益,而于诸儒用处似微有以窥其一端。"①"吾昔好玄言,深探义海,归而求之六经,乃知践形尽性在此而不在彼。"②

马一浮所说的"六艺",也称为"六经",即《诗》《书》《礼》《乐》《易》《春秋》,而不是一些先秦典籍中所称的礼、乐、射、御、书、数作为六种才能的"六艺"。马一浮认为,"六经"虽今已不全,但"六经"之道是完整无损的,"六经"正是孔子所倡导的儒学的基本经典,也是其根本的学问和精神,孔子也正是以此为教,故"六经"也可称为"六艺"。马一浮说:"经者,常也。以道言谓之经。艺犹树艺,以教言谓之艺。"③"艺"的甲骨文字形,左上是"木"表植物;右边是人用双手操作。本义为种植,可引申为培养。在马一浮看来,"教育亦艺也,要亦贵能培养"④。"孔子删《诗》《书》、定《礼》《乐》、赞《易》、修《春秋》……六艺即是六经无疑。"⑤周之旧制本有《礼》《乐》《诗》《书》之"四教",孔子特加删订,又补述《易》《春秋》,"于是合为六经,亦谓之六艺"。⑥马一浮认为,"六经"不仅是儒学的基本经典文献,承载了以往历史上累积的大量重要的具体性知识,不但可以作为人们学习、继承历史文化和道德教化的教学典范,而且可以代表囊括全部人类知识的六大知识部类,成为人类整合和创新知识的有机谱系,更可以彰显中国传统所固有的根本文化精神,弘扬"六艺"所追求的"明性道、陈德行"⑦的道德主体意识和人类精神生活的超越性价值原则。正因此,1938 年马一浮应邀在避寇西迁途中的浙江大学作"国学"讲座时正式阐述了其"六艺之学"的系统理论。他首先提出要把"国学"楷定为"六艺之学",他说:"现在要讲国学,

---

① 马一浮:《尔雅台答问》,《马一浮全集》第一册,第 436 页。
② 马镜泉、赵士华:《马一浮评传》,第 53 页。
③ 马一浮:《泰和宜山会语》,《马一浮全集》第一册,第 10 页。
④ 马一浮:《语录类编》,《马一浮全集》第一册,第 584 页。
⑤ 马一浮:《泰和宜山会语》,《马一浮全集》第一册,第 9 页。
⑥ 马一浮:《泰和宜山会语》,《马一浮全集》第一册,第 9 页。
⑦ 马一浮:《复性书院讲录》,《马一浮全集》第一册,第 178 页。

第一须楷定国学名义。……举此一名,该摄诸学,唯六艺足以当之。六艺者,即是《诗》《书》《礼》《乐》《易》《春秋》也。此是孔子之教,吾国千余年来普遍承认一切学术之原皆出于此,其余都是六艺之支流。故六艺可以该摄诸学,诸学不能该摄六艺。今楷定国学者,即六艺之学,用此代表一切固有学术,广大精微,无所不备。"① "国学"之所以即"六艺之学",是因为"六艺"可该摄一切学术。而"六艺之学"之所以是"孔子之教",盖因夏、商、周三代学术文化的结晶就在"六艺"之中,而孔子之儒学正是自觉地以传承夏、商、周三代学术文化为自己的主要使命的。所以马一浮认为儒学就是"六艺之学","六艺皆孔氏之遗书,七十子后学所传"②。所以他明确指出:"不通六艺,不名为儒,此不待言。""窃谓群籍皆统于六艺。……儒者以六艺为宗本。诸子亦原出六艺,各得其一端。"③也就是说,正由于"儒者以六艺为宗本",所以儒者也以传承"六艺"为自己的使命,以"六艺"为教。"圣人以何圣? 圣于六艺而已。学者于何学? 学于六艺而已。"④

不过,就"六艺之学"和儒学的关系来说,我们还必须进行一些必要的辨析。如前所述,马一浮的"六艺论"本来就是他在浙江大学开设"国学讲座"时以"国学"名义进行讲授的,为此马一浮也以"六艺"之名来楷定了"国学"概念,强调"国学者,六艺之学也"。不过,马一浮以"六艺之学"来楷定"国学"固然很正确,但他后面在对"六艺之学"的具体阐述中,又直接或间接地将其等同于孔子的原始儒学,因而也可以说他又几乎把"国学"等同于"儒学",这显然不仅于理(逻辑)上难通,于实(事实)上也不符。因为"国学"或"六艺之学"是一个总括性的大概念,它在理论上(逻辑上)是可以包括儒学但不限于儒学的,儒学可以说是"国学"或"六艺之学"的一种

① 马一浮:《泰和宜山会语》,《马一浮全集》第一册,第8~9页。
② 马一浮:《复性书院讲录》,《马一浮全集》第一册,第112页。
③ 马一浮:《因社 Chinese-Renaissance Society 印书议》,《马一浮全集》第四册,第324页。
④ 马一浮:《泰和宜山会语》,《马一浮全集》第一册,第17页。

典型代表、一种主要形态，但不可等同。事实上，从整个中国思想学术史上看，尽管儒学是传统"六艺之学"最主要的一种内涵和形态，但后者毕竟还具有其他丰富多样的内涵和形态，不能简单地化约为儒学这一种内涵和形态。

然而如果我们不求全责备，单单选取马一浮"六艺论"中较合理的成分，即主要从"六艺之学"的角度去理解国学和儒学，这无疑还是具有较大合理性的，至少仅就儒学而言，马一浮把儒学看作一种"六艺之学"，认为儒学必须在"六艺之学"中得到真正的完整准确地阐发这一基本观念来说，是值得肯定的。因为这一方面它至少是马一浮自己所"楷定"的一家之言，值得尊重。马一浮说："楷定即是自己定出一个范围，使所言之义不致凌杂无序或枝蔓离宗。……今言楷定，则仁智各见，不妨各人自立范围，疑则一任别参，不能强人以必信也。"①马一浮以"六艺之学"来范围儒学，是其能自圆其说的"楷定"，于理自无不可。正如陈锐所指出的："马一浮将六艺之学等同于儒家的六经，看成是普遍之常道，一切学术皆从中引申出来。"②当然，这里需要特别指明的一点是，历史上作为远古及三代文明结晶的传统六艺是早已在孔子之前就已成为"文化元典"并发挥了重要作用的，只是它们在面临"礼崩乐坏"、难以为继的巨大危机之时经过孔子的整理之后，才逐渐开始了儒学化的演变，并最终被改造成为一个"六艺论"的儒学经典体系。只是马一浮未能区分这样一种"六艺"儒学化的过程而简单地称"六艺皆孔氏之遗书"③是不妥的、不符合历史事实的。但把经过了孔子编修、实现了儒学化改造的新"六艺"看作就是"孔子之教""儒者宗本"则是成立的。从这个意义上说，我们还是有理由把在历史上由孔子所创立的原始儒学称为一种"六艺论儒学"，认为孔子所编修的新"六艺"不

① 马一浮：《泰和宜山会语》，《马一浮全集》第一册，第8页。
② 陈锐：《马一浮儒学思想研究》，第60页。
③ 马一浮：《复性书院讲录》，《马一浮全集》第一册，第112页。

仅成为孔门最重要的理论经典和教典,而且"六艺之学"也体现了其最基本的思想主张及其价值理想。马一浮明确强调:"六艺者,即是《诗》《书》《礼》《乐》《易》《春秋》也,此是孔子之教"①,"不通六艺,不名为儒,此不待言"②,"儒者以六艺为宗本"③。所以马一浮在泰和会讲中宣讲其"六艺论"时,又明确地将其称为"孔门六艺之学"④。这样来看,马一浮把原始儒学看作是一种"六艺之学"不仅是符合历史实际的,而且是不同于自宋儒以来大多数儒者对儒学的一种深刻理解,表现了马一浮超越流俗,回归历史的独特卓见,也是马一浮对恢复和重建儒学的真正生命力和精神价值所作出的一个最大贡献。

此后,马一浮不仅在浙江大学的讲学中明确地对"六艺"作为儒学的核心经典、"六艺统摄一切学术"的理论主张作了系统论证,还在 1939 年至 1941 年主持的复性书院讲学中进一步系统而具体地讲解了以"六艺"为中心的群经大义,从而集中地阐释了自己的核心学说——"六艺之学"。至此,马一浮既借助其对"六艺之学"的系统化的理论建构将自己数十年致思所得全面系统地展示出来,形成了自己标志性的思想成果和理论体系——六艺论儒学,又在六艺论儒学的理论框架下,以对儒学经典展开一系列全面、深入的解读阐发为基础,展现了自己对包括原始儒学和宋明儒学在内的儒学传统及其根本精神的独特理解,抉发了以儒家思想为代表的中国传统文化的巨大生命力和在现代性社会文化转型中的适应力、创新力,对以西方文化所崇尚的工具理性为代表的文化逻辑和价值取向提出了富有启发性的反省和批判,冀图从本民族固有文化传统中寻找到现代中国人安身立命的根本和民族长久自立、世界普遍和平之道。

---

① 马一浮:《泰和宜山会语》,《马一浮全集》第一册,第 8 页。
② 马一浮:《泰和宜山会语》,《马一浮全集》第一册,第 11 页。
③ 马一浮《因社 Chinese-Renaissance Society 印书议》,《马一浮全集》第四册,第 324 页。
④ 马一浮:《泰和宜山会语》,《马一浮全集》第一册,第 21 页。

二、"六艺论"的提出

近年来,随着对马一浮研究的展开,学术界关于马一浮儒学思想体系的定位、其儒学思想的性质与特色,马一浮儒学思想与原始儒学尤其是宋明儒学的关系、与现代新儒家的关系等,也成为众说纷纭的重要论题。特别是作为马一浮核心性思想的"六艺论"与他的整个儒学思想有什么样的内在联系,还须进行深入研究。学术界现有对马一浮"六艺论"的阐述,大都集中在介绍马一浮所主张的"六艺"该摄古今中外一切学术的观点上,但这里实际上存在两个方面的问题,值得我们进一步考虑:一方面是学界对马一浮"六艺论"的已有研究只是论述了马一浮主张的"六艺"在学术整合上的统摄作用,却未能对马一浮关于"六艺"如何能统摄古今中外一切学术的整合作用作更深入的研究阐述,这样不仅在面对对六艺统摄论的种种诘难时难以作出释疑解惑的有效说明,更难以明了马一浮提出"六艺论"的深层要旨。另一方面,进一步而言,我们不但要深入了解马一浮何以要提出其"六艺论"的深刻原因,"六艺"何以能统摄一切学术的内在理据,更要深入了解马一浮"六艺论"所揭示的"六艺"之间的内在联系,"六艺"所体现的儒学精神及其所象征的文化观、价值观,以及由此形成的马一浮的六艺论儒学与原始儒学的"六艺论"的关系,所具有的思想史、文化史的意义。因为如果我们进一步全面系统地考察作为马一浮思想学说的核心的"六艺论",就可以发现马一浮对儒学的理解和阐发,以及由此形成的他自己的儒学思想,都是以这一"六艺论"为核心和基本体系的。我们通过考察马一浮思想的形成演变过程,特别是其在浙江大学和复性书院讲学时对"六艺论"及其以"六艺"为中心的群经大义的阐述,就可以证明马一浮的"六艺论"不仅成为容纳和概括了其核心性思想学说的观念,而且由此形成了自己独特的理论体系即六艺论儒学。实际上,在马一浮看来,孔子创建的原始儒家就完全是一种以"六艺论"为中心建构的经典体系和理论体系,也可以说就是六艺论儒学。而且马一浮认为这并不是自己故意要提出一个新的看法用以猎奇和炫人耳目,而是在历史上和理论上都确实如此:"然寻究经传遗文,实有如是条理,未敢强为差排,私意造作。"①

从历史上来看,马一浮提出系统的"六艺论"应是一个逐渐的过程。根据现有史料记载,马一浮最早提到"六艺"一词是在 1907 年给舅舅何稚逸的信中说的"仲尼周流,晚综六艺"②,把孔子的最后定型思想归结为"六艺之学"。马一浮的这个观点此后一直坚持了下来,并且成为他的最重要的儒学观。

1912 年马一浮被蔡元培邀请做新成立的国民政府教育部秘书长,不久即因反对蔡元培推行废经教育、主张建立"通儒院"的意见不被采用而辞归西湖。这已经反映出马一浮对保留儒学教育的重视。同年,马一浮去新加坡考察由华侨所办的道南学堂时,当了解到该学堂不废经学时,感慨系之:"惟今国家初改政,典教育者方议绌儒术,废六艺;而兹堂之称,乃有取于洛学之传。所谓'礼失而求诸野'者,非欤?"③这里马一浮明确地把儒学与"六艺"联系起来谈,就是承认它们两者之间存在着内在贯通性。1917年,马一浮在给好友谢无量的信中说:"虽尝有志于六艺,而疏于讲习。"④这里马一浮大概已经有系统研究儒学"六艺"的打算,并要求能够"深之以玩索,通之以博喻"⑤,只是由于自己"心智薄劣"、"疏于讲习",还未能有所成就。1918 年,马一浮指出,"道之显者,备在六艺",因而提出要

① 马一浮:《致叶左文(十)》,《马一浮全集》第二册,第 387 页。
② 马一浮:《致何稚逸(一)》,《马一浮全集》第二册,第 293 页。
③ 马一浮:《新加坡道南学堂记》,《马一浮全集》第二册,第 211 页。
④ 马一浮:《致谢无量(八)》,《马一浮全集》第二册,第 300 页。
⑤ 马一浮:《致谢无量(八)》,《马一浮全集》第二册,第 300 页。

"深探六艺之本"①的学术目标,认为"渐之以仁义,润之以礼乐,庶乎道德可成,文学可兴矣"②。1920 年,马一浮在给叶左文的信中,认为《易》是"六艺之原"③,因此要重视对《易》义的研究。此后,马一浮自己于书信中与人谈《易》学较多。可见,大约在 20 世纪 20 年代前后,马一浮在逐渐走向以儒学为宗的思想过程中也越来越明确地以"六艺"来楷定儒学的基本内涵。1926 年,马一浮在给洪巢林的信中说:"濂洛诸贤莫不参悟,归而求之六经。"④1927 年,马一浮在给金蓉镜的信中说:"洛闽诸儒所以游意既久,终乃求之六经。"⑤同时马一浮表示自己"欲以有生之年,专研六艺"⑥。这些说法表明,在马一浮看来,濂洛闽诸宋儒尽管曾经出入佛老、游学多方,然而他们最终仍是归而求之"六经"。而这里所谓"六经",实际上就是专指孔子的原始儒学及其作为基本经典的"六经"。这种看法在十多年后马一浮正式系统阐述的"六艺论"及其编辑的大型宋明儒学丛书《群经统类》中得到了进一步的体现。也就是说,马一浮在这里不仅已经明显地以"六经"("六艺")来象征儒学,把儒学的基本内涵理解为"六艺之学",从而显示了与宋明儒学强调以《四书》为中心的儒学观之间存在着重大的区别,而且体现了马一浮自己始终坚持从"六艺之学"的视域去看待儒学包括宋明儒学的儒学观。正因此,马一浮已经下决心要以自己的有生之年,专研"六艺"了。

　　不过,如果马一浮的儒学思想仅停留在这一阶段上,那还未必能造就真正独特的马一浮。因为虽然在辛亥革命和五四新文化运动之后批判儒学、打倒孔家店成为一种较普遍的思潮,但由于第一次世界大战后暴露的

---

① 马一浮:《重印姚氏古文辞类纂王氏续古文辞类纂序》,《马一浮全集》第二册,第 17、18 页。
② 马一浮:《重印姚氏古文辞类纂王氏续古文辞类纂序》,《马一浮全集》第二册,第 18 页。
③ 马一浮:《致叶左文(六)》,《马一浮全集》第二册,第 380 页。
④ 马一浮:《致洪巢林(七)》,《马一浮全集》第二册,第 365 页。
⑤ 马一浮:《致金蓉镜(六)》,《马一浮全集》第二册,第 438 页。
⑥ 马一浮:《致金蓉镜(六)》,《马一浮全集》第二册,第 438 页。

西方文明的弊端而引起的对西方文化的普适性价值的怀疑和批判的滋生，中国社会从思想精英到政府、民间在 20 世纪二三十年代开始形成了一股儒学复兴运动，①像马一浮、梁漱溟、熊十力，就是在这种儒学复兴运动中少数思想精英层面的代表。不过，由于 30 年代初梁漱溟、熊十力都早已出版自己的代表作，②形成了自己标志性的新儒学思想，而只有马一浮此时尚未正式公开提出自己的六艺论儒学思想，因而还未能完全从这批少数新儒家学者中凸显出来。当然，可以说从 20 年代开始马一浮已越来越明确地把"六艺之学"当作儒学的基本内涵，具有了后来"六艺论"的雏形。直到 30 年代后期，借在浙江大学和复性书院讲学之机，马一浮才真正系统地正式提出了以"六艺之学"统摄一切学术、以六艺之学概括原始儒学的一套完整理论学说，由此才使马一浮真正成为今天呈现在人们面前的马一浮，即作为现代新儒家的"三圣"之一的马一浮。可见，"六艺论"的系统化的理论构建的完成，也使马一浮这一时期的思想与此前各阶段的思想划清了界线，成为他真正成熟期的思想。进一步来看，"六艺论"不仅是代表着马一浮的独特思想学术成就的儒学观、国学观，而且是其根本的文化观，成为他出入和反思古今中西的文化本质，重构中国社会的道德文化秩序，冀求传统文化的现代转生和重光的基本理论工具。可以说，"六艺论"不单是马一浮关于儒学思想的总纲领，也是马一浮自己全部思想学术说的总纲领，所以其思想学说作为一种现代新儒学也可以称为"六艺论儒学"。

"六艺之学"作为马一浮的核心性思想学说，在成熟时期的马一浮那里，是已经自成体系了的。这一时期马一浮一直有写一本《六艺论》著作的想法。早在 1936 年 7 月 29 日致熊十力的信中，马一浮就已有"颂天劝吾

---

① 陈锐：《马一浮与现代中国》，第 162~200 页。

② 梁漱溟的代表作《东西文化及其哲学》出版于 1921 年；熊十力的代表作《新唯识论》出版于 1932 年。

作六艺论"，"欲诏以六艺之旨"之语①。1938年在浙江大学的讲座中，他又提及"某向来欲撰《六艺论》"②。此论与汉代郑康成已经散佚不传的《六艺论》"名同实别"③，但"未成而遭乱，所缀辑先儒旧说、群经大义，俱已散失无存"④。由于战祸骤起，马一浮在颠沛流离之中，不仅未能写成《六艺论》，而且连辑集的资料也荡然无存。但是他在浙江大学和复性书院的讲学中，还是较系统地阐述了其"六艺之学"的全面性观点，可视为基本完成了其理论的主要建构。正如有学者认为的："马一浮生前虽然未能写出完本的《六艺论》专著，但其要旨与框架则基本完备，只是未用详细材料充分论证而已。……此论若写出，当是马一浮的一部鸿篇巨制，很有可能囊括马一浮一生治学成果的精华。"⑤马一浮"六艺论"的主要思想及其理论框架，主要体现在以他在浙江大学讲学的《泰和宜山会语》和复性书院讲学的《复性书院讲录》为主的一批论著中。马一浮的这批论著虽都是讲义，但皆"不由记录，出于自撰"⑥，因而都是较成系统的自己思想理论的阐述。《泰和宜山会语》中所述六艺论可以说是其整个"六艺之学"的理论总纲，而《复性书院讲录》则是在前述总纲基础上的具体展开。马一浮在《泰和宜山会语》中楷定了国学即"六艺之学"，认为"六艺"统摄一切学术，"六艺"统摄于一心，"六艺之学"是儒者的根本之学、孔子的根本之教等一系列基本主张和总体性思想，并进一步将"六艺之学"视作人类一切学术的源头，是人类文化的大本大源。为此，马一浮在《复性书院讲录》中进一步通过具体地分别讲解群经大义等对其六艺论儒学作了全面、深入的系统阐发。可以说，《泰和宜山会语》与《复性书院讲录》两者一总一分、一纲一目，一脉相承，共同

---

① 马一浮：《致熊十力（十二）》，《马一浮全集》第二册，第476~477页。
② 马一浮：《泰和宜山会语》，《马一浮全集》第一册，第9页。
③ 马一浮：《泰和宜山会语》，《马一浮全集》第一册，第9页。
④ 马一浮：《泰和宜山会语》，《马一浮全集》第一册，第9页。
⑤ 邓新文：《马一浮六艺一心论研究》，上海：上海古籍出版社，2008年，第67页。
⑥ 马一浮：《泰和宜山会语》，《马一浮全集》第一册，第1页。

建构起了一个马一浮六艺论儒学的思想体系,而这样一种思想体系,既是马一浮对"六艺之学"及整个儒学的基本内容、本质、特点及根本精神的独特理解,也是他对关于中国文化及整个人类文化所应具有的道德本性和所应追求的永恒价值的殷切期盼。

现在许多人(包括大多数学者)都习惯于主要从心性论的角度来看待儒学,把儒学理解为主要是一种心性论儒学(这实际上主要是宋儒以来的立场),因而对马一浮所主张的六艺论儒学难以理解和接受,以为不合儒学的传统,以致不少学者都认为,马一浮的六艺论儒学无论在历史学(思想学术史)上还是文献学(经典文献证明)上都是站不住脚的、缺乏足够的论证支撑的。早在 1938 年马一浮还在浙江大学讲学时,马一浮的老友、历史学家叶左文就对马一浮提出的"六艺论"从目录学、文献学及历史学的角度进行了激烈的批评,"责之甚严而诫之甚切",批评其"庞杂","所学不纯","辞气抑扬太过","入于禅"。[①]马一浮在回信中承认:"浮今以六艺判群籍,实受义学影响,同于彼之判教,先儒之所未言。然寻究经传遗文,实有如是条理,未敢强为差排,私意造作。"[②]此外,他在另一次回信中也批评叶左文作为历史学家"偏重史实"之弊,认为"治史当识其大者",因为如果"偏重史实,末流不能无弊……故知史家主文,远于情实。事必有义,然后文之"。[③]在当代学者中,也有不少类似的不理解和批评。杨儒宾说:"六艺如何可以统摄天下之道,此事真是费人思量。而就传统目录学对六艺性质的归纳与解释来看,大概也很少人像马浮这般解释的。……纯从所谓的'历史文献的'立场出发考察的话,没有一点是可以成立的。"马一浮的"六艺论""就文献考证的角度来说,很难站住脚;……马一浮对六艺论的解释正

---

① 马一浮:《致叶左文(十)》,《马一浮全集》第二册,第 384 页。
② 马一浮:《致叶左文(十)》,《马一浮全集》第二册,第 387 页。
③ 马一浮:《致叶左文(九)》,《马一浮全集》第二册,第 382~383 页。

是标准的重意义而轻历史"①。蒋国保也认为,马一浮关于"六艺"可以统摄一切学术的说法"不能从学理上把握其合理性……体现了文化保守主义的立场","其解说缺乏逻辑分析,够不上论证"。②这些从不同角度、不同时期对马一浮"六艺论"的批评,其基本观点是一致的,即认为马一浮的六艺论儒学无论从历史文献的角度还是理论逻辑角度来看都是难以成立的。

在这个问题上,马一浮自己也承认:一方面"六艺论"的系统阐述的确为"先儒之所未言",另一方面自己"亦嫌草草……手头无书,证据不足"。③他限于条件和研究习惯,没有从历史学、文献学角度予以充分的论证。但马一浮强调,"有六经之迹,有六经之本。六经之本是心性,六经之迹是文字,然文字全是心性的流露,不是臆造出来"④。所以"六经"作为一个理论系统,虽然有许多地方先儒未曾明确阐述,"然寻究经传遗文,实有如是条理,非敢强为差排,私意造作"。正如汤一介指出的:"马先生提出'六艺'是'孔子之教',盖因孔子儒学是自觉地传承着夏、商、周三代学术文化,而夏、商、周三代学术文化尽在六艺之中"⑤。对此马一浮有着充分的自信,"先儒复起,未必遂加恶绝"⑥,"故考据之疏,吾不以自病。所病者见虽端的,养之未熟,言语不免渗漏"⑦。

由此可见,我们可以说马一浮对自己所主张的六艺论儒学的观点缺乏从历史学、文献学上的充分论证,这是他自己也承认的,其中的原因既

---

① 杨儒宾:《马浮"六艺统于一心"思想析论》,毕养赛、马镜泉主编:《马一浮学术研究》,杭州师范学院马一浮研究所印,1995年,第39、60~61页。

② 蒋国保:《马一浮楷定'国学是六艺之学'的现代意义》,《中共宁波市委党校学报》2009年第4期。

③ 马一浮:《致叶左文(十)》,《马一浮全集》第二册,第386页。

④ 乌以风:《问学私记》,《马一浮全集》第一册,第744页。

⑤ 汤一介:《〈马一浮全集〉序》,《马一浮全集》第一册,第3页。

⑥ 马一浮:《致叶左文(十)》,《马一浮全集》第二册,第387页。

⑦ 马一浮:《致叶左文(十一)》,《马一浮全集》第二册,第390~391页。

有在当时战争环境下所缀辑资料"俱已散失无存","手头无书,证据不足"的条件限制,也有马一浮自己对"考据之疏,吾不以自病",不重视、不屑于多做这类工夫的治学方法上的偏好。但是如果说马一浮的六艺论儒学没有历史学、文献学上的足够依据,则不仅马一浮本人是不承认的,而且我们也是不赞同的,因为我们通过历史学、文献学的考察恰恰可以发现,以孔子为代表的原始儒学就可以说是一种六艺论儒学,而马一浮所做的只不过是对这种六艺论儒学的恢复和重建工作。因此我们不仅有必要替马一浮补上从历史学、文献学上对六艺论儒学的充分论证,做一番知识还原和思想考古的历史学工作,还要进一步从知识系统和价值系统上对马一浮的六艺论儒学思想作理论和逻辑上的充分论证,从而阐明马一浮六艺论儒学的深刻内涵及其独特价值,彰显其多方面的理论意义。

第二章 马一浮对六艺论儒学的重建

马一浮学问渊博、涵养深厚，为一代儒宗，其思想学说的核心是"六艺论"。马一浮的"六艺论"不仅成为容纳和概括了其核心性思想学说的观念，而且形成了自己独特的理论体系。正因此，马一浮对儒学的理解和阐发，以及由此形成的他自己的儒学思想，无不是以这一"六艺论"为核心和体系的，其儒学思想可概括为一种六艺论儒学。

不过，学术界现有对马一浮"六艺论"的阐述，大都集中在介绍马一浮所主张的"六艺"该摄古今中外一切学术的观点上，但这只是论述了马一浮主张的"六艺"在学术整合上的统摄作用，却未能对马一浮关于"六艺"如何能统摄古今中外一切学术的整合作用作更深入的研究阐述，这样不仅在面对六艺统摄论的种种诘难时难以作出释疑解惑的有效说明，更难以明了马一浮提出"六艺论"的深层要旨。实际上，马一浮通过对"六艺论"的深入研究，强调了孔子所创立的原始儒学就是一种以"六艺"为中心的儒学经典体系、以中国上古和三代的整个文化知识系统和价值系统为基础，以"六艺"思想为总体框架的一种六艺论儒学思想体系。所以，虽然我们对马一浮的这一观点还需要进一步从历史文献和理论逻辑两方面具体地予以论证，但依据这种观念，我们不但可以深入了解马一浮何以要提出其"六艺论"的深刻原因，以及"六艺"何以能统摄一切学术的内在理据，而且可以由此深入了解马一浮"六艺论"所揭示的"六艺"之间的内在联系、"六艺论"所体现的儒学精神及其所象征的文化观、价值观,还可以进一步探讨马一浮的六艺论儒学与原始儒学"六艺论"之间的关系,以及理解儒学思想史的新途径,因此它所具有的合理价值不但是值得肯定的,还是不容忽视的。

第一节　作为知识系统的"六艺论"

马一浮的"六艺论"的一个最基本观点就是"六艺该摄一切学术"①。这表明,在马一浮那里,"六艺"作为"国学",首先是一种知识系统,代表了一种最普遍、最广泛的知识体系,因而它可以"该摄一切学术"。从这个意义上说,马一浮的"六艺论"实际上就是他的一种学术文化体系的建构模式及其建构方法。这样,我们要深入了解马一浮的学术文化体系,就要首先了解马一浮的"六艺论"作为一种知识系统,究竟具有怎样的具体内容和意义,以及其所用以建构的独特方法论。

一、"六艺论"对知识系统的梳理

马一浮首先用"六艺论"对传统的乃至一切知识进行了系统的梳理,使"六艺"该摄一切学术,并据此建构了一个最普遍、最广泛的全新的知识体系。

---

① 马一浮:《泰和宜山会语》,《马一浮全集》第一册,第10页。

（一）"六艺"统摄一切传统学术

马一浮在《泰和会语》中说："何以言六艺该摄一切学术？约为二门：一、六艺统诸子；二、六艺统四部。"①马一浮认为，"六艺"作为一种最普遍、最广泛的知识体系，首先就体现在它可以统摄传统学术中的诸子之学和四部之学。诸子之学和四部之学代表了中国传统学术中最重要的一些知识部门，"六艺"能够统摄它们，也就意味着统摄了中国一切传统学术。

首先是"六艺"统诸子。马一浮认为，"该摄诸子，唯六艺足以当之。六艺者，……此是孔子之教，吾国二千余年来普遍承认一切学术之源皆出于此，其余都是六艺之支流。故六艺可以该摄诸子，诸子不能该摄六艺"②。也就是说，马一浮认为，"六艺"是中国一切传统学术的源头，因而是可以统摄诸子及诸学的，后者都是"六艺"的支流。

关于诸子的起源，历史上有几种代表性的看法。如《汉书·艺文志》里的"诸子出于王官"之说及章学诚在《文史通义》中以"六经为先王之政典"的"六经皆史"之说等。马一浮对这些观点都不赞同，认为它们都混淆了政治与学术，以为实现政治的需要可以直接规定和产出学术思想。马一浮由此进一步批判了政治对思想自由的"统制"，认为"秦法'以古非今者族'，乃是极端遏制自由思想，极为无道，亦是至愚"③。相比之下，马一浮较为赞同庄子的观点。《庄子·天下篇》认为，古之道术本是完整一体的，后来由于"道德不一，天下多得一察焉以自好"，"各为其所欲焉以自为方"，"道术将为天下裂"，④从而产生了各种得一偏之学，"是故道术为该遍之称，而方术则为一家之学"⑤。马一浮按照《庄子·天下篇》的思路，认为"六艺"本来是

---

① 马一浮：《泰和宜山会语》，《马一浮全集》第一册，第10页。
② 马一浮：《泰和宜山会语》，《马一浮全集》第一册，第8页。
③ 马一浮：《泰和宜山会语》，《马一浮全集》第一册，第11页。
④ 《庄子·天下》。
⑤ 马一浮：《泰和宜山会语》，《马一浮全集》第一册，第11页。

完满的整体,本无流失,只是由于"心习才有所偏重,便一向往习熟一边去"①。这样造成整体被割裂为不同的部分,就是"六艺"流失而为诸子之学的过程。但这种碎片化的诸子之学终究难以再现统一之道,所以诸子与"六艺"的关系,实际上是一种得失关系,即诸子从"六艺之学"那里得多少、失多少的问题。马一浮把它们归纳为四种情况:有"得多失多",有"得多失少",有"得少失多",有"得少失少"。②如马一浮说"六艺"统摄道家:"道家统于《易》……例如道家体大,观变最深,故《老子》得于《易》为多,而流为阴谋,其失亦多,'《易》之失贼'也。庄子《齐物》,好为无端厓之辞,以天下不可与庄语。得于《乐》之意为多,而不免流荡,亦是得多失多,'《乐》之失奢'也。"③又说:"周秦诸子以道家为最高,道家之中又以老子为最高,而其流失亦以老子为最大。"④"道家清虚夷旷,近于《乐》,其流至任诞废务,是有《乐》而无《礼》也。"⑤

"六艺"统摄墨家:"墨家统于《礼》……墨子虽非乐,而《兼爱》《尚同》实出于《乐》,《节用》《尊天》《明鬼》出于《礼》,而《短丧》又与《礼》悖。墨经难读,又兼名家亦出于《礼》,如墨子之于《礼》《乐》,是得少失多也。"⑥

"六艺"统摄名家:"名家亦出于《礼》……如惠施、公孙龙子之流,虽极其辨,无益于道,可谓得少失少。"⑦"名家驰骋辨说,务以胜人,其言破析无当于诗,其道舛驳无当于礼。"⑧

"六艺"统摄法家:"法亦统于《礼》","法家辨等,威明上下,有近于礼,

① 马一浮:《泰和宜山会语》,《马一浮全集》第一册,第10页。
② 马一浮:《泰和宜山会语》,《马一浮全集》第一册,第11页。
③ 马一浮:《泰和宜山会语》,《马一浮全集》第一册,第11~12页。
④ 马一浮:《泰和宜山会语》,《马一浮全集》第一册,第37页。
⑤ 马一浮:《复性书院讲录》,《马一浮全集》第一册,第265页。
⑥ 马一浮:《泰和宜山会语》,《马一浮全集》第一册,第12页。
⑦ 马一浮:《泰和宜山会语》,《马一浮全集》第一册,第12页。
⑧ 马一浮:《复性书院讲录》,《马一浮全集》第一册,第265页。

而专任刑罚,惨刻寡恩,流为不仁,是有《礼》而无《诗》也"。①又由于"法家往往兼道家言,如《管子》《汉志》本在道家。韩非亦有《解老》《喻老》,自托于道。其于《礼》与《易》,亦是得少失多"②。

"六艺"统摄诸子:"其得多失少者,独有荀卿。荀本儒家,身通六艺,而言'性恶','法后王',是其失也。若诬与乱之失,纵横家兼而有之,然其谈王伯皆游辞,实无所得,故不足判。杂家亦是得少失少。农家与阴阳家虽然出于《礼》与《易》,末流益卑陋,无足判。观于五家之得失,可知其学皆统于六艺,而诸子学之名可不立也。"③

总之,在马一浮看来,"六艺"不仅仅是六种最普遍、最广泛的知识系统,而且是具有内在有机联系的整体:一方面它是一切传统学术的基础,是诸子百家的主要思想渊源;另一方面正是"六艺"的完美的整体性遭到破坏而流失,才使道、墨、名、法、阴阳、农家等得以产生,因而"诸子皆六艺之支与流裔"。"流失"是对"六艺"之旨而言,指对"六艺"的统一完整之道作了片面的理解、发挥,"变而成为一种习气","妄生知解,增长习气,本欲明六艺之道,反成流失"。④"六艺本用以显性德……若变而成为助长一种习气,则谓之流失。"⑤这种六艺之流失的情况,并非马一浮臆测,因为早在先秦就已有不少类似说法,如史书称由于周室衰微,"官失其守"以致"私学勃兴";《庄子》里说"道术将为天下裂""谓方术出于道术";《礼记·经解》谓《诗》之失,愚;《书》之失,诬;《乐》之失,奢;《易》之失,贼;《礼》之失,烦;《春秋》之失,乱"等,这些说法与马一浮的看法都是基本一致的,即都是把诸子百家之学及后世种种社会文化的乱象的产生,都归于"六艺之道"的完美整体性的破坏和流失之结果。尽管这种社会文化观反映了一种

---

① 马一浮:《复性书院讲录》,《马一浮全集》第一册,第265页。

② 马一浮:《泰和宜山会语》,《马一浮全集》第一册,第12页

③ 马一浮:《泰和宜山会语》,《马一浮全集》第一册,第12页。

④ 马一浮:《尔雅台答问续编》,《马一浮全集》第一册,第564页。

⑤ 马一浮:《尔雅台答问续编》,《马一浮全集》第一册,第564页。

非历史主义的倾向，并不能正确地看待和解释历史上诸子百家及其他思想文化现象产生、演变的历史原因及其文化意义，但却可以使马一浮通过这些"判教"活动进一步确立"六艺"在古代文化中的最高权威地位。他认为，正由于诸子百家之学都是"六艺"流失的结果，因而它们都难免各有局限和弊病，只有"六艺之教，则绝于偏小，唯是圆大，无假权乘，唯一实理，通别始终，等无有二"①。而且，由于"六艺"后来成为原始儒家崇奉的主要经典，"不通六艺，不名为儒"，所以儒家及儒学统于"六艺"，"此不待言"②。这样，树立了"六艺"的理论权威，实际上也等于确立了儒家和儒学的最高地位。

其次是"六艺"统四部。经、史、子、集四部之名始于《隋书·经籍志》，四部分类成为隋唐以来我国图书编目所采用的一种基本的图书分类方法。马一浮认为，这种四部分类法不能像《庄子·天下篇》《汉书·艺文志》一样能辨明各类著作的学术流别，无关思想之统类，因而四部之名虽沿用至今，其实不妥。不如取消四部之名，仍由"六艺"统摄四部群籍。③对此，马一浮也分别予以了论述。

1."六艺"统经部

马一浮认为，在四部中，"今经部立十三经、四书，而以小学附之，本为未允"④。他指出：

> 六经唯《易》《诗》《春秋》是完书；《尚书》今文不完，古文是依托；《仪礼》仅存士礼；《周礼》亦缺冬官；《乐》经本无其书；《礼记》是传，不当遗大戴而独取小戴；《左氏》《公》《穀》三传亦不得名经；《尔雅》是释

---

① 马一浮：《复性书院讲录》，《马一浮全集》第一册，第130页。
② 马一浮：《泰和宜山会语》，《马一浮全集》第一册，第11页。
③ 马一浮：《泰和宜山会语》，《马一浮全集》第一册，第12~14页。
④ 马一浮：《泰和宜山会语》，《马一浮全集》第一册，第12页。

群经名物；唯《孝经》独专经名，其文与《礼记》诸篇相类；《论语》出孔门弟子所记；《孟子》本与《荀子》同列儒家，与二戴所采曾子、子思子、公孙尼子七十子后学之书同科，应在诸子之列，但以其言最醇，故以之配《论语》。然曾子、子思子、公孙尼子之言亦醇，何以不得与《孟子》并？二戴所记曾子语独多，后人曾辑为《曾子》十篇。《中庸》出子思子，《乐记》出公孙尼子，并见《礼记》正义，可信。然《礼记》所采七十子后学之书多醇。《大学》不必定为曾子之遗书，必七十子后学所记则无疑也。二戴兼采秦、汉博士之说，则不尽醇。此须料简。①

马一浮批评现有四部中所列"十三经"、《四书》等经典系列较为混乱，标准不一，难辨义类。他主张仿照佛学，将经部之书分为"宗经论"和"释经论"两大类，"今定经部之书为宗经论、释经论二部，皆统于经，则秩然矣"②。他说：

> 六艺之旨，散在《论语》，而总在《孝经》，是为宗经论。《孟子》及二戴所采曾子、子思子、公孙尼子诸篇，同为宗经论。《仪礼·丧服传》子夏所作，是为释经论。三传及《尔雅》亦同为释经论。《礼记》不尽是传，有宗有释。《说文》附于《尔雅》，本保氏教国子以六书之遗。如是则经学、小学之名可不立也。③

2."六艺"统子部

已如前"六艺统摄诸子"中阐述，不再重复。

3."六艺"统史部

马一浮认为，史部中的各类史著，自司马迁《史记》以降，凡编年纪事

---

① 马一浮：《泰和宜山会语》，《马一浮全集》第一册，第12~13页。
② 马一浮：《泰和宜山会语》，《马一浮全集》第一册，第13页。
③ 马一浮：《泰和宜山会语》，《马一浮全集》第一册，第13页。

者皆出于《春秋》;重于议论者则出于《尚书》;记典制者出于《礼》,诸史均未超出"六艺"的范围,知此则知可不立史学之名也。他说:

> 司马迁作《史记》,自附于《春秋》,《班志》因之。纪、传虽由史公所创,实兼用编年之法;多录诏令奏议,则亦《尚书》之遗意。诸志特详典制,则出于《礼》,如《地理志》祖《禹贡》,《职官志》祖《周官》,准此可推。纪事本末则左氏之遗则也。史学巨制,莫如《通典》《通志》《通考》,世称"三通",然当并《通鉴》计之为"四通"。编年纪事出于《春秋》,多存议论出于《尚书》,记典制者出于《礼》。判其失亦有三:曰诬,曰烦,曰乱。知此,则知诸史悉统于《书》《礼》《春秋》,而史学之名可不立也。①

4."六艺"统集部

马一浮认为,集部作为历代文章特别是文学作品的汇集,尽管其体例形制纷繁多样,但直抉根源,其体要皆统于《诗》《书》,因为"《诗》以道志,《书》以道事",文章无非用以言志、论事,言志可归于《诗》教,论事可归于《书》教,"文章虽极其变,不出此二门"②。可见"一切文学皆《诗》教、《书》教之遗,而集部之名可不立也"③。这样,马一浮主张以《诗》《书》来衡量文章的高下,通过文章来观察治乱之情,则集部之书都可统于《诗》《书》,集部之名也可取消了。

通过"六艺统诸子"和"六艺统四部"这两部分的分析论证,马一浮主张可以"六艺之学"取代诸子学和经、史、子、集四部之学,进而证明了其以"六艺"统摄一切传统学术的基本观点。马一浮认为,只有这样,"于国学得一明白概念,知六艺总摄一切学术,然后可以讲求"。只有抓住"六艺"这个

---

① 马一浮:《泰和宜山会语》,《马一浮全集》第一册,第13页。
② 马一浮:《泰和宜山会语》,《马一浮全集》第一册,第13页。
③ 马一浮:《泰和宜山会语》,《马一浮全集》第一册,第14页。

根本,才能避免那种"终身读书,博闻强记而不得要领,绝无受用,只成得一个书库"的情况,从而"知类通达"。①

（二）"六艺"统摄西来一切学术

在把一切传统学术均统摄于"六艺"之后,马一浮又进一步认为"六艺""亦可统摄现在西来一切学术。"②为此,马一浮从以下三个方面展开其论证:

1.自然科学可统于《易》

在马一浮看来,这点不难理解。因为西方自然科学有点类似古代的自然哲学、宇宙论,是对各种自然现象的科学研究,而"《易》明天道,凡研究自然界一切现象者皆属之"③。他说:"物生而后有象,象而后有滋,滋而后有数,今人以数学、物理为基本科学,是皆《易》之支与流裔,以其言皆源于象数而其用在于制器。《易》传曰:'以制器者尚其象'。凡言象数者,不能外于《易》也。"④还说:"今凡欲研求自然界之法则,欲明宇宙之本体者,不能外于《易》。"⑤自然科学以探究自然界的本质和规律为己任,并没有超出《易》学的范围。

2.社会科学可统于《春秋》

马一浮认为, 社会科学是对纷繁复杂的社会历史现象及其普遍规律的研究,"《春秋》明人事,凡研究人类社会一切组织形态者皆属之"⑥,这样,西方所谓社会科学也就都可以被纳入《春秋》的范畴。他说:"人类历史过程皆由野而进于文,由乱而趋于治,其间盛衰兴废、分合存亡之迹,蓄变

---

① 马一浮:《泰和宜山会语》,《马一浮全集》第一册,第14页。
② 马一浮:《泰和宜山会语》,《马一浮全集》第一册,第17页。
③ 马一浮:《泰和宜山会语》,《马一浮全集》第一册,第18页。
④ 马一浮:《泰和宜山会语》,《马一浮全集》第一册,第18页。
⑤ 马一浮:《复性书院简章》,《马一浮全集》第四册,第42页。
⑥ 马一浮:《泰和宜山会语》,《马一浮全集》第一册,第18页。

错综。欲识其因应之宜、正变之理者,必比类以求之,是即《春秋》之比事也;说明其故,即《春秋》之属辞也。属辞以正名,比事以定分。社会科学之义,亦是以道名分为归。凡言名分者,不能外于《春秋》也。"①此外,马一浮认为,社会科学也应通于"变化",故如同董仲舒所说的"不名乎《易》,不能明《春秋》","今治社会科学者,亦须明自然科学,其理一也"。②同时,马一浮还认为西学中的"政治、法律、经济统于《书》《礼》"③。大概因为《书》以定名,《礼》以定分,而"凡言名分者,不能外于《春秋》",故《书》《礼》又可通于《春秋》。

3.人文学科可统于《诗》《礼》《乐》《易》等

在马一浮看来,相当于现在所谓人文学科的文学、艺术、哲学、宗教等各门学科及知识领域无不可统于六艺。如"文学、艺术统于《诗》《乐》";宗教虽信仰不同,亦统于《礼》;哲学则统于《易》《乐》《礼》。他说:"哲学思想派别虽殊,浅深大小亦皆各有所见,大抵本体论近于《易》,认识论近于《乐》,经验论近于《礼》;唯心者《乐》之遗,唯物者《礼》之失。凡言宇宙观者皆有《易》之意,言人生观者皆有《春秋》之意,但彼皆各有封执而不能观其会通。"④马一浮认为,西方的哲学、宗教、文学、艺术等都是如庄子所谓的"各得一察焉以自好""各为其所欲焉以自为方"者,都是"六艺"的某一方面或几方面的表现而各有局限,因而都可统摄于"六艺"。他进一步提出:"西方哲人所说的真、美、善,皆包含于六艺之中,《诗》《书》是至善,《礼》《乐》是至美,《易》《春秋》是至真。《诗》教主仁,《书》教主智,合仁与智,岂不是至善么?《礼》是大序,《乐》是大和,合序与和,岂不是至美么?《易》穷神知化,显天道之常;《春秋》正名拨乱,示人道之正,合正与常,岂不是至

---

① 马一浮:《泰和宜山会语》,《马一浮全集》第一册,第18页。
② 马一浮:《泰和宜山会语》,《马一浮全集》第一册,第18页。
③ 马一浮:《泰和宜山会语》,《马一浮全集》第一册,第18页。
④ 马一浮:《泰和宜山会语》,《马一浮全集》第一册,第18页。

真么？"①如此在马一浮看来，"六艺"可以统摄一切西方的学术及知识领域已是无疑。

总之，马一浮通过"六艺"统摄一切中国传统学术及西来一切学术的观点，把古今中外的所有知识学术都归到了"六艺"的范围中，实际上是论证了"六艺"不仅是一切知识学术的主要根源，而且构成了一个最普遍、最广泛和最重要的知识系统。在马一浮看来，这样一个知识系统完全可以涵盖一切古今中外的知识学术。

二、"六艺论"知识体系建构的方法论

对于马一浮上述以"六艺论"为中心建立的最普遍的知识系统，学界从其提出之初起就对这一体系及其论证的方法不断发出质疑，总体上对其似乎是否定的多肯定的少。马一浮自己在泰和讲"六艺论"时，就提到过一些学者的非议："今言六艺统摄一切学术，言语说得太广，不是径省之道，颇有朋友来相规诫，谓先儒不会如此。若依此说法，殊欠谨言，将有流失，亟须自己检点。"②甚至有些人"或诮其空疏，或斥为诞妄"③。如马一浮的老友、历史学家叶左文就批评马一浮的六艺论"庞杂""鄙诈慢易而有邪心"④。当代不少学者也认为："马氏的"六艺论"以儒家六经统摄涵盖一切传统的及西方的学术，当然自有牵强迂阔之处。"⑤ "我们如果站在儒家以外的立场，纯从所谓的'历史文献的'立场出发考察的话，那么，马一浮对六艺的四种解释，没有一点是可以成立的。"⑥而少数持肯定态度的研究者

① 马一浮：《泰和宜山会语》，《马一浮全集》第一册，第19~20页。
② 马一浮：《泰和宜山会语》，《马一浮全集》第一册，第20页。
③ 马一浮：《泰和宜山会语》，《马一浮全集》第一册，第2页。
④ 马一浮：《致叶左文（九）》，《马一浮全集》第二册，第384页。
⑤ 郭齐勇：《马一浮的人格境界与哲理诗》，《中国文化》第九期，1994年，第158页。
⑥ 杨儒宾：《马一浮"六艺统于一心"思想析论》，毕养赛、马镜泉主编：《马一浮学术研究》，杭州师范学院马一浮研究所印，1995年，第39页。

除了复述马一浮"六艺"统摄一切学术的基本观点外,也极少能真正理解并说清楚马一浮构建这种"六艺论"的知识系统的方法论及其实际作用和意义。如滕复的《马一浮思想研究》一书对马一浮的"六艺论"是肯定的,认为"马一浮谓六艺乃国学之原,因而为国学的代表,并且从思想统类的角度谓六艺统诸子,颇有些道理",但他也认为:"不过马一浮关于六艺统四部的提法似乎有些混乱。……马一浮看到了四部分类的不足之处,但这已多少离开了他的六艺论所要讨论的范围。"①

总体看来,无论是否定还是肯定马一浮的"六艺论",人们大都是从以下方面去看待和评价马一浮的"六艺论"的,即历史文献学和考据学、传统目录学及现代学科分类体系。然而,我们可以发现,这些恰恰都不是马一浮阐述和重建其"六艺论"的主要维度。也就是说,马一浮认为,要了解和把握"六艺论"的这一知识系统,既不是"据先儒旧说搬出来诠释一回"②就可以做到的, 也不是凭借传统的目录学或现代的专业分科方法就可以达到的。

(一)关于历史文献考证及其方法

前述一些学者对马一浮"六艺论"的批评和质疑中,很大一部分就是认为马一浮的"六艺之学"虽然有其一定的道德和学理的价值,却明显缺乏历史和文献的可靠基础。其实,马一浮的"六艺之学"是有其充足的历史文献依据的,因为孔子所创立的原始儒学就是以"六艺"为其基本经典体系并以"六艺之学"为其核心理论的,所以就可称之为六艺论儒学,而马一浮的"六艺之学"就是对这种六艺论儒学的继承和重建。可以说,原始儒学的这一历史事实正是马一浮继承和重建其六艺论儒学的最根本的历史的、文献的依据,而并非如一些批评者所说的其缺乏必要的历史文献的基

① 滕复:《马一浮思想研究》,第64~65页。
② 马一浮:《泰和宜山会语》,《马一浮全集》第一册,第20页。

础。这正如马一浮自己说的：“六艺之学”尽管有许多地方先儒未曾明确予以阐述过，“然寻究经传遗文，实有如是条理，非敢强为差排，私意造作”，因而即使“先儒复起，未必遂加恶绝”。①这不单是马一浮的自信之言，更是符合历史实际，却是“先儒之所未言”的事实。

　　同时，马一浮自己也力图从历史学、文献学的角度对其“六艺之学”作过一些必要的论证。马一浮曾对孔子所言“夏礼，吾能言之，杞不足征也；殷礼，吾能言之，宋不足征也。文献不足故也。足，则吾能征之矣”，“吾犹及史之阙文也，今亡矣夫”所表现出的“考据谨严态度”表示衷心赞赏，并对当今治考古学者往往仅凭单文孤证就谓“足征”的轻率学风作了批评。②同时，马一浮自己曾对从“六艺”到“六经”的演变作过考证，指出：“当时只称《诗》《书》《礼》《乐》《易》《春秋》，亦不名‘经’，以修道言，宜谓之‘教’，但后人以简策为称，故通名为‘经’，治经者亦在明其道耳。”③又说：“定六艺为孔子之遗书，但有六经之目，无九经、十二经、十三经、十四经增益之滥。”④这些看法是基本符合历史事实的。他说：“文所以显道，事之见于书者，皆文也。故六艺之文，同谓之书。以常道言，则谓之经；以立教言，则谓之艺；以显道言，则谓之文；以竹帛言，则谓之书。”⑤马一浮认为，从思想文化的起源上来看，“六艺”“六经”是同一个东西，都是“文”，都是“书”，只是从不同的功用上看，可以呈现出不同的形态，因而“有六经之迹，有六经之本。六经之本是心性，六经之迹是文字，然六经文字亦全是心性的流露，不是臆造出来”⑥。这是把“六经”的根源进一步追索到了人的心性，人的心性是相同的，反映这种心性的“六经之迹”自然也不会有根本的差异，并进而可

① 马一浮：《致叶左文（十）》，《马一浮全集》第二册，第 387 页。
② 马一浮：《复性书院讲录》，《马一浮全集》第一册，第 105 页。
③ 马一浮：《致叶左文（十）》，《马一浮全集》第二册，第 387 页。
④ 马一浮：《致叶左文（十）》，《马一浮全集》第二册，第 387 页。
⑤ 马一浮：《复性书院讲录》，《马一浮全集》第一册，第 104 页。
⑥ 乌以风：《问学私记》，《马一浮全集》第一册，第 744 页。

以相信"心性不会亡,中国文化自然也不会亡",因为整个"中国文化正是建树在心性上"的。①不过,正因为"六经"之"本"和"迹"是不一不异的关系,所以"本"也需要一定的"迹"来体现,普遍之"理"也必须体现在具体之"事"之中,这也就是他借用程伊川的话说的:"'考迹以观其用,察言以求其心'……此学之所以贵读书也。"②而要考察"事"与"迹",就必须到具体的历史和文献中,也就是"文""书"中去探求,"今以书为一切文籍记载之总名,其实古之名书,皆以载道"③。这样来看,马一浮强调"考迹以观其用",注重对"文""书"的考索,正表明了他对客观历史和证据的尊重。正因为如此,马一浮在《复性书院讲录》的《读书法》中,也从文献和历史的角度解释过"六艺"何以能统摄各家学术:"今语所谓全部人生,总为言行而已矣。书为大共名,六艺为大别名。古者左史记言,右史记事,言为《尚书》,事为《春秋》,初无经史之分也。尝以六艺统摄九家,统摄四部,闻者颇以为异。其实理是如此,并非勉强安排。庄子谓'道术之裂为方术,各得一察焉以自好'。《汉志》以九家之言皆'六艺之支与流裔',亦世所熟闻也。"④又如前述他在回复叶左文批评的信中,就曾承认其中 "辩正实斋之说一段文字,亦嫌草草",并辩解是由于"手头无书,证据不足"⑤。这恰可从一个侧面体现马一浮自己并不完全排斥历史文献的证明。而马一浮的"六艺论"明显地继承了汉儒以"六艺"来楷定儒学的传统,其中的原因应该也有汉儒的"六艺论"的确包含了较多的历史和文献的客观依据。正如陈锐所说的:"马一浮之所以用六艺来楷定国学,也正是由于六艺的说法是汉代文化的产物,而且也带上了汉儒偏重历史和文献的特征,或者说从经典和文献的

---

① 乌以风:《问学私记》,《马一浮全集》第一册,第745页。
② 马一浮:《复性书院讲录》,《马一浮全集》第一册,第105页。
③ 马一浮:《复性书院讲录》,《马一浮全集》第一册,第103页。
④ 马一浮:《复性书院讲录》,《马一浮全集》第一册,第106页。
⑤ 马一浮:《致叶左文(十)》,《马一浮全集》第二册,第386页。

角度来说具有更多历史和文献的客观基础。"①

不过,从总的取向上看,马一浮本来就没有把历史学、文献考据学的方法当作构建其"六艺之学"最主要的方法。马一浮针对别人指责他的"六艺论"在考据上的疏缺自称:"考据之疏,吾不以自病。"②因为在他看来,史实考据之类,毕竟只是小事,无关普遍之理的揭示,正如他批评叶左文所说的:"兄穷年勤于考据史实,而以治史之法治经。此心之虚灵不免有时而窒,故其说义理,滞在闻见,未能出自胸襟,不见亲切。依兄之说,恐扶圣教不起,亦救圣人不得。"③马一浮认为,若"以治史之法治经",则不可能在义理上见得通透,而治经者所追求的主要目标就是要"明其道耳":"吾之为是说者,将以明六艺之道要"④,否则如治人之病,虽辨症多端、广引经方,然未识病根,终难根治。正因此,马一浮一再地强调"多说理,少说事"⑤,主张"治史当识其大者",因为如果"偏重史实,末流不能无弊。……故知史家主文,远于情实。事必有义,然后文之"⑥。所以在马一浮看来,与其"犹沉没于文字之末,未明心性之本",不如直探义理之原、六艺之道,"此即考订稍疏,未足为病"⑦。马一浮的"六艺之学"所真正关心的是能够超越一切具体的"事""迹""文""书"之上的普遍之理,其他一切都是次要的,而这也是仅靠一般的历史学、文献考据学的方法所难以做到的。这正如马一浮所说的:"闻道则经术、经学皆是,不闻道则经术、经学皆非。于原流派别无关,于二名同异亦无关。"⑧他又说:"治经若专讲训诂名物,诚有此失。今教以体验,

---

① 陈锐:《马一浮的"六艺之教"在文献学上的意义》,《海纳江河、树我邦国——马一浮先生诞辰130周年纪念大会暨国学研讨会论文集》,杭州:浙江大学出版社,2013年,第128页。

② 马一浮:《致叶左文(十)》,《马一浮全集》第二册,第390页。

③ 马一浮:《致叶左文(十)》,《马一浮全集》第二册,第390页。

④ 马一浮:《致叶左文(十)》,《马一浮全集》第二册,第390页。

⑤ 马一浮:《泰和宜山会语》,《马一浮全集》第一册,第22页。

⑥ 马一浮:《致叶左文(九)》,《马一浮全集》第二册,第383、382页。

⑦ 马一浮:《致叶左文(九)》,《马一浮全集》第二册,第383页。

⑧ 马一浮:《尔雅台答问续编》卷四,《马一浮全集》第一册,第526页。

即是检点其家珍,非徒守其记籍也。"①诚哉斯言!

（二）关于传统目录学及其方法

传统目录学对中国固有知识体系的建构发挥了重要作用。《汉书·艺文志》在历史上第一个自觉地通过目录学的方法建构起了中国传统知识体系,至《隋书·经籍志》《四库全书》,则以其经史子集的目录体系进一步完备、强化了这一知识体系。这种由传统目录学体系所建构起来的知识体系具有两方面突出特点:一是它们在内容上都保持了一种以经学为中心的"经传及其它"的基本结构,而这种以经学为中心的知识系统在很大程度上规定了其价值系统的基本取向也是以对经学思想的阐述和维护为中心的,客观上有利于保持传统知识体系的稳定性和延续性,使其能够一直持续存在到 20 世纪初现代西方知识体系全面引入之时。二是它们所建构的知识体系是功能性的而非公理型的。与西方传统上侧重于从公理出发,通过一定的逻辑推演而形成的理论型知识系统不同的是,中国传统知识系统的建构更侧重于以问题为导向,根据社会的外在需求而形成相应的应用型知识系统,具有明确的功能性定位。而正是这一功能性定位的驱动,使传统知识体系在面临社会需求改变和丰富之后,尽管其"经传及其它"的基本结构没有改变,但其内涵和外延不能不随之发生不断的变化。如历代对"经"的认定就有"五经""六经""九经""十三经""十四经"等经目上的不同的变化,而这种来自经目上的增改变异不仅会损害原有经典的权威性和统一性,从而易于引起不同的经典诠释系统的形成和基本概念的冲突对立,而且经目愈多,典籍愈繁,虽学者皓首穷经,未必能尽其学,以致博而寡要、驰而失统。同样,随着社会发展需求推动着在"经"之外的知识领域的不断拓展,"经传"之外的知识体系越来越庞大和丰富,表现在

---

① 马一浮:《尔雅台答问》,《马一浮全集》第一册,第 410 页。

目录学上就出现了由《汉书·艺文志》的"文"的单一从属系统演变为《隋书·经籍志》和《四库全书》的"史部""子部""集部"多系统的扩张。这种多系统的扩张不仅在客观上丰富发展了传统知识体系的内容,而且必然对经学的中心地位及其核心价值造成冲击和淡化,甚至被有意无意地边缘化。

也许正是马一浮认识到了传统目录学所建构的知识体系所具有的上述局限性,才进一步检讨传统目录学的方法论问题。他认为,若依四部目录所示,"各有专门,真是皓首不能究其义,毕世不能竟其业","一部十七史从何处说起"?[①]所以马一浮认为:"四部之名本是一种目录,犹今图书馆之图书分类法耳。"[②]它更多的只是一种形式上的知识分类,而不涉及内容上的条理。马一浮对"一般时贤""大致依四部立名",将"国学"分为小学、经学、诸子学、史学等类[③]的做法不以为然,认为其"所含之义亦太觉广泛笼统,使人闻之,不知所指为何种学术"[④]。因此,马一浮认为能从目录学的角度"明学术流派者,惟《庄子·天下篇》《汉书·艺文志》最有义类"[⑤]。可见马一浮注意的不是形式上的分类系统,而是实质上的学术流派的甄别归类。为此,马一浮完全打破了传统目录学的分类系统,要求将诸子、四部都该摄于"六艺",即回归到凡诸子、史部、文学之研究皆以诸经统类的"六艺之学"的知识系统中去,使一切学术统摄于"六艺"。从这一角度上看,马一浮提出的以"六经"统摄一切学术的思想其实可以说是在对传统目录学的超越基础上的思想创新,是对中国传统学术体系"用力""体验"后的"楷定"和"重建"。

当然,马一浮并非完全排斥传统目录学方法,相反,传统目录学倒是

---

① 马一浮:《泰和宜山会语》,《马一浮全集》第一册,第8页。
② 马一浮:《泰和宜山会语》,《马一浮全集》第一册,第8页。
③ 马一浮:《泰和宜山会语》,《马一浮全集》第一册,第8页。
④ 马一浮:《泰和宜山会语》,《马一浮全集》第一册,第8页。
⑤ 马一浮:《泰和宜山会语》,《马一浮全集》第一册,第8页。

他自年轻时起就十分倚重的一个治学门径。马一浮的弟子说:"先生早年治考据,欲从张之洞所编《书目》入手,求为学门径。"[1]马一浮早年博览群书,"是无书不读",尤其在寄居西湖广化寺期间,潜心阅读了有三万二千多册的文澜阁《四库全书》。[2]此后马一浮还深探佛典,在十年时间(1917至1927年)里通读了"三藏十二部"的佛学著作。[3]马一浮这些丰富的阅读经历,使他对传统目录学具有了极深入的认识,熟知各类典籍的内容、版本、目录、优劣等,他一再地计划并部分实施了对各类庞大的典籍选萃、综述等的编著、整理工作。他于1907年写信给他的舅父谈及自己的学术抱负时说:"若乃贯缀前典,整齐百家,搜访文物,思弘道艺,次献哲之旧闻,俟来者之足征,则中材菲学,可勉而至也。"[4]他计划"欲为儒宗,著秦汉以来学术之流派……念两汉迄唐,通儒大师千载相嬗,阙而未录,岂非学者之憾? 因欲纂汉以来迄于近代诸儒学术,考其师承,别其流派,以补黄、全之阙。幸而成书,亦儒林之要典也"[5],又计划"为文宗,纪羲画以降文艺之盛衰……将以汇纳众流,昭苏群惑。悬艺海之北辰,示儒林之总龟,振斯道于陵夷,继危言于将绝。体制草创,篇帙未具,并力缀辑,皓首为期"[6]。此外,他还计划编《西方学林》《西方艺文志》,以著其类略、导源竟委。[7]马一浮的这些宏大的研究计划,尽管大部分未能实现,但其体现的治学路径与知识体系的构建方法,则应与其后来在浙江大学讲授、著述"六艺论",在复性书院编印《群经统类》丛书是一脉相承的,即都是在广搜博采某一类典籍书目并熟读深研的基础上,别精粗、明异同、辨真伪、叙源流,不仅欲辨学术

---

① 乌以风:《马一浮先生学赞》,第32页。

② 马镜泉、赵士华:《马一浮评传》,第32页。

③ 马镜泉、赵士华:《马一浮评传》,第38页。

④ 马一浮:《致何雅逸(一)》,《马一浮全集》第二册,第292~293页。

⑤ 马一浮:《致何雅逸(一)》,《马一浮全集》第二册,第293页。

⑥ 马一浮:《致何雅逸(一)》,《马一浮全集》第二册,第293页。

⑦ 马一浮:《致何雅逸(一)》,《马一浮全集》第二册,第294页。

之派别,还要求义理之回归。它们一方面展示了马一浮在传统目录学方面的深厚功夫,并通过他所作的《重印严氏全上古三代秦汉三国六朝文序》《诸子会归总目并序例》《复性书院拟刻诸书简目四种》《玄义诸书举略答贺昌群》《通治群经必读诸书举要》等文中所举文献篇目之多、考证之精、概括之要、评析之准可得到充分的印证;另一方面,它们也表现了马一浮既继承了传统目录学方法,又实现了方法论上的超越和创新的为学特点。如果仅限于目录学,那是学问家的路径。显然马一浮不愿自限于此,他说:"目录之学,乃是笾豆之事"①,他不希望自己"由习熟于目录之故而未欲深探六艺之原"②。这也可以说,马一浮是由传统目录学进入后又能够转换出其对传统中国学术的重新认识,也就是他自称的"楷定",从而达到了"深探六艺之原"的目的。当然,马一浮从传统学术路径中转出对"六艺之道"的深探,实际上以其"六艺之学"的系统构建实现了其作为现代新儒学的理论创新。这未尝不可以看作是由传统向现代化的思想转型和创新的一个典型案例,于我们的当代学术研究也不无启发意义。

(三)关于"统类"的知识体系及其方法

从上述所论可见,在马一浮那里,虽然他对历史文献学方法和传统目录学方法各有借鉴,但这都不是他所真正全面肯定、完全满意的方法,因为以上诸法,其根本的弊端在于它们都割裂了"六艺之道"的整体性,破坏了其圆满性,使人无法见"道"之真、知"六艺"之要。因此,马一浮提出用"统类法"作为其"六艺之学"的根本建构方法。马一浮这样总结过自己的为学经过,他说:"吾昔好玄言,深探义海,归而求之,乃知践形尽性在此不在彼。"③又说:"往者亦尝疲精于考索,致力于冥思,久乃悟其无益。"①在浙

---

① 马一浮:《致叶左文(十一)》,《马一浮全集》第二册,第390页。

② 马一浮:《致叶左文(十一)》,《马一浮全集》第二册,第390页。

③ 马镜泉、赵士华:《马一浮评传》,第53页。

江大学讲"六艺之学"时,马一浮一开始就表明它并不"只据先儒旧说搬出来诠释一回"。从这些自述可以看出,马一浮对"六艺之学"的系统建构,既不是简单地沿用历史学、文献考据学及传统目录学的方法,也不是仅靠玄思冥想之法,而是自有其独特的方法。

马一浮在宜山讲论中提到他何以要讲儒家"六艺之学"的用意和目的时说:

> 校长暨教授诸先生不以某为迂阔,仍以学校之外约某继续自由讲论。此虽有似教外别传,却是诸法实相,圣贤血脉,人心根本。诸君勿仅目为古代传统思想,嫌不合时代潮流。先须祛此成见,方有讨论处。②

马一浮认为,必须放弃把"六艺之学"看作"不合时代潮流"的古代传统思想的"成见",因为它实际上是整个中国文化乃至整个人类文化的根本精神的体系,具有恒久、超越的价值,是谓"圣贤血脉,人心根本"。"故今日欲弘六艺之道,并不是狭义的保存国粹,单独地发挥自己民族精神而止,是要使此种文化普遍的及于全人类,革新全人类习气上之流失。"③不过,正因为"六艺之学"是中国至高之文化、人类一切精神之所系,它必定博大深厚、义理无穷,所以人们如果不认真下一番学习探索的功夫,是难以掌握其真义的。马一浮认为,在近代以来国门洞开、西学东渐的风气影响下,学界已普遍存在不再重视中国传统的固有文化甚至不知"六艺之学"为何物的状况,而是只知追求西学、务为新知,以致徇物忘己,无益身心和社会。而少数乐习古学者,往往又因书籍浩博,难入门径。马一浮在泰和会讲开

---

① 马一浮:《尔雅台答问》,《马一浮全集》第一册,第 436 页。

② 马一浮:《泰和宜山会语》,《马一浮全集》第一册,第 44 页。

③ 马一浮:《泰和宜山会语》,《马一浮全集》第一册,第 19 页。

马一浮与现代新儒学——宋明儒学的传承创新

端中就说:"须知吾国文化最古,圣贤最多。先儒所讲明,实已详备。但书籍浩博,初学者不知所择。又现代著述往往以私智小慧轻非古人,不免贻误后学,转增迷惘。故今日所讲主要之旨趣,但欲为诸生指示一个途径,使诸生知所趋向,不致错了路头,将来方好致力。"①所以马一浮认为,自己进行"六艺统摄一切学术"讲论的目的就是要为学者们指明一个为学的途径,使他们能懂得学术自有其根源,为学就是首先要认清这个根源,努力去把握这个"路头",而不至于散漫无择,不得要领。他说:"学者寻绎其义,容易将其主要处忽略了,不是用力之久,自己实在下一番体验功夫,不能得其条贯。"②为了给初学者提供一个入手的门径、把握的纲目,"所以要提出一个统类来,如荀子说'言虽千举万变,其统类一也。'……学者虽一时辏泊不上,然不可不先识得大体,方不是舍本而求末,亦不是遗末而言本。今举六艺之道,即是拈出这个统类来"③。马一浮这里说得很清楚,他提出的"六艺之学",就是能让人对丰富博大的中国传统思想文化"识得大体",找到分清本末的"统类"。

那么,什么是马一浮所说的"统类"呢?

马一浮说:"统是指一理之所该摄而言,类是就事物之种类而言。"④他自注云:"统,《说文》云'纪也'。纪,'别丝也',俗言丝头。理丝者必引其端为纪。总合众丝之端,则为统,故引申为本始之称,又为该摄之义。类有两义:一相似义,如'万物暌而其事类也'是;一分别义,如'君子以类族辨物'是。《说文》:'种类相似,唯犬为甚'。故从犬。"⑤所以,理解马一浮所说的"统类"之义实际上就是要人"知天下事物种类虽多,皆此一理所该摄,然后可以相通而不致相碍",也就是"须知一理该贯万事,变易元是不易,始

① 马一浮:《泰和宜山会语》,《马一浮全集》第一册,第2页。
② 马一浮:《泰和宜山会语》,《马一浮全集》第一册,第20页。
③ 马一浮:《泰和宜山会语》,《马一浮全集》第一册,第21页。
④ 马一浮:《泰和宜山会语》,《马一浮全集》第一册,第21页。
⑤ 马一浮:《泰和宜山会语》,《马一浮全集》第一册,第21页。

是圣人一贯之学"。①按照马一浮的看法,明了学术的"统类"也就是去抓住学术的根源。一切学术均有其根源,只有抓住了这个根源,才能得其条理;而只有得其条理,才可使一切学术明了其所归"统类"。马一浮说:

> 大凡学术有个根原,才可以得其条理;得其条理,才可以得其统类。然后原始要终,举本该末,以一御万,观其会通,以明宗极。昭然不惑,秩然不乱,六通四辟,小大精粗,其运无乎不备。孔子曰:"吾道一以贯之",《大学》所谓知本、知至,便是这个道理。所以说天下万事万物不能外于六艺,六艺之道不能外于自心。黄梨洲有一句话说得最好,曰:"盈天地间皆心也。"由吾之说亦可曰:"盈天地间皆六艺也。"②

按马一浮的说明,这样一种知识体系就是按其"统类"方法建构起来的,那么我们应该如何理解这种建构方法呢?

正如马一浮自己说的:"统是指一理之所该摄而言,类是就事物之种类而言。""统类"就是在分疏、整理事物的种类、归属之后,仍能以"一理该贯",最终整合到一个统一的体系中。"六艺论"就是这种有"类"有"统"、以类归统、以统贯类的知识体系。马一浮说:"今举六艺之道,即是拈出这个统类来。"③对此,我们具体又可以分别从"类"与"统"这两个方面来予以考察。

一是"类"。马一浮所说的"类"既然是指事物的种类,那么"知类"④首先就是要懂得"分类",即"皆各从其类也",⑤也就是懂得对事物作种类上的分疏、甄别,然后使之归属于相同的类别中去。我们知道,分类是认识事

———————————

① 马一浮:《泰和宜山会语》,《马一浮全集》第一册,第21页。
② 马一浮:《泰和宜山会语》,《马一浮全集》第一册,第44~45页。
③ 马一浮:《泰和宜山会语》,《马一浮全集》第一册,第21页。
④ 马一浮:《复性书院讲录》,《马一浮全集》第一册,第109页。
⑤ 马一浮:《复性书院讲录》,《马一浮全集》第一册,第109页。

物的一个基本方法。随着人类经验性认识的积累，人们会进一步对世界的万事万物作一定的条理性分类，反映了归纳化理性思考的要求，有助于认识的深化，即如孟子所说的："始条理者，智之事也。"①荀子最早在理论上提出了"壹统类"②的要求，表现了他的思想认识中理性化精神的强化，所以荀子心中的大儒和君子是"其言有类，其行有礼"③。从历史上看，从战国到秦汉的社会文化演化呈现出来的一个重要特点就是力图对以往数千年的文明发展成果作出客观性的总结，而进行这种总结的一个重要前提就是对以往文明成果的合理分类、归纳。像《庄子·天下》《荀子·非十二子》，就体现了这种努力的成果，司马谈的《论六家要旨》、刘歆的《七略》《汉书·艺文志》可以说都是对先秦学术思想在进行分类基础上作的总结。目录学家姚名达说："先师梁任公先生称之曰：……其櫽栝一时代学术之全部而综合分析之，用科学的分类法，厘为若干派，而比较评骘，自司马谈始也。"④传统目录学对图书的分类在很大程度上正是基于当时人们对现有知识的分类和归纳。荀子明确强调了进行"统类"的目的也是要给万千世界和纷繁学术以"条理"，是要"以类行杂，以一统万"⑤。如荀子说："物也者，大共名也。……鸟兽也者，大别名也。"⑥鸟兽虽然也是"物"，但因"物"是一"大共名"，可以包含相当多具体的不同之物，而"鸟兽"只是其中的一种，因而可称之为物之"大别名"即具体类别之名。这种不同事物在概念上的区分和归类，就是试图给世界整理、分疏出一定的条理。马一浮也像荀子一样，认为："今语所谓全部人生，总为言行而已矣。书为大共名，六艺为大别名。"⑦马

---

① 《孟子·万章下》。

② 《荀子·非十二子》。

③ 《荀子·儒效》。

④ 姚名达：《中国目录学史》，上海：上海古籍出版社，2002年，第51页。

⑤ 《荀子·王制》。

⑥ 《荀子·正名》。

⑦ 马一浮：《复性书院讲录》，《马一浮全集》第一册，第105~106页。

一浮把"六艺"看作一种"大别名",体现了从一种分类、甄别的角度对"六艺"所作的理解:"已知条理为圣智之事,非偏曲之业,于何证之?求之六艺而已。六艺之道,条理粲然。圣人之知行在是,天下之事理尽是。"①

当然,如前所述,马一浮并不赞成用传统目录学的方法去构建其"六艺论",因此并不能把马一浮所说的"类"与传统目录学中的图书分类等同起来。但不可否认,"六艺"之说的"分类"意义,实际上是包括但不限于目录学意义上的分类,可以说它强调的主要是知识内容上而不是图书形式上的分类,因而它最终能达到疏源流、分派别、明条理的目的。姚名达认为,从历史上看,孔子以六艺为儒门之教,显然无意中也使"六艺"起到了某种学术和图书分类的作用,"彼其用意虽非为古书分类,古书亦非'六艺'所可概括;然孔门之教科书固俨然分为六门,谓为图书分类之始未始不可。特《诗》《易》内容之分,早已习然;《书传》《史记》之作,由来更久。凡此分类,皆未必为孔丘所发明,乃当日一般之习惯耳。其后,孟轲称'王者之迹熄而《诗》亡,《诗》亡然后《春秋》作。晋之《乘》,楚之《梼杌》,鲁之《春秋》,一也'。合三种名义不同之书为一类,其作用乃与今日分类编目之方法无殊"②。马一浮继承了孔子这种把"六艺"当作一种学术和图书分类的观念,但显然更突出了其学术内容上的知识分类作用。当他认为"文学艺术统于《诗》《乐》,政治法律、经济统于《书》《礼》",强调《庄子·天下篇》所说的"《诗》以道志,《书》以道事,《礼》以道行,《乐》以道和,《易》以道阴阳,《春秋》以道名分"时,应该是明确地把"六艺"当作了六种知识门类。同样,马一浮在论述"六艺"可以融摄西方的学术时,已将"六艺"与西方的不同门类的学科相比拟。他认为,西方的自然科学皆可归于《易》,它有点类似自然哲学、宇宙论,"如自然科学可统于《易》,社会科学(或人文科学)可统于《春秋》。因《易》明天道,凡研究自然界一切现象者皆属之;《春秋》明人

① 马一浮:《复性书院讲录》,《马一浮全集》第一册,第127页。

② 姚名达:《中国目录学史》,第53页。

马一浮与现代新儒学——宋明儒学的传承创新

事,凡研究人类社会一切组织形态者皆属之。……今人以数学、物理为基本科学,是皆《易》之支与流裔"①。从这些论述可以看出,马一浮首先从知识分类的意义上去看待"六艺之学"的倾向是很明显的,也表现了马一浮的"六艺论"尽管采取"述而不作"的保守形式,却仍然反映了他对世界的理性化和历史化思考。总之,马一浮在倡言"六艺之学"时,面对浩繁典籍和纷纭学说,认为首先需要明其条理:"若只据先儒旧说搬出来诠释一回,恐学者领解力不能集中,意识散漫,无所抉择,难得有个入处。所以要提出一个统类来,如荀子说'言虽千举万变,其统类一也。'"②在《泰和会语》中,马一浮强调"举六艺明统类是始条理之事"③。马一浮把世界上纷繁复杂的万事万物及其相关的知识、古今中外的一切学术统统加以分析梳理之后,全部归入《诗》《书》《礼》《乐》《易》《春秋》六大类知识系统之中去,即"皆各从其类也"④,认为"六艺"完全可以该摄一切学术。这就是马一浮对整个世界及其知识通过在"种类"上的区分所建立的"条理"。

二是"统"。如果说"类"是侧重于"分",即通过分析、归纳使事物及其知识有所归属、分出类别的话,那么"统"则是侧重于"合",即通过逻辑演绎、抽象,使事物及其知识整合到一个统一的系统中去,这也就是马一浮所说的"知天下事物种类虽多,皆此一理所该摄,然后可以相通而不致相碍"⑤。马一浮认为,古今中外的学术思想纷繁万状,"浅深小大亦皆各有所见……但彼皆各有封执而不能观其会通"⑥。这正如庄子所说的"各得一察焉以自好","各为其所欲焉以自为方"。马一浮曾专门考察了历史上各种各样的学术流派和学术争论的形成过程,发现它们大都是只知相分、不知

① 马一浮:《泰和宜山会语》,《马一浮全集》第一册,第17~18页。
② 马一浮:《泰和宜山会语》,《马一浮全集》第一册,第20~21页。
③ 马一浮:《泰和宜山会语》,《马一浮全集》第一册,第20页。
④ 马一浮:《复性书院讲录》,《马一浮全集》第一册,第109页。
⑤ 马一浮:《泰和宜山会语》,《马一浮全集》第一册,第21页。
⑥ 马一浮:《泰和宜山会语》,《马一浮全集》第一册,第18页。

相合的结果。他认为，儒分为八、墨分为三，"儒家既分汉、宋，又分朱、陆，至于近时，则又成东方文化与西方文化之争、玄学与科学之争、唯心与唯物之争，万派千差，莫可究诘，皆局而不通之过也"①。"推之儒佛之争、佛老之争，儒者排二氏为异端……"，"此皆门户之见，与经术无关。知以义理为主，则知分今古汉宋为陋矣"。②在马一浮看来，无论是儒、佛、道三教，还是儒、佛、道各教内部各派的纷争，其实都与三教的创始人孔子、释迦牟尼、老子之道无关，因先圣之道是相通的，只是由于一些后学者"执一而废他"，"局而不通"③才导致有门户之争、学派之别。如果能够破除门户之见、学派之争，达到圆融会通，则"儒佛禅道总是闲名"④。马一浮这种圆融三教、会通百家的观念与王阳明极为相似，⑤表现了其开放、包容的文化哲学的理想追求，这成为其重要的思想特色。

在马一浮看来，不仅传统学术，现代西方学术的分科和现代大学体制的专业分工也难免具有"执一而废他""局而不通"之弊。马一浮说："分科者，一器一官之事，故为局"⑥，"今言专门，则封域愈狭，执其一支，以议其全体，有见于别而无见于通，以是为博，其实则陋"⑦。他认为，从西方引入现代学校体制尤其是大学体制的一大缺陷就是学术分科过多过严，以致当代学者往往不仅在学术研究上，而且在认知和修养见识上都只限于某一专业、学科的领域，自居于褊狭一隅而不自知，甚至于执一偏之见、一隅之得而自傲自夸，岂不可悲！固然，在现代化的知识生产体系中，它的每一个学科专业都有自己的相对独立性，从而形成一个相对完整自洽的知识

① 马一浮：《复性书院讲录》，《马一浮全集》第一册，第108页。
② 马一浮：《复性书院讲录》，《马一浮全集》第一册，第108页。
③ 马一浮：《复性书院讲录》，《马一浮全集》第一册，第106、108页。
④ 马一浮：《尔雅台答问》，《马一浮全集》第一册，第437页。
⑤ 朱晓鹏：《从王阳明"精一之学"看其三教观的四个维度》，《哲学研究》2017年第9期。
⑥ 马一浮：《复性书院讲录》，《马一浮全集》第一册，第106、131页。
⑦ 马一浮：《复性书院讲录》，《马一浮全集》第一册，第106页。

系统，这是有利于其知识增长的学术进路。但是，如果过于强化这种学科专业的独立性、分化性，就会导致每一学科专业都只是对一个整体性的问题对象作一个侧面的切割，而难以避免带有马一浮所批评的"执一而废他"，"局而不通"之弊。当代教育中逐渐强调"通识教育"，重视人文和自然科学基础理论学科的交叉性、素质性教育的意义，正是突破了以往对学科专业化的过度分割而产生局限的问题。马一浮早在西方式现代教育体制引进之初就对其弊端有着很清醒的认识，不仅在首任民国教育总长蔡元培邀其担任部秘书长时就提倡办培养通才的"通儒院"，而且一再地拒绝到现代大学体制中的北京大学、浙江大学去任教，这些都体现了他对以分科为主的现代知识体系的批评态度。

《易》曰："天下同归而殊途，一致而百虑，天下何思何虑？"中国传统哲学在看待道与事、一与多的关系时，普遍相信"道外无事、事外无道"，道事一体；同样，一含万有，万有归一。这是中国传统哲学一个基本的本体观念。马一浮继承了这种本体观念，认为"暌而知其类，异而知其通，夫何隔碍之有？"[1]"物虽万殊，事虽万变，其理则一"[2]。事物尽管纷纭万状，其根本原理应是相通的；千变万化，其根本之道应是统一的。因此，在对天下事物能够分疏其条理，达到"知类"的基础上，必须进一步上升到"其理则一"的形而上高度认识，懂得万物之理是相通的、万变之道是统一的，这才能达到认识的最高境界，即如孟子所说的"终条理者，圣之事也"。马一浮说："圣人之道，本末一贯，这便是终条理"，"须知一理该贯万事，变易元是不易，始是圣人一贯之学"。[3]以"六艺之学"而论，古今中外一切学术都统摄于"六艺"，这种"终条理"的一贯之学的体现，也就是荀子所谓"圣人言虽万变，其统类一也"。因此，马一浮指出："自统而寻之，物虽众则知可以执

---

① 马一浮：《泰和宜山会语》，《马一浮全集》第一册，第18页。
② 马一浮：《泰和宜山会语》，《马一浮全集》第一册，第21页。
③ 马一浮：《泰和宜山会语》，《马一浮全集》第一册，第21页。

一御也;由本以观之,义虽博则知可以一名举也。"①马一浮以"六艺"为分类,以此来统摄古今中西一切学术;同时"六艺"又相互贯通、殊途同归,统一为一个有机联系、本末一贯的完整知识体系。因此,马一浮说:"以六艺统之,则知其有当于理者,皆六艺之一支也;其有乖违析乱者,执其一隅而失之者也。"②正如《诗谱序》所言,"举一纲而万目张,解一卷而众篇明",或如《洪范》所言:"会其有极,归其有极。"这也就是马一浮所谓"知要"。③总之,从"知类"而至"知要",实为合众小成而为大成。"不局不杂,知类也;不烦不固,知要也。类者辨其流别,博之事也;要者综其指归,约之事也。"④兼综众理,统成一要,是谓大成。故孟子曰:"集大成也者,金声而玉振之也。金声者,始条理也;玉振之也者,终条理也。始条理者,智之事也;终条理者,圣之事也。"⑤"六艺"为一切学术的基本分类方式,"六艺之学"最终又成为一切学术的总括模式和最普遍的知识体系,"克实言之,全部人类之心灵,其所表现者不能离乎六艺也;全部人类之生活,其所演变者不能外乎六艺也"⑥。

总括而言,马一浮所说的"统类",实际上首先就是指既有内在条理化的分类,又能脉络通贯,无所不备、统成一体的一种知识系统,即某种具有内在条理和自洽性的完整知识体系,在马一浮那里,也就是指以"六艺"为中心的知识体系。我们知道,任何经验或零散性的知识,只有通过"分类"聚集成具有内在联系的某种体系,才能具有其较确定和普遍的意义,实现知识成型。因此,知识系统的形成对于知识生产及其发展演化具有重要的意义,并进而指向某种相关联的价值系统的形成。这样,一定的知识系统

① 马一浮:《复性书院讲录》,《马一浮全集》第一册,第110页。
② 马一浮:《复性书院讲录》,《马一浮全集》第一册,第109页。
③ 马一浮:《复性书院讲录》,《马一浮全集》第一册,第110页。
④ 马一浮:《复性书院讲录》,《马一浮全集》第一册,第106页。
⑤ 《孟子·万章下》。
⑥ 马一浮:《泰和宜山会语》,《马一浮全集》第一册,第18页。

即是对过去已有知识的积累进行整理总结而形成的知识之网上的纽结，又是后续的知识创新发展的基本平台，所以一定的知识系统并不会必然成为一个封闭性的体系，而可以是一个积累与创新、总结与开拓相统一的开放性体系。在中国历史上，这样的知识系统最早就是以孔子创立的以"六艺"为中心的知识体系最为典型。正如有学者认为的，孔子通过删述"六艺"为经典，以此建构起了一个知识系统，至汉代确立了其权威性，"因此，孔子删述'六经'所蕴涵的知识概念，对于传统知识谱系具有真实而重要的功能"[①]。也可以认为，孔子通过删述"六艺"，建构起了一个以"六艺"为中心的中国历史上第一个最普遍、最广泛的知识体系。从形式上看，这样一个知识体系实际上是以一些核心经典及其对这些经典的诠释、论证为基本内容的，按中国的传统说法可称之为"经-传"体系。尽管"经""传"的具体内容在历史上会有变化、更替，但它们所呈现的"经-传"基本结构没有变。因此，这个知识体系不仅在秦汉以后逐渐确立起了权威地位，得到了人们的普遍认同，而且对中国此后两千多年来的知识生产和知识系统的定型具有基本的规范作用。尤其就后世中国哲学的知识系统而言，都基本上没有超出以"六经"为中心的"经-传"结构的知识范围。如作为秦汉以后第一个由官方正式提出的知识系统，《汉书·艺文志》虽然继承了刘歆《七略》的知识分类体系，但实际上它是将全部知识分为"艺"与"文"两大部分，它以"艺（六艺、六经）"这一子系统为核心，以"文（诸子、史集、诗赋、兵书、数术、方技等典籍）"这一子系统为从属，显然它仍是以"六艺"为中心的一种"经传及其他"的基本结构，明显承袭了孔子所设定的知识体系。同样，在《隋志·经籍志》所设定的以经、史、子、集四部为基本框架的知识系统中，"经"部仍居于核心的地位，所以它在总体上仍然没有改变"经传及其他"的整体结构。至于"《隋志》以下，门目大同小异，互有出入"[②]，四库

---

① 何俊：《中国传统知识谱系中的知识观念》，《中国社会科学》2016年第9期，第67页。

② 《四库全书总目提要》，第一册，石家庄：河北人民出版社，2000年，第42页。

馆臣的这一说明不仅表现了他们对《隋志》知识体系的认同，而且反映了四库在知识体系上对《隋志》的继承。因此可以说，这样一种"经传及其他"的基本结构所构成的传统知识体系在整个中国传统知识谱系中始终发挥着中心的作用，从而使整个社会的传统知识系统充满了经学的特征。这导致两千多年来中国整个传统知识体系的建构，尽管在知识观念、知识内涵及"经-传"的具体内容诸方面在历史上存在变化，但它们始终没有发生根本的结构性改变。

当然，上述这样一种以六经为中心、呈现着"经传及其他"的基本结构的传统知识体系，正如马一浮所说，确实未曾由先儒所明言，也未经他本人详加论证，"然寻究经传遗文，实有如是条理，非敢强为差排，私意造作"①。可见，在马一浮自己看来，其"六艺论"完全承接了孔子的"六艺论"，是对以"六经"为中心的传统知识体系的延续和重建。马一浮认为，就知识而言，"六艺"已构成一个圆满的知识系统，它在内涵上以"六艺"为核心，在外延上可以统摄、涵盖一切传统的和外来的学术，构成一个具有丰富内涵、包含了多样性的统一整体和一贯之道的最普遍的知识体系。

正如前面所提到的，对于马一浮的"六艺之学"这一包含了多样性的统一整体和具有一贯之道的最普遍性的知识体系，无论是批评者还是赞同者其实大都缺乏深刻理解，而这在很大程度上也成为低估甚至轻视马一浮"六艺论"的学术价值的一个重要原因。然而，对于马一浮自己来说，"六艺之学"的知识体系及其建构方法，不是他自己"私意造作""强为差排"，而是经传遗文中确有此意、先儒实有此学；它是自然的条理、客观的存在。正如马一浮自己说的，六艺之道"尽虚空，遍法界，尽未来际，更无有一事一理能出于六艺之外者也。吾敢断言，天地一日不毁，人心一日不灭，则六艺之道炳然常存"②。所以，对于马一浮这一"六艺之学"的知识体系及

---

① 马一浮：《致叶左文（十）》，《马一浮全集》第二册，第387页。

② 马一浮：《泰和宜山会语》，《马一浮全集》第一册，第20页。

其建构方法,我们除了可以从历史文献和思想逻辑诸维度予以解读之外,还可以从自然的条理这一客观性维度上予以进一步了解。马一浮说:"六艺之教,通天地,亘古今而莫能列也;六艺之人,无圣凡、无贤否而莫能出也。散为万事,合为一理,此判教之大略也。"①"六艺之学"的知识体系并非人为造作而成,而是万物之理、天地本性的自然发显,是自然的条理呈现出的学术统类,表现出其固有的整体性和圆满性。对此,我们可从马一浮的学生王星贤记载的抗战时马一浮与丰子恺避难桐庐时的一段谈话中获得有关启示。其记载:

> 十二月七日丰君子恺来谒,先生语之曰:辜鸿铭译礼为 arts,用字颇好。Arts 所包者广。忆足下论艺术之文,有所谓多样的统一者。善会此义,可以悟得礼乐。譬如吾人此时坐对山色,观其层峦叠嶂,宜若紊乱,而相看不厌者,以其自然有序,自然调和,即所谓多样的统一是也。……善会此义而用之于艺术,亦便是最高艺术。②

能于纷繁复杂的多样化事物中看得到其内在的条理和统一性,这不仅是欣赏艺术的真谛,也是真正见道的哲人之思。马一浮认为,无论是传统目录学还是历史文献考证、现代学科专业等,它们所呈现的知识世界的图景,尽管丰富生动,却往往"层峦叠嶂,宜若紊乱",观者于此多样化的山色中易于迷乱,不知究竟。只有于此现象中能进一步发现其中的"自然有序、自然调和,即所谓多样的统一",才谈得上能领会"最高的艺术",即能真正的见道。所以,"六艺"统摄一切学术,正是这种"多样的统一,"是"始条理、明统类"之事。马一浮就是要借用荀子的"统类"概念以表明"六艺之学"的知识体系正是一种包含了丰富多样性的统一体。这样一个被马一浮重新建构

---

① 马一浮:《复性书院讲录》,《马一浮全集》第一册,第130页。

② 丰子恺:《桐庐负暄》,《马一浮全集》第六册《附录》,第343页。

和诠释过的知识体系，不可能不包含了马一浮自己的思想创新在其中。

第二节　作为价值系统的"六艺论"

前述马一浮的"六艺论"，表明他首先是把"六艺"当作一种知识系统，并努力把它体系化。但实际上，在马一浮那里，"六艺论"决不仅仅是一种知识系统，更是一种价值系统，既蕴含了儒学基本精神和理想的经典体系，也承载了马一浮自己的文化哲学体系建构的意义世界，成为马一浮致敬传统、属意未来的一个主要思想方式。

一、六艺论儒学的经典体系

（一）从"六艺"到"六经"

在马一浮那里，"六艺之学"该摄一切学术，因而它作为一个知识系统已经是一个完整的体系。然而从功能上来说，"六艺之学"又不仅仅是一个完整的知识体系，更是一个"道"的整体，呈现着儒学所揭示的"一以贯之"之道、作为终极价值的意义世界。马一浮说："顷经学衰绝，新考据家至以群经但为古代社会史料，犹不得比于史，义理更所恶闻。"①马一浮认为，历史上就不断地有把"六艺之学"作偏重于知识系统的理解的倾向，如汉儒、清儒均着重从文献词句上对"六艺"进行考索、解读，而轻视其中所蕴含的价值层面的义理之道。尤其是随着近现代西方学术体系的进入，更是连"六艺之学"作为中国传统知识体系的中心地位也被动摇了。尽管"六艺之

①　马一浮:《致龚登三》,《马一浮全集》第二册,第743页。

学"的某些知识层面的研究和传承仍在进行,如中国现代学术史上声势浩大的古史证伪研究,表面上是以现代科学的实证方法来清理包括《尚书》等古史中的那些不可靠性和神秘性的内容,属于对事实知识的实证研究,但实际上已通过这种研究在很大程度上否定和抛弃了传统的知识体系,进而在深层次上彻底消解了那些蕴含于中国传统知识中的价值性内涵。马一浮的六艺论儒学,不仅要恢复"六艺之学"在传统和现代知识体系中的核心地位,而且要进一步重建和确立"六艺之学"在传统及现代价值体系中的核心地位。在马一浮看来,"六艺之学"作为一个有机的完整知识体系,自有其内在的条理和统类,与那些流于皮相、肤浅的了解和混乱无序的认识不同,是自有其贯注的一体之道。他说:"有体必有用,体用不可分。无体之用,不成其用。用是体之自然发用流行处。故欲求其用,必先明其体。古人所谓无头的学问,正是无体之学。"①"六艺之学"作为有体之学,其"体"首先是指具有内在精神生命和终极价值之体,并以此为一切存在和文化现象的根本,即本体。进一步言之,正是依此本体,"六艺之学"才能克服其他一切学术和文化的局限,体现出广泛、普遍、永恒的真理性,并以此引导人类社会生活和文化发展的未来。

马一浮把"六艺之学"作为一种价值系统的重要表现,就是他对六艺论儒学经典体系的重构。也就是说,马一浮通过对以"六艺"为中心的儒学经典体系的重构,为"六艺论"的价值系统提供了一个可靠的文本载体和权威的理论依据。

马一浮对六艺论儒学经典体系的重构,首先涉及"六艺"和"六经"的关系问题。从历史上来说,是先有"六艺"之名,后有"六经"之名,而且"六艺""六经"之名一直有诸多不同的说法和理解。如前所述,先秦时期"六艺"之名出现较早,大约在商周之际,至少在西周时期已出现,且最初应是

---

① 乌以风:《问学私记》,《马一浮全集》第一册,第740页。

指"礼、乐、射、御、书、数"，《周礼》中说的"六艺"即如此，是指六种贵族教育中所需掌握的基本技能，即"艺"或"术"。这种意义上的"六艺"当然与其所处的特定社会文化背景的影响有关。殷周贵族制社会中对贵族子弟的教育培养注重文武结合、知识与技能的结合。贵族子弟应是国家社会的栋梁，不仅是言能诗、行有礼的政治家，而且是能射御驰骋保家卫国的军事将领，可以说他们体现了一个有尚武精神的贵族社会的文明风尚。当然，"礼、乐、射、御、书、数"作为王官之学真正形成一种完备的王教体系应在周代，即所谓："养国子以道，乃教之六艺：一曰五礼，二曰六乐，三曰五射，四曰五御，五曰六书，六曰九数。"①不过，随着周代政治生活中德治德政观念的强化，一套独特的古典德性政制逐渐形成，进而影响到王官之学和王教体系的变化，而这种变化的最显著表现就是"六艺"内容的改变，即由原先的"礼、乐、射、御、书、数"的原始"六艺"向"诗、书、礼、乐、易、春秋"的新"六艺"的演变。《汉书·儒林传》中所说的"六艺者，王教之典籍"应该就是指后者了。对于"六艺"的上述历史文化变迁，作为古文家的章太炎应是有所了解的。他认同"六艺"就是指"礼、乐、射、御、书、数"，并认为其在历史上也有盛衰变化：在孔子以前，人们普遍地懂得礼、乐、射、御、书、数，但局限于上层贵族，民间能够理会的很少，而且人们所了解的"六艺"重在关于历史政事的知识和技能层面，于哲理、道德层面的较少。"后来老子、孔子出来，历史、政事、哲学三件，民间渐渐知道了。六艺倒渐渐荒疏。"②也就是说，在章太炎看来，那种注重礼、乐、射、御、书、数"六艺"的社会文化风尚，是孔子以前的时代文化，体现了如章学诚所说的官师治教合一的社会形态。而在春秋时代，随着贵族社会的逐渐崩解，尚武的贵族文化也逐渐衰落，代之兴起对更具有普遍意义的思想文化内涵的哲学、道德问题和实际

① 《周礼·保氏》。

② 章太炎：《章太炎学术史论集》，北京：中国社会科学出版社，1997年，第5页。

治理作用的治道问题的关注成为重心，这就造成了原有的“六艺倒渐渐荒疏”了的局面。随着传统“六艺”的荒疏，“以《诗》《书》《礼》《乐》《易》《春秋》”为核心的新“六艺”逐渐成为周王室的“王教”及春秋各国贵族教育中的基本教典，成为那个时代思想文化变革的一个重要象征。正如陈锐也认为：“到了孔子的时代，随着贵族的衰落，学问下移，同时国家的规模日益扩大，社会化的程度日益提高，学术和文化日益繁荣，一个独立的知识阶层也开始出现。与传统贵族相联系的武士的地位在下降，在国家的管理中文职人员的地位在上升，像诗和哲学等获得了更重要的地位。君子所学习的课程也发生了变化，传统的‘礼、乐、射、御、书、数’这六艺已经衰退，《诗》《书》《易》等地位在上升。这就可以解释了在春秋战国时代的著作中何以没有出现‘六艺’的缘故，这是一个理性精神和知识分子地位上升的时代。”①

不过，尽管在孔子所处的春秋时代以“诗、书、礼、乐、易、春秋”为核心的新“六艺”已成为王官之学和王教经典的主要载体，尤其经过孔子的整理编修之后，新“六艺”已逐渐恢复了其作为传承三代文明、囊括传统知识与思想的权威性经典体系的作用和地位，但是它毕竟还未形成“六经”之名。据现有文献来看，“六经”之说最早是在战国中后期出现的，如《庄子》是最早提及“六经”概念的，且这一概念都与孔子及其儒学相关。②战国中后期开始出现的“六经”之名大都是与孔子及其儒学相关联的这一事实，说明了“六经”这一概念的形成应是与孔子及其儒门对新“六艺”的儒学化、经典化的改造密切相关的，以至于后来人们逐渐把“六经”看作儒门独有的经典，在儒家与“六经”之间划上了等号。这种看法虽不正确，却也事出有因。王葆玹认为：“大致上看，用‘六艺’涵盖‘诗书礼乐’等，是战国以

① 陈锐：《马一浮的“六艺之教”在文献学上的意义》，《海纳江河，树我邦国——马一浮先生诞辰130周年纪念大会暨国学研讨会论文集》，第135页。

② 《庄子·天运》。

后儒者所为。"①皮锡瑞在《〈六艺论〉疏证》中说，汉代对"六艺"有两种理解，一是今文说，即将之等同于《诗》《书》《礼》《乐》《易》《春秋》"六经"；另一古文说，即依《周礼》将之理解为礼、乐、射、御、书、数。②汉代对"六艺"概念的这两种理解，即先秦历史上从"六艺"到"六经"的文化变迁的反映，也体现了人们从不同角度对这些概念的理解所产生的诸多歧义。马一浮对"六艺"与"六经"关系的看法是和《汉书·艺文志》及郑玄的《六艺论》一样将"六艺"理解为"六经"，他认为关于"六艺"是礼、乐、射、御、书、数的说法不正确，"六艺者，即是《诗》、《书》、《礼》、《乐》、《易》、《春秋》也。""六艺即是六经无疑。与《周礼》乡三物所言六艺有别，一是艺能，一是道术。……今依《汉书·艺文志》以六艺当六经。经者，常也，以道言谓之经。艺犹树艺，以教言谓之艺。"③马一浮否认礼、乐、射、御、书、数是"六艺"，显然忽视了历史上曾有过的新旧"六艺"的演变过程，但他将"六艺"理解为《诗》《书》《礼》《乐》《易》《春秋》"的"六经"，符合孔子之后特别是战国中期以后"六艺"通过儒学化的改造而成为儒门基本经典的事实。当然，马一浮以"六经"来界定"六艺"概念，除了基于孔子之后"六艺"演变的历史事实之外，更重要的是马一浮对"六艺""六经"的概念还有自己的独特理解：马一浮强调"礼、乐、射、御、书、数"与《诗》《书》《礼》《乐》《易》《春秋》的不同在于，"一是艺能，一是道术"，也就是说，前者的内涵和功能侧重于"艺能"，即一般的知识和技术层面，而后者的内涵和功能则侧重于"道术"，即普遍性的道理甚至永恒性的真理层面(也就是马一浮所说的"经者，常也，以道言谓之经")。这样，在马一浮的语境中，孔子所创立的原始儒学就是六艺论儒学："孔子删《诗》《书》、定《礼》《乐》、赞《易》、修《春秋》"，"于是

---

① 王葆玹：《今古文经学新论》，北京：中国社会科学出版社，1997年，第55页。
② 皮锡瑞：《〈六艺论〉疏证》，上海：上海古籍出版社，1996年，第1页。
③ 马一浮：《泰和宜山会语》，《马一浮全集》第一册，第8~10页。

合为六经,亦谓之六艺","六艺即是六经无疑"。因此,"不通六艺,不名为儒"①,"儒者以六艺为宗本"②,马一浮所"楷定"的这种六艺论儒学,不仅囊括了人类知识的完备体系,而且能够彰显中国传统所固有的根本文化精神、弘扬人类普遍的超越性价值,因而也可称为"六经之学""六艺之道"。

然而马一浮虽然认为"六艺"即"六经",但在实际阐述中很少用"六经"之名,而更多的是用"六艺"之名,这又是为什么呢? 我认为,原因大约有以下两个:

一是"六经"着重于单纯指《诗》《书》《礼》《乐》《易》《春秋》这六种经典,而"六艺"既可指这六种经典,也可含有以这六种经典为代表的知识系统及学科分类之意。两者的含义有部分重合,但不完全相同,后者所包含的范围要更宽泛,所以马一浮认为,"六艺"可以该摄古今中外一切学术。马一浮说:"书为大共名,六艺为大别名"③,他认为孔子删定《诗》《书》的目的是要通过对"旧章"的分类和整理,达到如《书序》所言"翦截浮辞,举其宏纲,撮其机要,足以垂世立教"④的目的,"此明孔子之门益四教而为六艺"。⑤由此可见,马一浮采用"六艺"之名,一个重要原因就是"六艺"的概念不仅仅是六种经典,而且意味着是六种学科或知识系统的分类,而这可能与马一浮受汉儒以"六艺"称"六经"的思想取向的影响有关。如汉代有"五经六艺"⑥的说法,明显有意要区分"经"与"艺":"五经"应指五部经书,"六艺"应指六种学问、学科或技艺。王葆玹在《今古文经学新论·六艺和五经》中说:"刘安和董仲舒都称六艺为六种'科',显示出当时'艺'字已有学

---

① 马一浮:《泰和宜山会语》,《马一浮全集》第一册,第 11 页。

② 马一浮:《因社 Chinese-Renaissance Society 印书议》,《马一浮全集》第四册,第 324 页。

③ 马一浮:《复性书院讲录》,《马一浮全集》第一册,第 106 页。

④ 马一浮:《复性书院讲录》,《马一浮全集》第一册,第 104 页。

⑤ 马一浮:《复性书院讲录》,《马一浮全集》第一册,第 128 页。

⑥ 如陆贾《新语·道基》说"后圣乃定五经,明六艺",《后汉书·张衡传》也提到"通五经,明六艺"。

科的含义。六种学科相互不同,故有'六艺异科'的说法。"①刘歆的《六艺略》中只提到"六艺",未提到"六经",考虑到当时《乐经》的失传,"可见刘歆等古文经学宗师原无'六经'之说,仅有'六艺'之说,而且他们所说的'六艺'是指六种学科"②。大概正是有鉴于此,马一浮更多地采用"六艺"之名,使它兼有《诗》《书》《礼》《乐》《易》《春秋》六种经典和以这六种经典所代表的知识系统及学科分类之意,体现了汉儒对他的影响。

马一浮采用"六艺"之名使它兼有了《诗》《书》《礼》《乐》《易》《春秋》六种经典和以这六种经典所代表的知识系统及学科分类这两种意思,实际上也就有综括整合两者之目的。所以在马一浮那里,"六艺之学"不仅可以统摄一切传统学术,统摄四部之学,也可以统摄一切现代西来学术,这首先是从学科或知识系统的分类上说的。进一步来看,按照马一浮的意思,"六艺之学"实可以无限开放,只要经过条理化分类和整体性贯通的"统类"功夫,人类一切知识、思想及生产生活方式等,无一不是可以纳入这样的条理化的统类之中的。显然,"六艺"呈现了更为丰富的文化样式和多样化的生活方式,更适合马一浮所设想的可以推行于全人类的"中国至高之文化"、能作为"世界人类一切文化最后归宿""无有一事一理能出于六艺之外者"③的大本大全之学的要求。正因此,马一浮说:"圣人以何圣? 圣于六艺而已。学者于何学? 学于六艺而已","故一切道术皆统摄于六艺",④此方为具全体大用性质的六艺之学也。

二是"六经"更侧重于纯粹"学"的意义,而"六艺"既指"六艺之学",也兼指"六艺之教""六艺之技"。马一浮依从《汉书·艺文志》,以"六艺"当"六经",但"六艺"与"六经"虽同出而异名,却还是有侧重点上的不同,他说:

---

① 王葆玹:《今古文经学新论》,第56页。
② 王葆玹:《今古文经学新论》,第57页。
③ 马一浮:《泰和宜山会语》,《马一浮全集》第一册,第19~20页。
④ 马一浮:《泰和宜山会语》,《马一浮全集》第一册,第17、16页。

"经者,常也,以道言谓之经;艺犹树艺,以教言谓之艺。"①"六经"作为孔子之后儒门的最重要经典,后世儒者往往只是将其作为尊奉的文本加以膜拜,却忘了更重要的是要据此读书而明理,通经而明道。如班固就批评说:"古之学者耕且养,三年而通一艺,存其大体,玩经文而已,是故用日少而蓄德多,三十而五经立也。后世经传既已乖离,博学者又不思多闻阙疑之义,而务碎义逃难,便辞巧说,破坏形体;说五字之文,至于二三万言。后进弥以驰逐,故幼童而守一艺,白首而后能言;安其所习,毁所不见,终以自蔽。此学者之大患也。"②马一浮也深感于汉儒治经之弊,在他为复性书院学生专门写的《读书法》中感叹说:"此见西汉治经,成为博士之业,末流之弊,已是如此,异乎《学记》之言矣,此正《学记》所谓'呻其占毕,多其讯'者,乃适为教之所由废也。汉初说《诗》者,或能为《雅》而不能为《颂》,其后专主一经,守其师说,各自名家。"③又说:"刘歆《让太常博士书》,极论诸儒博士不肯置对,专已守残,'挟恐见破之私意,而亡从善服义之公心','雷同相从,随声是非'。此今古文门户相争之由来也,此局过之一例也。"④正是经学这些堕于考索、逃于词章、昧于义理、局而不通等种种弊端,才使马一浮不愿混同,进而不愿多用"六经"之名。

在马一浮看来,"然则读书之道,毕竟如何始得? 约而言之,亦有四门:一曰通而不局,二曰精而不杂,三曰密而不烦,四曰专而不固"⑤。而要做到如此,关键是要下学以上达、立体以达用。马一浮说:"即知即行,……始终本末,一以贯之,即下学,即上达。子以四教:文、行、忠、信。文即六艺之文,行即六艺之事,忠、信则六艺之本。今此四门亦略同四教,全体起用,全用归体。此乃圣学之宗要,自性之法门,……要识圣贤血脉,舍此别无他道。"

---

① 马一浮:《泰和宜山会语》,《马一浮全集》第一册,第10页。
② 《汉书·艺文志》。
③ 马一浮:《复性书院讲录》,《马一浮全集》第一册,第107页。
④ 马一浮:《复性书院讲录》,《马一浮全集》第一册,第107页。
⑤ 马一浮:《复性书院讲录》,《马一浮全集》第一册,第106页。

①显然,这种知行合一、有体有用、下学上达的圣贤之学,正是马一浮所极力推许的"六艺之道""六艺之教"。它反映了马一浮所一贯主张的兼容玄悟与理性、知识与行动、修身与致用的统一,也可以说是宋学与汉学、历史与哲学的不同取向所实现的统一。

正是基于这种独特的学术取向,与"六经"之名相比,马一浮更偏爱"六艺"之名,因为它的含义不仅有作为经典文本的知识、学术之意,更兼有行动、实践及教化、技艺之意。从"艺"的古文字起源来看,"艺"的甲骨文字形中,左上是"木",表植物;右边是人用双手操作,表种植,因而"艺"字本义就是种植,引申为技艺、才能,马一浮也已经意识到"艺"字的本义与英文 culture 一词相当,可引申为培养之意,故说"艺犹树艺,以教言谓之艺","教育亦艺也,要亦贵能培养"。②从历史上来看,"艺"的概念从在孔子那里还带有贬抑的意味③,演变到"六艺"概念的出现与大量使用,是明显带有秦汉文化和政治的色彩的,也就是说,自秦大一统帝国建立后实行的文化大一统政策,使秦及后继的汉文化和政治中崇尚实用技术、禁废学术思想的"崇艺"取向十分突出,而秦汉儒学改"六经"为"六艺",不能不说具有顺应甚至投机于这种趋势,试图把"六艺"改造或至少是打扮成具有实用性技艺的目的。正如王葆玹指出的:"秦代的官方文化政策当是鼓励技艺,禁止学术,亦即崇艺禁学。儒学面对这种严峻的形势,不得不借解《易》的形式来继续传授'诗书礼乐',自然会用'艺'字来涵盖'诗书礼乐易春秋'之学,创造出'六艺'的术语。西汉的儒者不明白这事的原委,遂将'六艺'的术语承继下来。"④蒋国保也在专文《汉儒称'六经'为'六艺'考》中认为:"汉初儒者开始以'六艺'称'六经'。汉儒将先秦'六经'改称为'六艺',

---

① 马一浮:《复性书院讲录》,《马一浮全集》第一册,第 101 页。

② 马一浮:《语录类编》,《马一浮全集》第一册,第 584 页。

③ 《论语·子罕》。

④ 王葆玹:《今古文经学新论》,北京:中国社会科学出版社,1997 年,第 55 页。

并非出于学科规范考虑,而是服务于其变'经'为'艺'、变'学'为'术'的学术转向。而这一转向之所以发生,又是因为汉初儒者有争取立儒学为国家唯一官方哲学的强烈愿望。"①

当然,马一浮以"六艺"代"六经",未必清楚秦汉时期"六艺"概念的这种演变的政治文化原委,也未必出于政治、文化上投机的目的,但他的确希望以"六艺"代"六经"来表达它所蕴含的兼顾思想与行动、理论与技艺,实现知行合一、有体有用、下学上达的"六艺之道""六艺之教"的理想应是真实的,而且它确实更有历史和文献学上的根据,至少它符合汉代儒学的文化特征,正如陈锐所说的:"马一浮之所以用六艺来楷定国学,也正是由于六艺的说法是汉代文化的产物,而且也带上了汉儒偏重历史和文献的特征,或者说从经典和文献的角度来说具有更多历史和文献的客观基础。"②

（二）六艺论儒学经典体系的重构

马一浮对六艺论儒学经典体系有许多明确的论述,这些论述首先就体现在他对"六艺"的概念及其内涵的"楷定"中。马一浮说:"六艺者,即是《诗》《书》《礼》《乐》《易》《春秋》也。此是孔子之教,吾国二千余年来普遍承认一切学术之原皆出于此,其余都是六艺之支流。"③马一浮在这里明确"楷定"了两点:一是"六艺"既不是礼、乐、射、御、书、数的原始"六艺",也不是在孔子之前的《诗》《书》《礼》《乐》《易》《春秋》的传统"六艺",而是经过孔子删编后成为"孔子之教"的"《诗》《书》《礼》《乐》《易》《春秋》"的新六艺。马一浮说,《诗》《书》《礼》《乐》"四教本周之旧制,孔子特加删订。《易》藏于太卜,《春秋》本鲁史,孔子晚年始加赞述,于是合为六经,亦谓之六

① 蒋国保:《汉儒称"六经"为"六艺"考》,《中国哲学史》2006年第4期。
② 陈锐:《马一浮的"六艺之教"在文献学上的意义》,《海纳江河,树我邦国——马一浮先生诞辰130周年纪念大会暨国学研讨会论文集》,第128页。
③ 马一浮:《泰和宜山会语》,《马一浮全集》第一册,第8页。

艺。"①二是马一浮认为这样一种"六艺之学"既是"孔子之教",也是"国学",是历史上一切学术的总源头,因而它可以该摄一切学术,一切学术只是其支流及其流失后之一偏。这样,马一浮就十分明确地肯定了由孔子所创立的儒学是以《诗》《书》《礼》《乐》《易》《春秋》为其最重要的核心经典体系的。

以此为基础,马一浮进一步通过论证"六艺"统摄古今中外一切学术,对以"六艺"为中心的儒学经典体系作了更系统的阐述和论证。如前所述,马一浮首先提出"六艺统诸子",认为先秦诸子之说都是可以统摄于《易》《乐》《礼》等几部"六艺"经典之中。准确地说,马一浮是以"六艺"经典作为衡量评判先秦诸家得失的标准,认为诸家之"得"皆为从"六艺"中所得,即由从"六艺"中获得的知识启发而成;而其"失"则皆因六艺的流失和残缺而成。总的来说,马一浮在先秦诸子的起源问题上,不赞同刘歆的诸子出于王官说,认为"与其信刘歆,不如信庄子"②,主张把《庄子·天下篇》中区分"道术"与"方术"并谓方术出于道术的观点移置过来解释"六艺"与诸子的关系,把"六艺"作为"道术"具有"该遍"之意,是完整的圆满的根本之道,而诸子作为完整圆满的"六艺之道"的流失或残缺,只是反映了"六艺之道"的某些具体方面,是为"一家之学","一察之见",难以体现完整圆满的"六艺之道"。正因此,马一浮认为完全可以取消诸子之名,而以"六艺"作为基本的经典类型,将诸子之学分别纳入"六艺"的不同经典类别中去。

同样,马一浮认为,传统的"四部"也可以都统摄于"六艺"。马一浮认为,始于《隋书·经籍志》的"经、史、子、集"四部之分只是隋唐以来我国一种传统的图书分类方法:"四部之名本是一种目录,犹今图书馆之分类法耳。"③由于四部的分类主要是一种图书编目上的形式分类,不能像《庄子·天下篇》《汉书·艺文志》那样能辨明各类作品的学术流派等,因而他认为,

---

① 马一浮:《泰和宜山会语》,《马一浮全集》第一册,第9页。
② 马一浮:《泰和宜山会语》,《马一浮全集》第一册,第11页。
③ 马一浮:《泰和宜山会语》,《马一浮全集》第一册,第8页。

它既然无关思想之统类，也就不具有特别的价值，尤其是如果据此分类去构建一种学术经典体系，更是不妥。因此，马一浮认为应以"六艺"作为分类的标准，对原有的四部之学的内容作出重新梳理，使之全部可以归于"六艺"之中，即所谓"六艺统四部"①。

譬如，就"经"部来看，马一浮认为现有四部中所列"十三经"、《四书》等经典系列较为混乱，标准不一、义类不清，问题较多。马一浮指出：

> 今经部立十三经、四书，而以小学附之，本为未允。六艺唯《易》《诗》《春秋》是完书；《尚书》今文不完，古文是依托；《仪礼》仅存士礼；《周礼》亦缺冬官；《乐》经本无其书；《礼记》是传，不当遗大戴而独取小戴；《左氏》《公》《榖》三传亦不得名经；《尔雅》是释群经名物；唯《孝经》独专经名，其文与《礼记》诸篇相类；《论语》出孔子门弟子所记；《孟子》本与《荀子》同列儒家，与二戴所采曾子、子思子、公孙尼子七十子后学之书同科，应在诸子之列，但以其言最醇，故以之配《论语》。然曾子、子思子、公孙尼子之言亦醇，何以不得与《孟子》并？②

马一浮对"十三经"、《四书》等经典重新进行了一一梳理归类。他首先以"六经"为最基本的核心经典，然后围绕这些核心经典，提出可参照佛学整理佛典的方法，将经部中除"六经"之外的书分为"宗经论"和"释经论"这两大类，"今定经部之书为宗经论、释经论二部，皆统于经，则秩然矣"③。马一浮这里所说的"宗经论"应是指根据"六艺"而进行原创出来的一些基本经典，如《论语》《孝经》《孟子》及"二戴所采曾子、子思子、公孙尼子诸篇"；而围绕这些基本经典进行解释、说明、发挥的扩展性内容，则可称为

---

① 马一浮：《泰和宜山会语》，《马一浮全集》第一册，第12页。
② 马一浮：《泰和宜山会语》，《马一浮全集》第一册，第12页。
③ 马一浮：《泰和宜山会语》，《马一浮全集》第一册，第13页。

"释经论",如《易传》中的"《彖》《象》《文言》《说卦》是释经……《仪礼·丧服传》子夏所作,是为释经论。三传及《尔雅》亦同为释经论。《礼记》不尽是传,有宗有释"①。马一浮对这些经典的大规模调整具有两个突出特点:一是马一浮明确坚持以儒家"六艺之学"为基本框架来归类整理各种经部作品;二是马一浮以宗经论和释经论来分类整理各种经典时,除了按整部经典来加以划分之外,还针对一些经典内部构成具有多样性和复杂性的特点,深入其内部结合各篇文献本身的性质进行细化处理,予以细致的分辨,使各经部之书不仅"皆统于经",归于"六艺",而且条理秩然可观。

至于四部中的史部、集部,马一浮认为都可以对应地归类到"六艺"之中去,如史部之书皆可统于"六艺"中的《书》《礼》《春秋》三部类之中,集部之书皆可统于"六艺"中的《诗》《书》二部类之中,因而得《书》《礼》《春秋》《诗》等"六艺之道",则能明了一切历史与文化的变化消长、社会的治乱兴衰的精髓要义,自然不再需要四部之名。总之,马一浮要求以"六艺"为标准对现有的知识体系和经典体系进行重新分类和整理,并对各种典籍予以重新评断。因此,他绝不仅仅是要借此建立一种新的图书分类体系和知识体系,更重要的是要由此重建以"六艺论"为中心的儒学经典体系及价值体系,而这正是马一浮的"六艺"统摄说所要彰显的价值所在。

在马一浮对六艺论儒学经典体系的重构问题上,还有一个如何认识《论语》《孝经》和《孟子》这三部经典的地位问题。《论语》《孝经》本不属于狭义的"六艺"范围。尽管因为它们都记载孔子的言行,可作为儒门入学的阶梯,始终是儒家士子的必诵之书,但由于它们具有"传记"之书的性质而未具"正经"之名,在历史上一直被视为"兼经"。据史料来看,直到唐代,《论语》《孝经》还只是作为"兼经"列入士子考试。如敦煌文献《唐永徽职员

① 马一浮:《泰和宜山会语》,《马一浮全集》第一册,第13页。

马一浮与现代新儒学——宋明儒学的传承创新

一〇八

令残卷》中记载,学生不仅要通大经、中经、小经,还"皆兼《孝经》《论语》"①。而《孟子》则在北宋以前,仅被作为子部儒家类诸书之一,并没有突出的经典地位,《汉书·艺文志》及《隋书·经籍志》中《孟子》均被列入"子部儒家类"。通过唐、宋时期的孟子升格运动,《孟子》一书的地位才渐升为经并获官方肯定。"北宋仁宗嘉祐六年(1061)刻石经,立于汴京开封国子监,共包括《易》《诗》《书》《周礼》《礼记》《春秋》《孝经》《论语》及《孟子》等九经。至此《孟子》已由子部一跃而为经书矣。"②到了南宋朱熹编定《四书章句集注》、元代皇庆二年(1313年)将其确立为科举考试之定本,《论语》《孟子》遂与《大学》《中庸》四书才真正成为儒学乃至国人的必读经典,成为儒学经典体系中的"正经"。《孝经》则始终未能成为"正经",特别是随着"四书五经"经典体系的长期稳定和固化,逐渐成了一个自足的性理学体系。传统的儒学经典体系演进的大门被关闭,《孝经》等其他经典难以再进入这一体系之中去。"总之,随着元代皇庆二年(1313年)'四书五经'经目的确立,中国官定经目至此最终成形,在明、清两代,虽然有很多士人对于这一经目提出异议,例如主张将《孝经》《尔雅》增列为兼经,有的则主张扩大正经的范围,甚至后来还出现了'十三经'的主张,但这些主张都未能真正转变为科举考试以及博士设科的官定经目。"③

马一浮对《论语》《孝经》《孟子》这三部经典的看法很有自己的特点。在马一浮看来,《论语》《孝经》虽不在狭义的"六艺"之列,但因为它们都是孔子直接根据"六艺"大旨进行言说创作的,深刻地体现了"六艺之道"的精神。马一浮说:"六艺之旨,散在《论语》而总在《孝经》,是为宗经论。"

---

① 高明士:《试释唐永徽职员令残卷的试经规定》,饶宗颐主编:《敦煌文薮》下,台北:新文丰出版公司,1999年,第20页。

② 黄俊杰:《孟子思想史论》,卷二,台北:"中央研究院"中国文哲研究所,2007年,第130页。

③ 程苏东:《从六艺到十三经——以经目演变为中心》,北京:北京大学出版社,2018年,第581页。

①他又说:"《论语》大义,无往而非六艺之要。"② "六艺之旨约在《孝经》。"③
可见,马一浮不同于以往的儒家学者,他十分强调《论语》《孝经》在"六艺
之学"中的关键作用,认为《论语》《孝经》的文字虽然零散,但它们的基本
宗旨就是阐发"六艺之道",我们正可以通过《论语》《孝经》中记载的孔子
言行和各种具体而微的事例,深入日常生活世界中去领悟"六艺之道"的
真正精神。因此马一浮在《复性书院讲录》中讲授"群经大义"时,首先就讲
《论语大义》《孝经大义》,随后才论及"六经"。从《复性书院讲录》来看,马
一浮在论述"《论语》大义"时,曾一一论述了《论语》中有关诗教、书教、礼
乐教、易教、春秋教之大义,体现了他所说的"六艺之旨,散在《论语》"的特
点。如他说:《论语》有三大问目:一问仁,一问政,一问孝。凡答问仁者,皆
《诗》教义也,答问政者,皆《书》教义也;答问孝者,皆《礼》《乐》义也。"④这
从一个侧面反映了《论语》与"六艺"的内在联系。

　　如果说《论语》主记"六艺"的性德之教,那么《孝经》则可谓要在体尽
性功夫,"行仁之道"⑤。马一浮认为,"六艺之道",举本该末,摄用归体,而
这一切,"求之《孝经》斯可明矣。……故博说有六艺,约说则有《孝经》"⑥。
因为"举本该末,摄用归体,于《孝经》见之"⑦。马一浮认为无论《论语》还是
《孝经》皆能真正体现"六艺"大旨。马一浮六艺论儒学的经典体系固然要
以"六艺"为核心,但也绝没有忽略《论语》《孝经》,反而予以特别的重视,
让它们与"六艺"同属于"六艺之学"的核心经典,强调学者当从《论语》《孝
经》入手,后及于"六艺"。

　　① 马一浮:《泰和宜山会语》,《马一浮全集》第一册,第 13 页。
　　② 马一浮:《复性书院讲录》,《马一浮全集》第一册,第 134 页。
　　③ 马一浮:《复性书院讲录》,《马一浮全集》第一册,第 185 页。
　　④ 马一浮:《复性书院讲录》,《马一浮全集》第一册,第 134 页。
　　⑤ 马一浮:《复性书院讲录》,《马一浮全集》第一册,第 179 页。
　　⑥ 马一浮:《复性书院讲录》,《马一浮全集》第一册,第 178 页。
　　⑦ 马一浮:《复性书院讲录》,《马一浮全集》第一册,第 179 页。

至于《孟子》，在马一浮看来，由于以"六艺之学"为孔子之学，但《孟子》不是孔子本人之教，应属七十子后学之书，与二戴《礼记》所载曾子、子思、公孙尼子之言相类，本应属于子学。但是因《孟子》"以其言最醇，故以之配《论语》"，[①]所以可以作为六艺论儒学体系中的一种经典，却不能被纳入最核心的六艺论儒学经典体系范围。此外，马一浮也未特别提及《大学》《中庸》的地位，因它们已被马一浮还原为《礼记》当中的两篇，这实际上是马一浮对原始儒学经典体系的刻意回归。可见，在六艺论儒学经典体系中，马一浮重"六艺"及《论语》《孝经》而并不特别看重宋儒所推崇的《四书》经典体系，这是马一浮不同于宋儒及一般儒者的独特之处，也表明了其既力图回归原始的六艺论儒学经典体系又有所创新的思想特点。

总之，马一浮的六艺论通过以"六艺"（"六经"）为根本标准去衡量、评价及归类整理各种典籍，提出了"六艺统诸子""六艺统四部"及"六艺"统一切古今中外学术的观点，认为"六艺之学"不但可以取代经、史、子、集的传统学术分类方法，而且可以代替现代学术及学科专业的分类方法，明确地重建了一个以"六艺"为绝对核心的儒学经典体系。如此，马一浮不仅仅要恢复"六艺之学"在传统及现代知识体系中的核心地位，而且要进一步重建和确立起"六艺之学"在传统及现代价值体系中的核心地位。尽管马一浮的"六艺论"在阐述其"六艺"统摄诸子、四部及古今中外一切学术时的确存在如一些学者所批评的缺乏历史文献的充分论证，甚至也缺乏学理逻辑方面的具体分析论述，但是这些不应该成为我们轻率地否定马一浮的"六艺论"的主要原因，因为在这一问题上我们须特别注意到两点：一是没有"充分论证"和"具体分析"并不等于没有论证和分析，况且马一浮对孔子原始儒学属于六艺论儒学的"楷定"还是十分符合历史事实的深刻

---

① 马一浮：《泰和宜山会语》，《马一浮全集》第一册，第 12 页。

洞见；二是马一浮主张"治史当识其大者"，①"六艺"固然有"迹"有"本"，然重在"本"不在"迹"，马一浮认为最重要的是探讨"六艺"中所蕴含的"常道"，这些才是"六艺"之本，所以明了"道即六艺之道，人即六艺之人"②便是真正的"六艺之学"，其余与经术义理无关者，皆不足为学。所以在马一浮那里，历史文献的考察本就不是重点，其不足不以为病，他真正追求的是对"六艺之学"作超越于具体的文本和历史经验的普遍意义和道德价值的研究。总而言之，马一浮能够扫除各种成见、拨开历史的迷雾，明确坚定地以"六艺之学"来理解孔子所创立的原始儒学的真面目，并系统地重建了六艺论儒学的经典体系，这是具有巨大理论意义和价值的。因为从历史上看，"从先秦到两汉，儒家所确定的经典体系是《诗》、《书》、《礼》、《易》、《春秋》的《五经》"③，实际上这一经典体系一直延续到被南宋以朱熹为代表的理学家建立起以《论语》《孟子》《大学》《中庸》为中心的新儒学经典体系取代以后为止，而且这一以"五经"为中心的经典体系毕竟是在长期的历史过程中不断积累、逐渐形成的，非成于一时一人，也并无明确、系统的自觉阐述和论证。再加上中间历经近八百来年的宋儒所构建的四书经典体系的强劲影响和官方推崇，以"五经"为中心的儒学经典体系早已被边缘化和淡忘，尘封于历史之中。马一浮重新发现并系统地重建了以"六艺"为中心的儒学经典体系，这不仅是继承而又超越了前人的儒学史上的开创性工作，也是马一浮对儒学发展和儒学研究所作出的重大贡献。

---

① 马一浮：《致叶左文（九）》，《马一浮全集》第二册，第 383 页。

② 马一浮：《泰和宜山会语》，《马一浮全集》第一册，第 9 页。

③ 朱汉民、张国骥：《两宋的〈论语〉诠释与儒学重建》，《中国哲学史》2008 年第 4 期。

二、经典诠释

(一)经典诠释的创新

马一浮在重建了以"六艺"为中心的儒学经典体系之后，还进一步通过其经典诠释工作，对"六艺"及《论语》《孝经》等群经大义分别进行深入、系统的解读、阐释，不仅有力地论证了自己对以"六艺论"为中心的儒学思想的理解和系统性阐发，而且把对儒学经典文本及其主旨的解读、阐释提升到了知识系统与价值系统相统一的层面上，并且实际上马一浮也最终据此构建了一个新的儒学文化体系。

马一浮对以"六艺"为中心的儒学经典体系所作的经典诠释工作是十分认真、仔细和系统化的。我们知道，马一浮"六艺论"思想主要体现在其《泰和宜山会语》和《复性书院讲录》这两部著作中。这两部共同构成了马一浮六艺论儒学思想的核心载体的著作既是有内在联系的整体，又有不同的侧重点。如果说《泰和宜山会语》主要是系统地提出了其完整的六艺论儒学思想，那么马一浮在随后的《复性书院讲录》中则根据其六艺论儒学思想对以"六艺"为中心的儒家经典分别进行了深入、系统的解读、阐释，可以说是把他提出的六艺论儒学思想具体贯彻到了对"六艺"群经的诠释中去，使六艺论儒学通过对儒学核心经典的解读、诠释得到了具体充分的论证和展开，从而得以完成其六艺论儒学思想体系的完整建构。从理论形态上看，马一浮这种以"六艺论"作为诠释儒学经典的基本理论框架的经学取向具有前无古人的创新性，也构成了马一浮经学思想的最大特色。正如有学者评价的："在当代新儒家中，甚至可以说在当代中国，对先秦早期儒家原典《论语》《孝经》《诗》《礼》《书》《易》，逐一就经阐发义理，而且写一手义理精纯的古典式好文章的,似乎只有马先生一人。"①其实,仅就对"六艺"等原典的逐一解读诠释、抉发义理来说,马一浮就远非同为当代新儒家诸家如梁漱溟、熊十力等可比,而在以自己独特的"六艺论",针对儒学的经典体系作为对举和贯通性的阐发,以最终整合成为一个完整系统的六艺论儒学理论体系方面,更是无人可及。

马一浮对六艺论儒学经典体系的解读、诠释,有自己的明确目标,即通过回归"六艺"原典,重塑"六艺之道""六艺之学""六艺之人"。所以马一浮一再地强调:"道即六艺之道,人即六艺之人"②,"圣人以何圣? 圣于六艺而已。学者于何学? 学于六艺而已"③。马一浮以"六艺"为"六经"所构建的六艺论儒学的经典体系及其思想体系,实际上是马一浮所创立的一个"原典"性的象征,使所有的知识、文化最终都必须以此塑造自己的形态、组成一种逻辑的结构。为此,马一浮给自己的经典诠释确立的主要原则是"玄通"和"简要",马一浮说:"古者显理贵乎玄通,释经欲其简要。"④马一浮经常倡导读书治学须"通而不局",批评人们"人持一义,各不相通""执一而废他"之弊。⑤马一浮认为:"今言专门,则封域愈狭,执其一支,以议其全体,有见于别而无见于通,以是为博,其实则陋。"⑥那么所求之"通","通"于何处? 通于"六艺之道"也。马一浮说:"知天下事物种类虽多,皆此一理该摄,然后可以相通而不相碍。……六艺是圣人之道,即是圣人之知。"⑦因为无论过去、现在及未来,无一事一理能出"六艺"之外,天地一日不毁、人心一日不灭,则"六艺之道"无不常存。所以能学此知、行此知之谓道,即可

① 罗义俊:《学问方向之扭转与生命进路之展示——读马一浮先生〈尔雅台答问〉》,毕养赛、马镜泉主编:《马一浮学术研究》,杭州师范大学马一浮研究所印,1995 年,第 152 页。

② 马一浮:《泰和宜山会语》,《马一浮全集》第一册,第 13 页。

③ 马一浮:《泰和宜山会语》,《马一浮全集》第一册,第 17 页。

④ 马一浮:《致严立三(1943 年 9 月 15 日)》,《马一浮全集》第二册,第 711 页。

⑤ 马一浮:《复性书院讲录》,《马一浮全集》第一册,第 106、107 页。

⑥ 马一浮:《复性书院讲录》,《马一浮全集》第一册,第 106 页。

⑦ 马一浮:《泰和宜山会语》,《马一浮全集》第一册,第 21 页。

谓知"通"矣。此外,马一浮释经务求"简要"。马一浮认为,学各有专,知无止境,即使"一部十七史从何处说起","真是皓首不能究其义,毕世不能竟其业",因而为学"须讲求简要方法"。①追求简要就是要抓纲领、找要害。马一浮提倡以"六艺"来清条理、明统类,就是"恐学者领解力不能集中,意识散漫,无所抉择,难得有个入处"②,所以要找出为学的"主要处",达到"得其一,万事毕"的效果。因为"须知一理该贯万事,变易元是不易,始是圣人一贯之学"③。马一浮在阐释其"六艺"经典时,处处以"义理"为先为重,不愿纠缠于历史、文献问题,就体现了这种直面主题的简要原则。同样,马一浮在详解"六艺"经典之前,强调可以先通过对《论语》《孝经》的解读领悟"六艺大旨",就是这种简要方法的应用。而在每本经典甚至每一章节的具体解读中,马一浮始终强调在经典文本与"六艺之学"的互动关系中去把握其核心要旨,总是注重揭示其中所蕴含的"六艺之要",以"六艺之道"统摄各种思想观点,提炼出其中的一贯脉络和根本义理,以此作为理解"六艺"经典的纲领。

马一浮这种追求以"玄通""简要"的原则去释经的做法,显然与历史上大多数经学家注重具体条目的解释甚至一字一句的考索、探微索隐的阐发大相径庭,不仅提供了有关"六艺"与儒学关系中许多面目一新的观念,更为儒学传统的理论诠释和创新树立了一个"原型"性的范式。马一浮在经典诠释上的这种创新追求,也可以在他自己对"微言"与"大义"的辨析中体现出来,他说:

《汉书·艺文志序》曰:"仲尼没而微言绝,七十子丧而大义乖。"
此本通六艺而言,后儒乃专以属之《春秋》,非也。微言者,微隐之言,

---

① 马一浮:《泰和宜山会语》,《马一浮全集》第一册,第8页。
② 马一浮:《泰和宜山会语》,《马一浮全集》第一册,第20页。
③ 马一浮:《泰和宜山会语》,《马一浮全集》第一册,第21页。

亦云深密,学者闻之,未能尽喻,故谓微隐。其实圣人之言,岂分微
显?……且言即是显,何以名微?但就学者未喻边说,故曰微言耳。大
义者,圆融周遍之义,对小为言。①

又说:"求之《论语》,若不能得旨,并是微言;得其旨者,知为大义。"②在马
一浮看来,自己在诠释"六艺"等群经时所追求的是它们的"大义",与历代
儒者所热衷追求和标榜的圣人秘授微言或一字见褒贬的"微言大义"并不
相同。马一浮认为,"微言"与"大义"是相对的,意义正相反,不可连用。马
一浮反对把圣人之言及其经典神秘化、复杂化,认为圣人之言本来就平正
阔大、简易明确、圆融周遍,并不隐微深密,因而并不是什么"微言",而是
真正的"大义"。"微言"只是圣人之言尚在未被学者领会时才会呈现的状
况,而不是圣人之言本来的性质。所以我们解读"六艺"经典,若不能得其
宗旨,它们对我们而言就还是深密隐微不可知解的"微言",若能真正得其
宗旨,才算是"知为大义"。

不过,具体到究竟如何解读、阐发群经中的"六艺大义",马一浮还是
做过不同尝试的。从现有文献资料看,马一浮至少前后设计过两个解读
框架:

一是在浙江大学讲学的《泰和宜山会语》中,马一浮为了直接阐发"六
艺之学"的义理,选取了《论语》《书》《易》等群经中有关理气、知能、君子小
人、涵养致知等重要概念进行解说,试图通过对这样一套概念系统的阐述
揭示出"六艺"大旨。但显然,这样一套概念系统并没有能够为学者们清楚
地呈现出一个六艺论儒学的完整的知识体系和价值体系,至少没有提供
一个具有严密的逻辑结构关系的"六艺之学"的理论形态,因而不是一个

_____

① 马一浮:《复性书院讲录》,《马一浮全集》第一册,第134页。
② 马一浮:《复性书院讲录》,《马一浮全集》第一册,第134页。

理想的六艺论儒学的诠释模式。这样，它随着马一浮在浙江大学讲学的结束也就被放弃了。

二是在此后的复性书院的讲学中，马一浮采用了一个新的诠释模式，即紧扣"六艺之学"本身的逻辑框架来具体地解读每一部经典的文本，使经典文本的阐释始终在与"六艺之学"的互动关系中呈现其核心要旨，实现了经典诠释与"六艺"之学的真正贯通。如马一浮在解读《论语》时，就分别从《诗》教、《书》教、《礼乐》教、《易》教、《春秋》教来重点地梳理《论语》所承载的"六艺"大旨，充分展示了其与"六艺"经典相通的"六艺之道"的根本精神。这种诠释也可以说就是如马一浮自己所说的"据《论语》以说六艺"①的诠释方法。这样一种诠释模式不但实现了文本诠释与"六艺"的融合，而且体现了以"六艺"为中心的儒学经典体系的整体性、贯通性，即它们在本体、心性、功夫各方面都具有一贯脉络和根本义理，能够整合在一起，共同地呈现出一种圆融充实的六艺论儒学的理想形态。因此，它成为马一浮诠释六艺论经典体系的主要形态。

(二)六艺之要

马一浮六艺论儒学经典体系无疑是以"六艺"为核心经典的，所以他对这一经典体系的解读、阐发理应也围绕这一核心展开，兼及其他。但实际上，马一浮从复性书院开始就对群经大义的专门讲解并没有按照这一六艺论经典的框架有序地展开，反而是先讲《论语》和《孝经》大义，然后才讲《诗》《书》《礼》《易》等经典大义。因为马一浮对群经大义的阐释，注重玄通和简要，即注重阐明"六艺之道"这一主旨和一贯之道，而他恰恰认为，《论语》《孝经》是能够最集中、最简要直接地体现六艺的核心宗旨、阐扬六艺的根本精神和价值的两部儒学经典。他指出："六经大旨散在《论语》，总

---

① 马一浮:《复性书院讲录》,《马一浮全集》第一册,第 112 页。

在《孝经》。"①"《论语》,群经之管钥,观于夫子之雅言,则知六艺之要也。"②"博说有六艺,约说有《孝经》。"③所以马一浮认为,学者首先抓住《论语》和《孝经》深入研习,比较容易明确为学的根本方向、领悟"六艺之要"。应该说,马一浮的这一看法还是符合儒家的价值观的。如孔子本人就明确地主张"孝悌"为一切道德的根本,而这在《论语》《孝经》都有很多明确的论述,如《论语》首篇《学而》就说:"孝悌也者,其为仁之本与!"《孝经》开篇也说:"夫孝,德之本也",把"孝"看作先王的"至德要道",并把"孝"提升到形而上的三才之本:"夫孝,天之经也,地之义也,民之行也。"④正因为"孝"道如此重要,而《论语》《孝经》里恰恰对此作了诸多明确、生动的阐述,应该说马一浮要把它们作为讲述群经大义的首要部分也就是顺理成章的了。更进一步说,马一浮在讲解群经大义时先讲《论语》和《孝经》大义,还由于《论语》和《孝经》的文本大多为孔门后学所记孔子的日常言行,在问答记事之中处处反映了"六艺之道"的真正精神。在马一浮看来,正是由《论语》《孝经》所构筑的孔子及其弟子们的真实的生活世界和思想、教化的具体语境,为学者提供了一条可以切身体认、平实用功的鲜活生动的路径,使人可以用平凡、自然的方法较容易地领会"六艺之旨"。马一浮说:"言为《论语》,行为《孝经》,圣心所寄,言行之至也。"⑤正是由于《论语》《孝经》的这一特点,马一浮认为从为学次第上讲,它们完全适合作为初学入德的门径,通过先读细读,打好深入"六艺"的基础,并进而抓住"六艺之学"的纲要。正如马一浮说的:"六艺皆孔氏之遗书,七十子后学所传,欲明其微言

---

① 马一浮:《复性书院简章》,《马一浮全集》第四册,第 41 页。早在《泰和宜山会语》中,马一浮也明确提及此看法他说:"六艺之旨,散在《论语》而总在《孝经》,是为宗经论。"(马一浮:《泰和宜山会语》,《马一浮全集》第一册,第 13 页。)

② 马一浮:《复性书院讲录》,《马一浮全集》第一册,第 111 页。

③ 马一浮:《复性书院讲录》,《马一浮全集》第一册,第 185 页。

④ 《孝经》第七章。

⑤ 马一浮:《复性书院简章》,《马一浮全集》第四册,第 41 页。

大义,当先求之《论语》,以其皆孔门问答之词也。据《论语》以说六艺,庶几能得其旨。"①

马一浮对《论语》的解读、诠释主要在浙江大学和复性书院讲学中进行。不过如前所述,由于在浙江大学讲学的《泰和宜山会语》中主要就《论语》本身的一些重要概念作出阐发的诠释模式不能很好地、系统地、完整地呈现《论语》本身中的"六艺"要旨,所以到了《复性书院讲录》中,马一浮对"《论语》大义"的阐发已不再仅仅就《论语》而谈《论语》,而是以《论语》与"六艺"的互动关系为中心来阐述《论语》的基本精神,对《论语》中的"六艺之学"作了结构性展开,分述了其中的《诗》教、《书》教、《礼乐》教、《易》教、《春秋》教,反映了马一浮所强调的"六艺之旨,散在《论语》"的特点,也充分体现了《论语》与"六艺之学"的融会贯通。同样,马一浮在复性书院时也把《孝经》和《论语》一样放在讲解群经大义之前的位置,体现了他对《孝经》的特别重视。要知道《孝经》在历史上是长期未被列入"六经"及科举必考的经目之内的,但在历史上曾发挥着重要的作用:"《孝经》或与《论语》并称兼经,是儒家经典教育与品德教育的入门典籍,也是所有士人都必须研习的经书。"②所以在历史上还是有不少学者把《孝经》与《论语》并列,认为《论语》主记圣人之言,《孝经》主表圣人之行,正是圣人言行之要的具体呈现。据称孔子曾说:"吾志在《春秋》,行在《孝经》。"③不过,马一浮特别重视《孝经》,不仅在于它生动具体地展示了圣人于日用伦常所当行之事,可为人们在日用伦常之间着实践履至德要道提供一个亲切体悟的样板,而且进一步揭示了孝作为至德,是人人自性本具之理,因而是一切性德的起点和初始表现。唯有体认此本具之性德,并使之发显于外,才可使人自觉

---

① 马一浮:《复性书院讲录》,《马一浮全集》第一册,第 112 页。

② 吕妙芬:《孝治天下——〈孝经〉与近世中国的政治与文化》,台北:联经出版公司,2011 年,第 89 页。

③ 赵在翰辑:《孝经钩命诀》,钟肇鹏、萧文郁点校,北京:中华书局,2012 年,第 723 页。

地在日用伦常中着实践履所当行之事。正是在这一意义上,《孝经》已直抵"六艺"的根源和要点,因为"六艺"恰恰就是以"明性道、陈德性"为宗旨的,《孝经》标示出孝为性德之本,正是"六艺"所要揭示的根本内容。所以马一浮说:"六经所明事相总为显示性德,而《孝经》特出孝为德本,申言民行即是天经地义,更不别有。"① "六艺皆以明性道,陈德行,而《孝经》实为之总会。"②可见,马一浮把《孝经》放在"六艺论"的框架下进行审视,就自然会高度地评价《孝经》对于"六艺"的重要性:

> 六艺之教,总为德教。六艺之道,总为性道。《孝经》则约此性德之发现而充周者举示于人,使其体认亲切,当下可以用力,践形尽性之道即在于是。故知六艺之要归,即自心之大用,不离当处,人人可证,人人能行,证之于心为德,行出来便是道,天下自然化之则谓之教。③
>
> 德性是内证,属知;行道是践履,属行。知为行之质,行是知之验。德性至博,而行之则至约。当其行时,全知是行,亦无行相可得。故可以行摄知,以道摄德,以约摄博。……明此,则知《诗》《书》之用,《礼》《乐》之原,《易》《春秋》之旨,并为《孝经》所摄,义无可疑。④

总之,在马一浮看来,"六艺之学"包含了发掘自性本具"至德"之知于内和着实践履"要道"之行于外两大部分,完整地呈现了"六艺"经典体系中所具有的知行、德道两方面的逻辑结构,因此能够统摄"六艺",为"六艺"总会。这样,从《孝经》入手自然极易于导入对"六艺"宗旨及其所含工夫的深入了解,进而知"六艺之要"。而《孝经》也因此被马一浮当作六艺论

---

① 马一浮:《复性书院讲录》,《马一浮全集》第一册,第199页。
② 马一浮:《复性书院讲录》,《马一浮全集》第一册,第178页。
③ 马一浮:《复性书院讲录》,《马一浮全集》第一册,第186页。
④ 马一浮:《复性书院讲录》,《马一浮全集》第一册,第178页。

儒学经典体系中的核心性经典之一。

那么,在马一浮看来,由《论语》《孝经》等经典所集中地呈现出来的"六艺之要"具体又是什么呢? 在概述"六艺"要义时,马一浮最赞同这样两段话,并多次引述,一段话是《礼记集解·经解》引孔子说的:"入其国,其教可知也。其为人也,温柔敦厚,《诗》教也;疏通知远,《书》教也;广博易良,《乐》教也;絜静精微,《易》教也;恭俭庄敬,《礼》教也;属辞比事,《春秋》教也。故《诗》之失,愚;《书》之失,诬;《乐》之失,奢;《易》之失,贼;《礼》之失,烦;《春秋》之失,乱。其为人也;温柔敦厚而不愚,则深于《诗》者也;疏通知远而不诬,则深于《书》者也;广博易良而不奢,则深于《乐》者也;絜静精微而不贼,则深于《易》者也;恭俭庄敬而不烦,则深于《礼》者也;属辞比事而不乱,则深于《春秋》者也。"①另一段话是《庄子·天下》篇中说的:"《诗》以道志,《书》以道事,《礼》以道行,《乐》以道和,《易》以道阴阳,《春秋》以道名分。"②马一浮认为,这两段话对"六艺"要义的概括十分简要、准确,他说:"自来说六艺,大旨莫简于此。有六艺之教,斯有六艺之人。故孔子之言是以人说,庄子之言是以道说。"③马一浮认为,在孔子看来,一个人所具有的最理想的人格形态应该就是成为一个"六艺之人"。一个人如果能够具有温柔敦厚而不愚、疏通知远而不诬、广博易良而不奢、絜静精微而不贼、恭俭庄敬而不烦、属辞比事而不乱的修养和能力,就说明他已深受《诗》《书》《乐》《易》《礼》《春秋》之教,否则难免于"愚""诬""奢""贼""烦""乱"之失。可见,孔子是用"六艺之教"来陶冶一个人的理想人格的,"六艺大义"各不相同、各有侧重,统而和之,施之于教,则可成就一个完满充实、丰富多样、知行合一、德道一体的"六艺之人"。对此,马一浮深为赞同,认为"六艺"大旨不仅切合人类的思想文化及一切生活,而且是人类生活及精

① 《礼记·经解》。

② 《庄子·天下》。

③ 马一浮:《泰和宜山会语》,《马一浮全集》第一册,第9页。

神世界的最高价值，"须知六艺之教即是人类合理的正常生活"，"圣人以何圣？圣于六艺而已。学者于何学？学于六艺而已"。①因此他明确地指出："不通六艺，不名为儒，此不待言。"②至于"六艺之教"的缺失所造成的愚、诬、奢、贼、烦、乱之现象，乃是为学者之自失，而并非"六艺"本身之失。进而言之，"其有流失者，习也。心习才有所偏重，便一向往习熟一边去，而于所不习者便有所遗，高者为贤、知之过，下者为愚、不肖之不及，遂成流失"③。总之，从孔子到马一浮，他们都相信"六艺"是最高、最理想之教，它能培养一个人完美的人格、全面发展的能力，成为"六艺之人"。

同样，《庄子·天下》篇所说的六艺要旨，是分别从"志""事""行""和""阴阳""名分"不同的角度揭示了"六艺之道"。

> 六艺之文，即"冒天下之道"，实则天下之事，莫非六艺之文。明乎六艺之文者，斯可以应天下之事矣。此义云何？《诗》以道志而主言，在心为志，发言为诗。凡以达哀乐之感，类万物之情，而出以至诚恻怛，不为肤泛伪饰之辞，皆《诗》之事也。《书》以道事。事之大者，经纶一国之政，推之天下。凡施于有政，本诸身、加诸庶民者，皆《书》之事也。《礼》以道行。凡人伦日用之间，履之不失其序、不违其节者，皆《礼》之事也。《乐》以道和。凡声音相感，心志相通，足以尽欢欣鼓舞之用而不流于过者，皆《乐》之事也。《易》以道阴阳。凡万象森罗，观其消息盈虚变化流行之迹，皆《易》之事也。《春秋》以道名分。凡人群之伦纪、大经、大法，至于一名一器，皆有分际，无相陵越，无相紊乱，各就其列，各严其序，各止其所，各得其正，皆《春秋》之事也。其事即其文也，其文即其道也。学者能于此而有会焉，则知六艺之道何物可遗，何事而

① 马一浮：《泰和宜山会语》，《马一浮全集》第一册，第15、17页。
② 马一浮：《泰和宜山会语》，《马一浮全集》第一册，第11页。
③ 马一浮：《泰和宜山会语》，《马一浮全集》第一册，第10页。

不摄乎！①

在马一浮看来，《庄子·天下》篇里揭示的"六艺"所关涉的人的实践活动虽然各有侧重，但它们整合在一起就成为一个包含了人的实践活动的方方面面的生活整体，可以典型地呈现出一个统一之道。它正如马一浮所说的，"其事即其文也，其文即其道也。学者能于此而有会焉，则知'六艺之道'何物可遗，何事而不摄乎！""六艺之道"便是天地之道，天地之物、人间之事无不在其中，无不彰显此大道，真所谓"范围天地之化而不过，曲成万物而不遗"。正因此，通晓"六艺之道"，也就明了一切思想文化乃至一切存在的奥秘，不仅施于日用而不竭，而且在天地间炳然常存而不熄。对此"六艺之道"，马一浮认为实是天道、地道、人道三而一、一而三的："四时为天道"，曰阴与阳；"四方为地道"，曰柔与刚；"四德为人道"，曰仁与义。人生于天地之中，法天象地，得兼天地之道于一身，于是"以天道下济人事"，"以人事上法天道"，已达天人一体。因此可以说道外无事，事外无道，一贯之旨也。"六艺""言虽殊而理则一"②，六艺言事各有侧重，言理则无非天道、地道、人道，而三道合一、一而三，实为圆融周遍、贯通一体。所以"六艺之道"，"散为万事，合为一理"，"六艺之教则绝于偏小，唯是圆大，无假权承，唯一实理，通别始终，等无有二"。③这种"六艺之道"，应该也就是孔子所说的"一以贯之"之道。孔子说："六艺于治一也。《礼》以节人，《乐》以发和，《书》以道事，《诗》以达意，《易》以神化，《春秋》以义。"④孔子的"六艺之道"追求主观道德与经世致用的统一，本质上就是孔子所追求的德治主义的内圣外王的"一贯之道"。显然，马一浮是十分认可孔子的这种"六艺之道"

① 马一浮：《复性书院讲录》，《马一浮全集》第一册，第95页。
② 马一浮：《复性书院讲录》，《马一浮全集》第一册，第138页。
③ 马一浮：《复性书院讲录》，《马一浮全集》第一册，第130页。
④ 《史记·滑稽列传》。

的。他说：

> 《诗》统于《乐》，《书》统于《礼》。若以四事通六艺言之，当以听与
> 言为一类，《诗》《乐》所摄；视与动为一类，《书》《礼》所摄；思贯四事，
> 则是《易》摄；辨其礼与非礼，则《春秋》摄。其实六艺并是一心所摄，亦
> 犹思贯四事也。心之发用，不出四事。视听以收敛向内为用，言动以发
> 扬于外为用。用之而应于理，在心则为智仁圣义中和之德，被于人则
> 为《诗》《书》《礼》《乐》之教。约之不过言行二端，故言行即礼乐也。四
> 事皆统于行，四德皆统于仁。仁是心之全德，思是心所行处。视听言动
> 四者，皆行也。四者一于礼，则莫非天理之流行，而举体即仁矣。六艺
> 之教即从一理流出，舍四事无以为教，舍四事无以为学也。①

孔门"六艺之学"实为"从一理流出"的"六艺之教"，因而它是"脉络通贯，
无所不备，则合众小成而为一大成"②的大成之学，也是无本末、无内外、彻
上彻下的真正"一贯之学"。马一浮又说：

> 《易》传佚文曰："得其一，万事毕。"一者何？即是理也。物虽万殊，
> 事虽万变，其理则一。明乎此，则事物之陈于前者，至赜而不可恶，至
> 动而不可乱，于吾心无惑也。孔子自说"下学而上达"，下学是学其事，
> 上达是达其理。朱子云："理在事中，事不在理外。"一物之中皆具一
> 理，就那物中见得这个理，便是上达。两件只是一件，所以下学上达不
> 能打成两橛。事物古今有变易，理则尽未来无变易。于事中见理，即是
> 于变易中见不易。若舍理而言事，则是滞于偏曲；离事而言理，则是索

① 马一浮：《尔雅台答问续编》，《马一浮全集》第一册，第 532 页。
② 马一浮：《泰和宜山会语》，《马一浮全集》第一册，第 23 页。

之杳冥。须知一理该贯万事,变易元是不易,始是圣人一贯之学。①

马一浮对"六艺"大旨的阐发,具有一个鲜明的思想特点,即处处要求超越于各种具体的有限事物,而力求归返到一个总体性根源的"道"。所以从形式上看,马一浮主张六艺该摄一切学术,但它所体现的绝不仅仅是知识论层面的"六艺"统摄作用,而是在存在论层面上强调一切事物都需要回溯到其作为总体根源而存在的统一之道中去理解,因为它既然是一切存在的总体性根源,当然也就可以含摄一切万有了。所以"六艺"既是"六艺之学",更是"六艺之道",它体现了性命天道的互相贯通,因而是体用一源、显微无间,而不是将理事、体用、下学上达"打为两橛"。正是在这一意义上,"六艺之学"可以使人明了"全部人类心灵,其所表现者不离乎六艺也,全部人类之生活,其所演变者不能外乎六艺也"②,而"六艺之道"则可以使人懂得"明乎六艺之文者,斯可以应天下之事矣"③。如此体用一源、下学上达、天人一贯,正是从孔子到马一浮所孜孜以求的"六艺"要义。对此,马一浮还有进一步的具体阐述。他说:

> 《论语》有三大问目:一问仁,一问政,一问孝。凡答问仁者,皆《诗》教义也;凡答问政者,皆《书》教义也;凡答问孝者,皆《礼》《乐》教义也。故曰:"子所雅言,诗、书、执礼,皆雅言也。""兴于诗,立于礼,成于乐。"言执礼不及乐者,礼主于行,重在执守,行而乐之即乐,以礼统乐也。言兴《诗》不及《书》者,《书》以道事,即指政事,《诗》通于政,以《诗》统《书》也。《易》为礼乐之原,言礼乐,则《易》在其中,故曰:"明则有礼乐,幽则有鬼神也。"《春秋》为《诗》《书》之用,言《诗》《书》,则《春

---

① 马一浮:《泰和宜山会语》,《马一浮全集》第一册,第21页。
② 马一浮:《泰和宜山会语》,《马一浮全集》第一册,第18页。
③ 马一浮:《复性书院讲录》,《马一浮全集》第一册,第95页。

秋》在其中,故曰:"《诗》亡然后《春秋》作"也。《春秋》以道名分,名阳
而分阴,若言属辞比事,则辞阳而事阴,故名分亦阴阳也。不易是常,
变易是变,《易》长于变,以变显常,不知常者,其失则贼。《春秋》拨乱
反正,乱者是变,正者是常,正名定分是常,乱名改作是变,不知正者,
其失则乱。《乐》为阳,《礼》为阴,《诗》为阳,《书》为阴,《乐》以配圣,
《诗》以配仁,《礼》以配义,《书》以配智。故《乡饮酒义》曰:"天子之立:
左圣,乡仁;右义,偝智。""东方者春,春之为言蠢也。产万物者,圣也。
南方者夏,夏之为言假也。养之长之假之,仁也。西方者秋,秋之为言
揫也。揫之以时察,守义者也。北方者冬,冬之为言终也。终者,藏也。"
故四教配四德,四德配四方,四方配四时,莫非《易》也,莫非《春秋》
也。以六德言之即为六艺,《易》配中,《春秋》配和,四德皆统于中和,
故四教亦统于《易》《春秋》。《易》以天道下济人事,《春秋》以人事反之
天道,天人一也。道外无事,事外无道,一贯之旨也。又四时为天道,四
方为地道,四德为人道,人生于天地之中,法天象地,兼天地之道者
也。故曰:"大人者,与天地合其德,与日月合其明,与四时合其序,与
鬼神合其吉凶。""天大地大人亦大。"此之谓大义也。①

马一浮又说:

> "子以四教:文、行、忠、信。"文即六艺之文,行即六艺之事,忠、信
> 则六艺之本。今此四门亦略同四教,全体起用,全用归体。此乃圣学之
> 宗要,自性之法门,语语从体验得来,从胸襟流出,一字不敢轻下。要
> 识圣贤血脉,舍此别无他道。②

---

① 马一浮:《复性书院讲录》,《马一浮全集》第一册,第 134~135 页。
② 马一浮:《复性书院讲录》,《马一浮全集》第一册,第 101 页。

从这些论述可以看出，马一浮已经把"六艺"大旨、"圣学宗要"说得很清楚了。

第三节　群经大义

马一浮在复性书院讲学中对以"六艺"为中心的儒学经典的诠释工作，除了对《论语》《孝经》所包含的"六艺"要旨作了重点阐发之外，还着重对《诗》《书》《乐》《易》《礼》《春秋》等群经大义作了具体系统的阐发。就马一浮的研究来看，学术界对马一浮的"六艺之学"大都泛论为多，对于他的"六艺之学"具体内容如何，其实论析甚少，尤其对马一浮关于"六艺"各经典的系统诠释，还是缺少具体的探讨，正如龚鹏程指出的："能剖析马先生之义理者多，能申论马先生经学的人就稀罕了。……对于他的《诗教绪论》《洪范约义》《观象卮言》等说经之什，几乎不能赞一辞。"[1]可见，要真正深入推进马一浮的研究，切实理解、阐发马一浮对六艺经典的具体诠释是一个重要的路径，也有着重要的意义。现就马一浮对群经大义的诠释分别略述如下。

一、《诗》教大义

马一浮在复性书院讲录中对《诗》教大义的阐发，在其《论语大义》和《诗教绪论》中都作了专门的论述。在马一浮那里，所谓"《诗》教"，应指以《诗经》这部经典为主要内容的教化方式，包括读《诗》的方式、对《诗》的主要意蕴的理解和《诗》的教化作用等。

马一浮对"六艺大义"的阐发以《诗》为开端，因为"圣人始教，以《诗》

---

① 龚鹏程：《马一浮易学管窥》，载《海纳江河，树我邦国——马一浮先生诞辰130周年纪念大会暨国学研讨会论文集》，第35页。

为先"。①那么"六艺之教",又何以须以《诗》教为先呢?"其实,从春秋时期的历史来看,'诗'的使用是春秋礼乐文化中最重要而且是最普遍的一项。"②这样《诗》在"六艺之教"中本来就居于首位。不过,春秋时期对《诗》教的重视,主要出于其对维护礼乐文化秩序的重要意义,正如孔子所说的:"志之所至,诗亦至焉。诗之所至,礼亦至焉。礼之所至,乐亦至焉。"③但是在马一浮看来,孔子"六艺之教,莫先于《诗》。于此感发兴起,乃可识仁"④。也就是说,孔子对《诗》教的特别重视,已进一步提升到从其有助于"识仁"的高度。孔门"六艺之学"的要旨首先在求"仁",而《诗》寓意于言、寄情于心,最易于通过激起人内心的情感,"感发兴起"而产生仁爱之情,因而《诗》之情能通识仁之感,《诗》的熏陶可以感化麻木不仁之心,摒除各种私意杂念的蔽障,使人体认到内心深处作为情感根源的"仁"心,进而达到自我与他人、个体与群体、人与万物一体共情,感通得正的状态。因此,马一浮引《咸》卦象辞"天地感而万物化生,圣人感人心而天下和平,观其所感而天地万物之情可见矣"说:"于此会得,乃可以言《诗》教。"⑤可见,马一浮论《诗》教的最大特点就是强调"《诗》教主仁"⑥,认为由诗而可感通天地万物以识仁,把"仁"当成《诗》教的最主要问题,《诗》教的核心思想就是"识仁""体仁"。马一浮说:"学是知仁,道是行仁。今治六艺之学为求仁也。欲为仁,须从行孝起;欲识仁,须从学《诗》入。"⑦孔子说,"兴于《诗》","《诗》三百,一言蔽之,曰:'思无邪'"。⑧《毛诗序》说:"正得失,动天地,感

---

① 马一浮:《复性书院讲录》,《马一浮全集》第一册,第 136 页。

② 陈来:《古代思想文化的世界——春秋时代的宗教、伦理与社会思想》,北京:生活·读书·新知三联书店,2002 年,第 160 页。

③ 《礼记·孔子闲居》。

④ 马一浮:《复性书院讲录》,《马一浮全集》第一册,第 223 页。

⑤ 马一浮:《复性书院讲录》,《马一浮全集》第一册,第 224 页。

⑥ 马一浮:《复性书院讲录》,《马一浮全集》第一册,第 246 页。

⑦ 马一浮:《复性书院讲录》,《马一浮全集》第一册,第 223 页。

⑧ 《论语·为政》。

鬼神,莫近于《诗》",这些都无不是在强调《诗》能起到的道德教化功能,也是儒门解《诗》、倡导《诗》教的第一要义,这本无新奇之处。不过马一浮明确地阐述了《诗》教何以能够"识仁""体仁",则是其贡献。

马一浮对《诗》教何以能够"识仁""体仁",还以《礼记·孔子闲居》篇为例进行了具体的分析阐发。马一浮认为,《诗》教大义最集中地体现在《孔子闲居》一篇中。马一浮认为子夏传孔门之诗学,故特举《孔子闲居》篇孔子与子夏论诗之旨,以显"其学则足以知圣",且"今欲学《诗》,以知圣为要。观子夏亲爱于孔子之言而能知所兴起,斯可以直接子夏,可与言《诗》矣"①。马一浮对《诗》的解读,也体现了他的"六艺"经典诠释的一个基本特点,即紧扣"六艺之学"来阐释"六艺"。马一浮阐发《孔子闲居》中的孔子与弟子子夏所论《诗》之大旨,无不结合"六艺"学予以阐释。他说:"《孔子闲居》一篇尤《诗》之大义所在。明乎礼乐之原,则通于《礼》《乐》;叙三王之德,则通于《书》;言'天有四时','地载神气','莫非教也',则通于《易》《春秋》。举一《诗》而六艺全摄,故谓欲明《诗》教之旨,当求之是篇。"②

马一浮对《孔子闲居》中的"《诗》教之旨"的阐述主要有以下几点。

(一)总显君德

马一浮认为,无论君王或君子均应以仁德为先。《孔子闲居》开篇,子夏就以《诗经·大雅·泂酌》"岂弟君子,民之父母"一句问孔子"何如斯可谓民之父母矣?"孔子答:"夫民之父母乎,必达于礼乐之原,以致五至而行三无,以横于天下,四方有败,必先知之。此之谓民之父母矣。"③在儒家看来,作为"民之父母"的君王首先应有"仁之德"作为"君德"。《大学》曰:"为人

---

① 马一浮:《复性书院讲录》,《马一浮全集》第一册,第226页。
② 马一浮:《复性书院讲录》,《马一浮全集》第一册,第225页。
③ 马一浮:《复性书院讲录》,《马一浮全集》第一册,第225~226页。

君止于仁。"《孟子》曰："天子不仁,不保四海;诸侯不仁,不保社稷。"①因为"仁者心无私系,以百姓心为心;天下之饥溺,已之饥溺也;生民之疾苦,已之疾苦也。故曰'四方有败,必先知之'"②。所以这种万民如同一人、万物如同一体之同感共情,就是"仁"。而《诗》正是激发这种同感共情最好的路径,所谓"'《诗》之所至无不至焉',即仁之所感无不通也"③。正因为仁具有"感无不通""无感而不同"的特点,所以它也构成了一切道德及其礼乐文化秩序的根本基础,正如孔子所说:"人而不仁,如礼何? 人而不仁,如乐何?"④如此可知仁乃"礼乐之原"。君子"达乎礼乐之原者谓合敬同爱,如天之无不覆帱,如地之无不持载者也。此君德之仁,即《诗》教之体也"⑤。

(二)体仁三义

既然马一浮强调"《诗》教主仁",把求仁看作《诗》教的核心,因此求仁就不能停留在"识仁"即对仁的认识层面上,而是要进一步使仁付诸实践。为此,马一浮又提出了"体仁"之说:"须知体仁亦有三义,体之于仁,以仁为体,全体是仁,如是三种次第"⑥,"体仁"是建立在"识仁"基础上,通过《诗》教逐步落实、切实体验"仁"的三个具体修养过程及所达到的三种修养功夫境界。马一浮说:"须知此是穷理之事,亦即践形尽性之事。以此致思,即要依此力行,方有入处。"⑦"体之于仁"是学者把对仁的认识转化为自己内心的真正体悟,在去除私意蔽障、反求自我本具性德的体认中"求仁知仁"。"以仁为体"是"动必依仁,由仁而不违仁者"⑧,也就是说,此时的

---

① 《孟子·离娄上》。
② 马一浮:《复性书院讲录》,《马一浮全集》第一册,第 227 页。
③ 马一浮:《复性书院讲录》,《马一浮全集》第一册,第 227 页。
④ 《论语·八佾》。
⑤ 马一浮:《复性书院讲录》,《马一浮全集》第一册,第 227 页。
⑥ 马一浮:《复性书院讲录》,《马一浮全集》第一册,第 233 页。
⑦ 马一浮:《复性书院讲录》,《马一浮全集》第一册,第 233 页。
⑧ 马一浮:《复性书院讲录》,《马一浮全集》第一册,第 233 页。

仁已完全为心中的自觉原则，一切情感和行动都能"依仁而动"，时时处处不违于仁。"全体是仁"是体仁的最后和最高的境界，"乃是安仁，方为究竟"①。"安仁"就如孔子所说的"从心所欲不逾矩"，乃是在不需思虑动念的情况下即能自动而全面、彻底地奉行仁而不走作，安于仁而乐在其中，便是达到了"全体是仁"的境界。也有学者把马一浮这里所描述的体仁的三个阶段，概括为对仁"从勉行、力行到安行的过程"②。这从突出马一浮"体仁"所注重的是"行"，而不同于前述"识仁"侧重的是"思"这个角度来说是有道理的。的确，仁既不是外在性的客观知识，也不是纯粹主体自身内在的性德，而是需要转化为外在行动的切实践履，是体现着主体自身德性修养的道德实践。如此内外交融、化知为行、以行践知，方是真正突出了主体性作用而能达到"摄用归体"的理想境界。

（三）内圣外王之学

内圣外王之学本是儒家的最主要学问，受到儒家学者的关注乃其题中应有之义。但像马一浮这样从《诗》教出发去看待内圣外王之学，则是十分独特的视角。在《孔子闲居》中，孔子提出了一个"五至"说："志之所至，诗亦至焉；诗之所至，礼亦至焉；礼之所至，乐亦至焉；乐之所至，哀亦至焉。"③马一浮认为："心下专直为志，……以此言志，志即仁也。"④既然"志即仁"，"仁"发于《诗》之感通，故可谓"志之所至，诗亦至焉"。而由《诗》之所至，则《礼》《乐》《书》《易》等无不可至，因为在马一浮看来，"理无不通，诚无不格，'范围天地之化而不过，曲成万物而不遗'……如是言'至'，义

① 马一浮：《复性书院讲录》，《马一浮全集》第一册，第233页。
② 于文博、吴光：《六艺该摄一切学术——马一浮说儒》，贵阳：孔学堂书局，2018年，第199页。
③ 《礼记·孔子闲居》。
④ 马一浮：《复性书院讲录》，《马一浮全集》第一册，第230页。

乃无遗"①。也就是说,虽然"五至始于志,故六艺莫先于《诗》"②,但由于"六艺之道"皆源于性命人心,其体无乎不在,其用无乎不周,因之六艺之间实是通而不隔、全而不割,"摄于志而主乎仁则谓之诗,被于物而措诸万事则谓之六艺"③,所以"六艺"实际上是前后相随、互为其根的贯通而化的过程,也是上下无隔、内外交彻的整合为一的全体。马一浮说:"此之德相,前后相望,示有诸名,总显一心之妙,约之则为礼乐之原,散之则为六艺之用。当以内圣外王合释。"④"六艺"前后相随的生成关系可以转化为"六艺"内外交织的互摄关系,从而形成"六艺之道"的互证互印:"前至为圣,后至为王。如志至即内圣,诗至为外王;诗至即内圣,礼至即外王;礼至即内圣,乐至即外王;乐至即内圣,哀至即外王。此以礼乐并摄于诗,则诗是内圣,礼乐是外王。又原即是体为圣,达即是用为王。更以六艺分释,则《诗》是内圣,《书》是外王;《乐》是内圣,《礼》是外王;《易》是内圣,《春秋》是外王。"⑤这种体用全该、内外交彻的内圣外王之学的确显示了其体无乎不在、用无乎不周的特点,正所谓"道远乎哉,触事而真;圣远乎哉,体之即神。'内圣外王'之学,'穷神知化'之功,咸在于是"⑥。更重要的是,它不仅生动地证明了马一浮自己所说的"六艺之教,始于《诗》,终于《春秋》"⑦的逻辑判断,把自《诗》教所开显、通达的六艺之间相互生成、交织互摄的一体性完全彰显出来,而且是这样一个体用全该、圆融通化的内圣外王之学,显示为一个既根基于至诚无妄的生活世界又指向无限丰沛的意义世界的"大成"之学,为传统的内圣外王之学开掘出了新的思想境域。至此,正如马一浮自

---

① 马一浮:《复性书院讲录》,《马一浮全集》第一册,第230~231页。
② 马一浮:《复性书院讲录》,《马一浮全集》第一册,第231页。
③ 马一浮:《复性书院讲录》,《马一浮全集》第一册,第231页。
④ 马一浮:《复性书院讲录》,《马一浮全集》第一册,第231页。
⑤ 马一浮:《复性书院讲录》,《马一浮全集》第一册,第231页。
⑥ 马一浮:《复性书院讲录》,《马一浮全集》第一册,第233页。
⑦ 马一浮:《重印宋本春秋胡氏传序》,《马一浮全集》第二册,第33页。

言:"所言兴于《诗》者,至此方是真实究竟了义也。"①

(四)不言之教

诗固然是必须借助于语言及文字而形成的,"言之精纯为诗"②,但又不是仅靠语言文字就能够堆砌而成的,而是必须由更深入于人的感应通仁的内在机制触发而生。马一浮说:《诗》以感为体,令人感发兴起,必假言说,故一切言语之足以感人者皆诗也。此心之所以能感者便是仁,故《诗》教主仁。"③所以马一浮认为,人心若无私系,直是活泼泼的,拨着便转,触着便行,所谓"感而遂通",才闻彼,即晓此,何等俊快,此便是《诗》之兴。同样,就《诗》教而言,由于《诗》具有"感而遂通"的特点,人心只要没有私心杂念的干扰堵塞,《诗》之情意自可直达人心,触动本具德性,产生识仁体仁的作用:"人心无私欲障蔽时,心体炯然,此理自然显现。如是方为识仁,仍《诗》教之所从出也。"④可见,这种《诗》教是参于天地、顺于自然、不为而成、不言而化的结果,而其中的关键就是无私欲:"夫仁声入人,不言自信,以其无私也。"⑤马一浮认为,《孔子闲居》在论及此事时,一再地征引《诗》句来赞叹三王之德,"亦显不言之教"也。⑥天地有风雨霜露而无私覆,日月有春夏秋冬而无私载,真可谓无私而成,不言而教。由此彰显《诗》教的精妙之处正在于其"不言之教"的功效,即马一浮说的"'天地感而万物化生',仁之功也;'圣人感人心而天下和平',《诗》之效也"⑦,而这也正是马一浮"六艺论"《诗》教的独特处。

---

① 马一浮:《复性书院讲录》,《马一浮全集》第一册,第233页。
② 马一浮:《复性书院讲录》,《马一浮全集》第一册,第230页。
③ 马一浮:《复性书院讲录》,《马一浮全集》第一册,第136页。
④ 马一浮:《复性书院讲录》,《马一浮全集》第一册,第238页。
⑤ 马一浮:《复性书院讲录》,《马一浮全集》第一册,第245页。
⑥ 马一浮:《复性书院讲录》,《马一浮全集》第一册,第245页。
⑦ 马一浮:《复性书院讲录》,《马一浮全集》第一册,第138页。

段 第二章 马一浮对六艺论儒学的重建

段 一三三

总之，马一浮《诗》教思想的核心是《诗》与"仁"相融不离，既以《诗》来识仁、体仁，又以仁来解《诗》、用《诗》。《诗》教具有温柔敦厚的特点，《诗》能以最生动直接的方式激起人内心的情感，体认本具之性德，触发感化人心、知仁行仁的内在动力。像《孔子闲居》中总显君德、叹三王之德"参于天地"等，无不是"引《诗》证成"①，以显《诗》教之效。同样，仁亦是《诗》教的宗旨，马一浮赞成孔子以仁论《诗》，强调《诗》所承载和传达的核心旨趣正是使人如何通过情感回溯内心之仁德，提升自身的道德修养，由此激发、体悟《诗》中之仁心厚德，正是《诗》教的重要任务，如《孔子闲居》中"广陈圣德而纳之于《诗》，方见《诗》教之大"②就是一个很好的例子。

二、《礼》教大义

礼文化是中国古代文明中最具特色的一个标志性内容，是远古及三代文明的重要结晶，无疑它也打上了远古以降中国文明的鲜明印记。正因此，礼文化在以承续远古及三代文明为主要使命的儒家传统思想中自然占有极为重要的位置。孔子说："兴于《诗》、立于《礼》、成于《乐》。"③马一浮说："六艺之教，莫先于《诗》，莫急于《礼》。"④这些说法都表明了《礼》在"六艺之教"中是具有关键性地位的。儒家以仁学为中心思想，而对"仁"的体认、践行可由《诗》教感兴触发，由《礼》得以成立和体现，由《乐》臻于完善。"礼"作为人的内在道德情感的外化形式的起点，是一切外在道德行为实践的真正开端，因而它对于整个"六艺"的教化作用及人的全部道德修养和实践无疑具有重要的意义。

---

① 马一浮：《复性书院讲录》，《马一浮全集》第一册，第242页。
② 马一浮：《复性书院讲录》，《马一浮全集》第一册，第226页。
③ 《论语·泰伯》。
④ 马一浮：《复性书院讲录》，《马一浮全集》第一册，第248页。

马一浮对《礼》的诠释，主要集中在复性书院讲学时所作的《论语大义》之"《礼》《乐》教"和《礼教绪论》两个讲录中。两个讲录各有侧重，互为补充，形成了马一浮对在六艺论儒学的基本框架下《礼》学思想的系统完整的阐述。

（一）礼主于义

马一浮首先阐述了儒学对于礼的本质的认识。"六艺之教"，之所以"莫急于《礼》"，就是由礼的根本性质决定的。马一浮指出："礼主于义，以敬为本。"①"义"是指人在一定的群己关系、社会生活中所采取的合理方式，即所谓"义者，宜也"。可见，礼所宜之"义"，首先是合于人性、顺乎人情的，《礼记》在谈到礼的起源时说："人情之实也，礼仪之经也，非从天降也，非从地出也，人情而已矣！"②合乎人性、顺乎人情之义是体，以此而起之礼则是其用，是性情流露的表现，故马一浮称之为"礼以义起"③。"礼以义起"，表明适度的礼仪规范、节文制度从根本上说是符合人的道德本质要求的产物，具有人的超越性和自我实现的品格。所以在马一浮看来，"礼从性德流出，不是外在强加的约束，不是后天对人性的戕害，而是对人的本性的成就，是成圣成贤的重要途径，马一浮通过抉发礼的性德依据，以义展现出礼所指向的普遍、永恒的价值"④。

事实上，礼不仅具有人性的依据，更有进一步在天道上的依据。马一浮认为，人情之实、人性之真就是人所本具的性德的天然状态，这种天然状态反映了人与自然之道的相通性，反映了"道不远人，人之为道而远人，不可以为道"⑤的特点。礼作为这种天然状态的反映，正是一种"自然之

---

① 马一浮：《复性书院讲录》，《马一浮全集》第一册，第248页。

② 《礼记·问丧》。

③ 马一浮：《复性书院讲录》，《马一浮全集》第一册，第115页。

④ 于文博、吴光：《六艺该摄一切学术——马一浮说儒》，第211页。

⑤ 《礼记·中庸》。

序"①。所以孔子认为,礼是天地自然之道的体现,有其形而上的存在根据,因而具有天然的合理性。孔子说:"夫礼,先王以承天之道,以治人之情,故失之者死,得之者生。……是故夫礼,必本于天,殽于地。"②马一浮认为,从这个意义上说,礼所反映的正是"自然之序",他说的"礼者,天地之序"③,就是指这种天地的自然之序,正如自然万物井然有序一样,在人类社会中,"有夫妇然后有父子,有父子然后有君臣,有君臣然后有上下,有上下然后礼有所错"④。既然礼作为"天地之序""自然之序",具有充分的形上学本体论上的根据,那么礼也就具有了根本的合理性,并进而成为人之为人的本质性规定,即《礼记》所谓"礼者,理也,德之则也","凡人之所以为人者,礼义也"⑤。因此马一浮也说:"礼乐之义,孰有大于此者乎?"⑥总之,在儒家那里,所谓礼者,本乎天理,法乎天地,顺乎人情,不仅是人类社会生活的文化样式,而且成为自然、社会、人类日常生活中一种普遍的存在秩序,并在天人合一的一体化建构中进一步转化成为人类社会普遍的政治和伦理秩序:"礼,上下之纪,天地之经纬也,民之所以生也,是以先王尚之。故人之能自曲以赴礼者,谓之成人。大,不亦宜乎!"⑦

正因为如此,在孔子那里,礼不仅是"成人"之理,也是圣人"成德"之则,《礼运》曰:禹、汤、文、武、成王、周公,"此六君子者,未有不谨于礼者也"。所以马一浮说:"学至圣人,也只是个'谨于礼',才有不谨,即便放倒,如何能立?"⑧甚至《书》教之旨,即是立于礼。……凡一切政典,皆礼之所

① 马一浮:《复性书院讲录》,《马一浮全集》第一册,第143页。
② 《礼记·礼运》。
③ 马一浮:《复性书院讲录》,《马一浮全集》第一册,第143页。
④ 《易·序卦》。
⑤ 《礼记·仲尼燕居》。
⑥ 马一浮:《复性书院讲录》,《马一浮全集》第一册,第143页。
⑦ 《左传·昭公二十五年》。
⑧ 马一浮:《复性书院讲录》,《马一浮全集》第一册,第142页。

摄"①。礼不仅仅是普遍的道德规范,还可以进一步成为普遍的社会政治秩序,故曰:"人人亲其亲,长其长,而天下平。"由此礼的道德内涵还明确地指向了孝悌之道。孟子说:"仁之实,事亲是也;义之实,从兄是也;知之实,知斯二者弗去是也;礼之实,节文斯二者是也。"②可以说,礼的本质就是建立并维护一种"圣人以天下为一家,以中国为一人",具有"父慈,子孝,兄良,弟弟,夫义,妇听,长惠,幼顺,君仁,臣忠"此十者"人义"③的道德——政治秩序。对此,马一浮认为:"礼乐之义,孰有大乎此者乎?而行之必自孝弟始,故《孝经》一篇,实六艺之总归,所以谓之至德要道,以顺天下也。"④在儒学思想中,孝悌为仁之本,而孝悌之所以是"仁之本",不仅由于它是人的其他一切道德的基础和出发点, 更重要的是它还是一切封建等级专制集权的政治秩序的根本基础和出发点, 所以,"尧舜之道, 孝弟而已矣","夫子之道,忠恕而已矣"。由孝悌而至忠恕,实为由道德而至政治的过程,也可以说是一个通过"移孝入忠"而化家庭伦理为政治秩序的过程,而这个过程的最理想形态是所谓"制礼作乐",即礼乐文化秩序的构建。正因此,马一浮说:"忠恕即礼乐之质也,礼乐即孝弟之施也……此皆以孝弟与礼乐合言,明其为至德要道。"⑤

(二)礼之为用

基于"礼主于义"的认识,马一浮认为,礼的最主要作用就是通过实行孝悌忠恕之道, 而形成一种合于时宜的合理的礼乐文化秩序和道德——政治秩序,所以《礼》与《诗》相比,虽然同样都是人的性德的呈现,但礼显然更具有实践性,"礼者,履也。在心为志,发言为诗;在心为德,行之为礼。故

① 马一浮:《复性书院讲录》,《马一浮全集》第一册,第 142 页。
② 《孟子·离娄上》。
③ 《礼记·礼运》。
④ 马一浮:《复性书院讲录》,《马一浮全集》第一册,第 143 页。
⑤ 马一浮:《复性书院讲录》,《马一浮全集》第一册,第 145 页。

敦诗说礼,即是蹈德履仁"①。礼是将"六艺"所蕴含的仁义道德从人的内心世界里通过一定的外在行为和行动而呈现出来,成为一定的道德—政治秩序。也可以说,没有礼的这种外化性践履,就无法呈现"六艺"性德之大旨。所谓"六艺之教",《诗》为先,《礼》为急,其"急"就"急"在"六艺之教"必以此为开端,也必以此为要途。所以礼既是"言而履之"的实践性之礼,也是将"在心之德"转而"行之"的客观化之礼。

不过,无论是实践性之礼还是客观化之礼,其所建立的一整套道德—政治秩序的首要功能就是对人欲及其习气的规范、引导,使之趋于合理有序。《荀子·礼论》开篇就说:"礼起于何也?曰:人生而有欲,欲而不得,则不能无求,求而无度量分界,则不能不争。争则乱,乱则穷。先王恶其乱也,故制礼义以分之,以养人之欲,给人之求,使欲必不穷乎物,物必不屈于欲,两者相持而长,是礼之所起也。"②礼义通过对易于引起争乱的人欲的节制、分疏而起到"养人之欲、给人之求"的作用,所以礼的功能不是去欲止欲,而是"定分止争"以导欲,息纷争以致太平。而要做到这一点,马一浮认为最主要的是教人以"恭俭庄敬"③,以内在仁心、善性操存涵养,敬以待人,辞让克己。也正是在这一意义上,马一浮把孝悌看作"礼乐之原"④,因为孝悌是"仁之本",由孝悌可以直达人的内在仁心、善性。如孔子说的"人而不仁,如礼何"⑤,孟子说的"辞让之心"为"礼之端"⑥,就是强调要触发人的内在道德情感转化为外在的伦理规范,以达到制人欲、息纷争的目的,

---

① 马一浮:《复性书院讲录》,《马一浮全集》第一册,第248页。

② 《荀子·礼论》。

③ 马一浮在概述"六艺大旨"时,一再地称引《礼记·经解》中说的"恭俭庄敬,《礼》教也",并深表认同。

④ 马一浮:《复性书院讲录》,《马一浮全集》第一册,第150页。

⑤ 《论语·八佾》。

⑥ 《孟子·公孙丑上》。

所谓"道德仁义,非礼不成"①"忠信,礼之本也"②等说法,正是反映了道德情感与礼义规范的这种从体起用、体用一致的关系。

就礼的作用来说,礼存在着礼义与礼仪的区分。在礼学史上,早在春秋时期人们就已区分了"礼义"和"礼仪"。礼仪主要指外在性的礼节、仪式、规范,而礼义主要指根据内在的道德情感和德性体认所形成的伦理原则,如昭公五年(前 537 年)鲁昭公访晋,被晋臣女叔齐批评为只知"仪"而不知"礼",③就典型地表现了礼与仪的分野。马一浮也强调了礼义和礼仪的分野,由于礼本于仁而生,所以他认为礼义是礼仪的根本。《礼记》说:"仁者人也,亲亲为大;义者宜也,尊贤为大。亲亲之杀、尊贤之等,礼所生也。"④礼义的性质使它的主要功能和作用在于通过各种外在的具体行为、仪式、节目、制度等彰显一种普遍性的道德取向和伦理规范及社会秩序。至于其中具体的礼仪节目和制度规范,则完全有可能也有必要随着社会生活、政治环境等的变化而不断有所损益。因此,马一浮在对《礼》教大义进行阐发时,不讲《周礼》和《仪礼》,而专讲《礼记》,也就是说,专门探讨礼义的精神实质和现实作用,而不去讲具体的名物度数、制度规范、礼义节目等应用性、历史性内容。因为"制度可以损益,宫室衣服器用古今异宜,不可施之于今"⑤。"《周官》与《王制》同为制度,不必苦分今古,定别殷周,务求其义,皆可以备损益。"⑥所以马一浮认为,对礼的研究应该以礼义为主,"制度是文,义是其本也。……又处礼之变者,不以义推,将何所措邪?……故今谓治礼当以义为主"⑦。

---

① 《礼记·曲礼上》。

② 《礼记·礼器》。

③ 《左传·昭公五年》。

④ 《礼记·中庸》。

⑤ 马一浮:《复性书院讲录》,《马一浮全集》第一册,第 252 页。

⑥ 马一浮:《复性书院讲录》,《马一浮全集》第一册,第 251 页。

⑦ 马一浮:《复性书院讲录》,《马一浮全集》第一册,第 250~251 页。

同样，为学者学礼，也应当直抉根源，以礼义而不是礼仪为本。以此观之，与着重于礼仪礼节、制度规范、名物度数的《周礼》《仪礼》相比，《礼记》最为集中地体现了儒家礼学的根本精神，它所体现的"礼以义起"①，务求其义的礼学原则，实为儒家礼学的关键。因此，《礼记》应作为学礼的主要经典。《礼记》虽成于汉儒之手，但马一浮认为，其中大多数内容应都源于孔门七十子后学所记孔子言论，具有可信性，故可作为学礼的主要经典。马一浮自己在复性书院讲述《礼》教大义时，就在《礼记》众多篇目中选取了论礼最为典型的《仲尼燕居》一篇来作讲论。马一浮说：

> （《礼记》）多出七十子后学所记，不专说礼，多存六艺大旨。自《论语》外，记圣言独多而可信者，莫如此书。欲明礼以义起，于此可得损益之旨，不专以说古制为能事。故治礼不可以但明郑学为极，当求之二戴，直追游、夏之传。观孔子与弟子言礼，皆直抉根源。故制度可以损益，宫室衣服器用古今异宜，不可施之于今。苟得其义，则尽未来际不可易也。故今先举《仲尼燕居》以为学礼之嚆矢，学者以是求之，亦可思过半矣。②

由上述可见，马一浮认为，礼的价值和作用并不在于那些特定历史时代中节文制度的周详完备，而在于其中所蕴含的人所具有的内在性德仁心的普遍价值。也就是说，马一浮对礼的关注首先在其道德的价值和作用，礼以人人具有的性德仁心之义为基础，并外化为适度合理的典章制度、仪节规范，因而外在的典章制度、仪节规范是与时推移、因时制宜的，会"古今异宜，不可施之于今"，但其中所蕴含的道德意义可以是具有普遍和长久价值的，我们当今识礼、治礼和行礼并不能简单地照搬那些外在的

---

① 马一浮：《复性书院讲录》，《马一浮全集》第一册，第252页。
② 马一浮：《复性书院讲录》，《马一浮全集》第一册，第252页。

礼仪节文、典章制度等，而是要把功夫下在"直抉根源"达于性德，真正去肯认和彰显其中所包含的那些"义"中的普遍性价值，而这也正是传统礼学的最重要的现代意义。马一浮对礼义与礼仪之间关系的这种辨析，为传统思想在现代社会的继承和创造性转化提供了正确的路径，很有借鉴意义。尤其是在当代社会中，不仅传统的礼仪节文、典章制度早已荡然无存，具有数千年传统的礼学和礼文化也饱受诟病、多被鄙弃的状况下，如何从传统中继承其仍具有普遍价值的成分并进行创造性的现代转化？马一浮的有关思想应可以提供一些有益的启发。

（三）礼乐政治

如果说马一浮上述对《礼》教大义的阐发注重道德意义的层面，那么马一浮对礼教大义的阐发的另一主要层面就是其政治意义，而对礼教的政治意义的阐发又是与乐教紧密相关的。

马一浮在《论语大义》中将礼教、乐教合在一起讲，作《礼乐教》，而在对群经大义的阐述中，则只作了《礼教绪论》，没有专门的《乐教》。马一浮为什么没有单独讲《乐》教呢？原因大概有两方面：一方面是由于六经中独缺《乐经》的经典文本流传下来，讲论缺乏直接的文本依据；另一方面更主要的是礼、乐难以相分，所以马一浮无论在《论语大义》中还是在《礼教绪论》中，实际上都是把礼教、乐教结合在一起阐发的。马一浮认为，"六艺"之教本是相通的，可以闻一知二，举一反三，"闻《诗》而知《礼》，闻《礼》而知《乐》，是谓告往知来，闻一知二"①，所以《孔子闲居》里说："《诗》之所至，《礼》亦至焉。《礼》之所至，《乐》亦至焉。"②马一浮指出，"礼者，履也"，而履即行，行是把在心之德予以实行，体现了行与志、与言相合，"故礼以道行。……言而履之，礼也，行其所言，然后其言信而非妄。行而乐之，乐也。

① 马一浮：《复性书院讲录》，《马一浮全集》第一册，第134页。
② 《礼记·孔子闲居》。

乐其所志,然后其行和而中节。此谓'《礼》之所至,《乐》亦至焉',故即《诗》即《礼》,即《礼》即《乐》"①。礼乐之教之所以能够融为一体,是因为它们本身就是相辅相成的整体。马一浮认为:"乐者天地之和,礼者天地之序。"②礼主别异,乐主和同;礼是差序,乐是大和;合序以和,才为至美。"礼"所践履的道德行为和道德秩序,若能以"乐"的精神去实践、去调和,便能达到中正平和的效果,实现"多样性的统一",因而礼乐是相互补益的关系:"有礼不可无乐,有乐不可无礼,礼乐皆得,谓之有德。"③礼主于行,重在执守,求于别异,若能行而乐之,和而序之,则"以礼统乐也"④。总之,由于礼可统乐,乐以辅礼,所以马一浮论礼,大都兼摄礼、乐二义,也就不必单独阐述《乐》教大义了。

与大多数传统儒家学者一样,政治领域是马一浮对道德关注之外的另一个重点,而且涉及的主要是道德与政治的关系问题。在马一浮那里,政治与道德的关系问题成为其解读、诠释礼乐之教的一个重要维度。在《礼教绪论》中,马一浮特举《礼记》中的《仲尼燕居》一篇作为典型文本,对六艺论儒学有关礼乐与政治的关系的思想作了集中深入的阐发。对于礼乐与政治的关系,孔子在《仲尼燕居》中曾对子张总结说:

> 子曰:"师乎,前,吾语女乎!君子明于礼乐,举而错之而已。"……言而履之,礼也。行而乐之,乐也。君子力此二者,以南面而立,夫是以天下太平也。……礼之所兴,众之所治也;礼之所废,众之所乱也。⑤

在孔子看来,真正理想的政治只需要在"君子明于礼乐"的基础上将礼乐

① 马一浮:《复性书院讲录》,《马一浮全集》第一册,第248页。
② 马一浮:《致蒋再唐(1918年3月)》,《马一浮全集》第二册,第448页。
③ 马一浮:《致蒋再唐(1918年3月)》,《马一浮全集》第二册,第447~448页。
④ 马一浮:《复性书院讲录》,《马一浮全集》第一册,第135页。
⑤ 《礼记·仲尼燕居》。

举而措之天下即可,这实际上是将国家治理完全系于礼乐:国家礼乐兴则治,礼乐废则乱。马一浮十分认同孔子这里对礼乐与政治关系的界定,认为这段话与《乐记》里说的"致礼乐之道举而错之天下,无难矣"一段"义旨相应"。①马一浮认为,孔门所论礼乐与政治关系的实质,就是要阐明"舍礼乐无以为政"②,因之需"以礼乐之兴废明治乱之所由"③。所以也可以说:"政之实,礼乐是也。"④治国理政本质上只是礼乐实践所自然推进而达到的结果。不过,以礼乐为治国理政的根本,实际上等于是强调道德对于政治的决定性意义,因为礼乐皆从性德流出,奠基于人的良善的道德本性所形成的礼乐秩序,正是理想的政治统治和社会秩序得以确立的保证,所以也可以说理想的政治乃是完全遵从了道德引导的结果:

> "政者,正也",所以正己以正人也。舍礼乐,何以哉?以法制禁令为政者,是不揣其本而齐其末也。⑤
>
> 其所以致礼乐之道者,在履其言、乐其行而已矣,南面以临天下与在畎亩之中无以异也。⑥

就以道德为中心和根基的"礼乐之道"与政治秩序之间的关系而言,前者是本,后者是末,"故舍礼乐无以为政",失去了礼乐及其道德根基,政治的全部合法性与合理性也就不复存在,因而以道德为根基和中心的"礼乐之道"不仅是一切理想的政治统治和政治秩序得以建立的根本途径,也是一切政治统治和政治秩序存在的唯一目的。马一浮在青年时期留美留日时

---

① 马一浮:《复性书院讲录》,《马一浮全集》第一册,第266页。
② 马一浮:《复性书院讲录》,《马一浮全集》第一册,第266页。
③ 马一浮:《复性书院讲录》,《马一浮全集》第一册,第267页。
④ 马一浮:《复性书院讲录》,《马一浮全集》第一册,第266页。
⑤ 马一浮:《复性书院讲录》,《全集》第一册,第266页。
⑥ 马一浮:《复性书院讲录》,《全集》第一册,第266页。

通过阅读并翻译日文版的法国人路易斯·博洛尔所著《政治罪恶论》一书，对人类不道德的政治行为进行了深刻的反省，这对他此后逐步放弃西学、回归中学——先是归于佛道，最后向以六艺论儒学为本的思想转向应发生过持续性的影响。马一浮指责意大利人马基雅维利"偏然区政治、道德而二之"的政治权谋术，主张"政治应该遵循普遍的天理和道德"。①马一浮说，"政者，正也。去其不正而返之正。政非能自为正，自人为之耳。夫人失其正，亡政久矣"，"究论为政之道，必克去其欲，纳之仁义"。②显然，直到后来，马一浮都始终主张这种道德与政治的结合，认为政治必须以道德为基础，政治应该是合乎道德的政治，丧失了道德基础的政治，只能沦为残暴权力和肆意贪欲的工具。在马一浮后来的六艺论儒学的视野中，礼乐政治就是理想的有道德的政治，而道德上的圆满即政治上的最理想状态。马一浮对政治的实质及政治与道德、礼乐关系的这种看法，是他把道德的实现作为人类生活的根本价值所在的一贯思想的体现，也反映了他追求以教化政、凸显人的尊严的礼学精神。

当然，至于这种礼乐政治——有道德的政治的理想究竟如何实现？马一浮对这一问题的解答并没有超出传统儒学的范围。马一浮认为，要实现体现着道德完满性的礼乐政治，首先要恢复社会人生的"自然之序"。何谓"自然之序"？马一浮引《易·序卦》曰："'有夫妇然后有父子，有父子然后有君臣，有君臣然后有上下，有上下然后礼有所错。'此自然之序也。"③所以马一浮指出，"礼者，即事之治也"④，而礼主别序，故治之要在于序上下、别差等，上至"君使臣以礼，臣事君以忠""礼乐征伐自天子出"，下至父慈、子孝、兄良、弟悌、夫义、妇听、长惠、幼顺等伦常日用之义，无不是礼义之要，

① 陈锐：《马一浮儒学思想研究》，第 26 页。
② 马一浮：《〈政诫〉序》，《马一浮全集》第二册，第 3~4 页。
③ 马一浮：《复性书院讲录》，《马一浮全集》第一册，第 143 页。
④ 马一浮：《复性书院讲录》，《马一浮全集》第一册，第 249 页。

故马一浮说："礼乐之义，孰有大于此者乎？"马一浮引《礼记·祭义》说："先王之所以治天下者五：贵有德、贵贵、贵老、敬长、慈孝。此五者，先王之所以定天下也。"①他又引《礼记·仲尼燕居》说："立而无序，则乱于位也。昔圣帝、明王、诸侯，辨贵贱、长幼、远近、男女、外内，莫敢相逾越，皆由此途出也。"②按照这种礼乐制度去确立和维护好一套尊卑有序、上下有别的差序格局，不仅人人上下相安、各守其分，而且能"不争""无怨""制中""得正"，以教化政，实现了仁的内在价值与礼的外在原则的真正转换和贯通，实现了道德与政治的完美结合，成为最理想的政治状态。显然，这种高度道德理想化的政治秩序的确立和维护仅仅靠君臣上下的德性自觉和克己制欲的道德手段是难以真正实现的。从逻辑上看，这里面充满了从道德到道德的循环论证，在实践上也难免陷于道德理想主义的简单化想象，体现了马一浮的新儒学思想中仍具有与传统儒学一样的内在局限性。

三、《书》教大义

《尚书》作为我国最早的政治文件汇编，由于包含了从尧、舜、禹的远古时代到夏、商、周三代及至春秋中期漫长的历史时期中的各种文本，所以无论在文本的记录、传承还是编辑、整理方面都存在不少问题，既有今古文之别，更有考据学上的真伪之辨。孟子就提出过《书》的某些篇目不可信的问题，他说："尽信《书》，则不如无《书》。吾于《武成》，取二三策而已矣。"③清代学者皮锡瑞认为，《书》"论百篇全经不可见，二十九篇，篇篇有义，学者当讲求大义，不必考求逸书"④。马一浮也赞同《尚书》中某些篇目

---

① 《礼记·祭义》。

② 《礼记·仲尼燕居》。

③ 《孟子·尽心下》。

④ 皮锡瑞：《经学通论·书经》，北京：中华书局，1954年，第74页。

未必可信,但又主张不必过于关注考据之事,因为"《书》之可信者当准之以义理,不关考证也","佚文赖之以存,但准之义理,可以无诤"①。所以马一浮讲论《书》教大义,以阐发义理为主,不涉考证。当然,马一浮所谓"义理",主要是指道德原理,所以马一浮讲论《书》教大义,以阐发义理为主,实际上就是以阐述政治中的道德原则和道德价值及其所具有的优先性为主,强调"为政以德"的儒家德治传统。

(一)为政以德

从表面上看,政治问题是《书》的主题。"何言乎答问政者皆《书》教义也?《书》以道政事,尧、舜、禹、汤、文、武、周公所以治天下之道在是焉。"②《书》虽然因其理义古奥、条贯错综而难治,但历代学者尤其是儒家学者都把《书》当作古代政治历史和文献的重要经典予以重视。儒家学者借《书》以进行理想政治的论说,阐述乃至建构儒家政治哲学已俨然成为其重要的学术传统。然而问题是,《书》以道政事,言远古及三代治天下之道,这种"治天下之道"到底是什么呢? 与一般把《书》看作单纯的政治典籍不同的是,马一浮认为,《书》在本质上是尽性之书,是古代道德政治的经典文献。他说:"《书》教之旨,以德为本。"③因此,《书》所道"政事",实是"修德尽性"之事,所谓"治天下之道"不过就是修德性行仁义而已。马一浮说:"六经总为德教,而《尚书》道政事皆原本于德。尧、舜、禹、汤、文、武所以同人心而出治道者,修德尽性而已矣。离德教则政事无所施,故曰'为政以德'。此其义具于《洪范》。"④《书》所道"政事""治道"只是"修德尽性而已",政以德为本,离开道德这一根本就没有什么真正的政治可言,道德不仅为政治提供

---

① 马一浮:《复性书院讲录》,《马一浮全集》第一册,第114页。
② 马一浮:《复性书院讲录》,《马一浮全集》第一册,第138页。
③ 马一浮:《复性书院讲录》,《马一浮全集》第一册,第139页。
④ 马一浮:《复性书院讲录》,《马一浮全集》第一册,第269页。

马一浮与现代新儒学——宋明儒学的传承创新

必要的基础,而且是一切政治活动的根本原则。

那么为什么为政要以德为本呢? 马一浮特举形而上层面的本、迹关系予以说明。"从本垂迹,由迹显本。"①政是迹,心及其德性为本,二帝三王,应迹不同,其心是一,故尧、舜、禹、汤、文、武、周公所显政迹各不相同,然其以礼乐治国、以德化天下之本一也。马一浮认为,儒者所习《书》教大义,正是要懂得这种迹变而本不变的道理。他说:

> 今观《论语》记孔子论政之言,以德为主,则于本迹之说可以无疑也。尧、舜、禹、汤、文、武、周公、孔子之心,一也。有以得其用心,则施于有政,迹虽不同,不害其本一也。后世言政事者,每规规于制度文为之末,舍本而言迹,非孔子《书》教之旨矣。《论语》"为政以德"一章,是《书》教要义。德是政之本,政是德之迹。②

"德是政之本,政是德之迹。"可见《书》教要义就是《论语》中所说的"为政以德"。③马一浮认为,后世谈论政事,往往拘泥于"制度文为"之末,这实际上是舍本言迹,已背离了孔子《书》教之旨。马一浮曾批评史家有"偏重史实",不能"识其大者"④之弊,其实说《书》者亦有此弊,德为大本,政为小末,实不可舍大本而求小末。马一浮还引述蔡九峰《书传序》所言《书》教大旨,认为"自来说《尚书》大义,未有精于此者"。蔡九峰说:

> 精一执中,尧、舜、禹相授之心法也。建中建极,商汤、周武相传之心法也。曰德曰仁,曰敬曰诚,言虽殊而理则一,无非所以明此心之妙

---

① 马一浮:《复性书院讲录》,《马一浮全集》第一册,第 138 页。

② 马一浮:《复性书院讲录》,《马一浮全集》第一册,第 138~139 页。

③ 《论语·为政》。

④ 马一浮:《致叶左文(九)》,《马一浮全集》第二册,第 382~383 页。

也。至于言天，则严其心之所自出；言民，则谨其心之所由施。礼乐教化，心之发也；典章文物，心之著也；家齐国治而天下平，心之推也，心之德其盛矣乎！二帝三王，存此心者也；夏桀、商受，亡此心者也；太甲、成王，困而存此心者也。存则治，亡则乱，治乱之分，顾其心之存不存如何耳。后世人主，有志于二帝三王之治，不可不求其道；有志于二帝三王之道，不可不求其心。①

治乱之分，顾其心之存亡，二帝三王，应迹不同其心为一。尧、舜、禹、汤、文、武、周公代相传授的与其说是"治天下之至道"，不如说是"修德尽性"之"心法"；而他们与其说是政治的典范，不如说是道德的楷模。他们的最大政治作为就是修德垂教，无为而治。《诗》曰："予怀明德，不大声以色。"孔子曰："声色之于以化民，末也。"②马一浮赞叹道："此为政以德之极致也。"③实际上，《论语》中说的"道之以政，齐之以刑，民免而无耻；道之以德，齐之以礼，有耻且格"，数语已将不同政治的得失判得分明。马一浮认为，孔子在《论语》《礼记》诸文本中留下了大量赞叹尧舜无为而治、修德责己之论，体现了"为政在人，取人以身，修身以道，修道以仁"④的要义，正是《书》教以德为本之旨的体现。可见，"孔子之论政皆原本于德，何莫非《书》教之义乎？"⑤也可以说，马一浮强调《书》教的以德为本之旨，正是直接继承了孔子的思想传统。实际上，儒家学者在以往解读《尚书》时，已有不少人注意到了其中所论政事与道德的关联性，但大多只是把道德当作了政治的前提和手段。而马一浮刻意地强调《书》的道德意蕴，并不是要把《书》作简单的道德化诠释，以道德作为政治的一般前提和手段，而是要"凸现

---

① 马一浮：《复性书院讲录》，《马一浮全集》第一册，第138页。
② 《礼记·中庸》。
③ 马一浮：《复性书院讲录》，《马一浮全集》第一册，第139页。
④ 《礼记·中庸》。
⑤ 马一浮：《复性书院讲录》，《马一浮全集》第一册，第139页。

出道德的根本重要性,并以道德引领政治,以道德化的诠释覆盖政治性的论说。……在其中,道德并不只是作为政治的前提和手段存在,相反地,政治的根源、目的和合理性依据,全部来自于道德"①。在马一浮看来,道德不仅具有先于、高于政治的绝对优先性,而且始终具有价值性,"为政以德"既是出发点,也是最终目的。这是马一浮所一再明确申述的《书》教大义,也是其政治哲学的根本主张。

(二)九畴要义

马一浮对《书》教大义的阐发,除了在论述《〈论语〉大义》时有专门的《书教》之外,马一浮对《尚书》经典文本的讲论主要集中于《洪范》篇中。自来说《尚书》以《洪范》最为难明,但其中独特的思想及理论体系又不断引发学者们的兴趣,使其研究者众多,也使《洪范》成了古代政治学史上的一篇重要文献,如有的学者干脆称之为中国古代政治的"启示录"。②马一浮认为,以往儒者解读《洪范》或专推灾异,或泥于象数,虽各有所明,皆不能无执滞,而他正是要扭转以往这些《洪范》研究之失。当然,马一浮之所以要以《洪范》为主要文本进行具体深入的解读,最主要的原因就是认为《尚书》道政事皆原本于德,而《洪范》正是最典型地体现了上述"为政以德"的《书》教大义的经典文本。马一浮一扫以往儒者偏于用灾异、象数等神秘化方法对《洪范》的解读路径,认为:"今谓《洪范》为尽性之书,箕子所传,盖舜、禹之道,王者修德行仁事义咸备于此。"③既然《洪范》主要讲的是"修德行仁事义",那么马一浮就把《洪范》当作尽性之书,主要阐发圣人修德行仁的经过,展示其以德教施于政事、垂于后世、化治天下的推展过程,以此将《洪范》完全纳入其以道德化取向为主导的解读、诠释框架中。

---

① 于文博、吴光:《六艺该摄一切学术:马一浮说儒》,第 221 页。

② 方东美:《原始儒家道家哲学》,北京:中华书局,2012 年,第 49 页。

③ 马一浮:《复性书院讲录》,《马一浮全集》第一册,第 270 页。

马一浮对《洪范》的道德化诠释首先具体表现在他对《洪范》九畴的独特解读上。《洪范》九畴是箕子向武王陈述先王治国的九种大法,也可以看作治国理政的九个基本方面,即如胡瑗所说的"圣王治国之大法"①、朱熹所说的天下之事的"大纲目"②。九畴一曰五行,二曰敬用五事,三曰农用八政,四曰协用五纪,五曰建用皇极,六曰乂用三德,七曰明用稽疑,八曰念用庶徵,九曰向用五福、威用六极。在《洪范约义》中,马一浮根据九畴所针对的不同对象和范围,分别予以了"尽性之说"的阐释。一曰五行为"尽物之性",二曰敬用五事为"尽己之性",三曰农用八政为"尽人之性",四曰协用五纪为"尽天地之性",五曰建用皇极是"尽性之极则",六曰乂用三德是"尽人之性",七曰明用稽疑为"兼尽人物之性",八曰念用庶徵为"尽己之性以尽天地之性",九曰向用五福、威用六极是"尽人之性以尽己之性"。③与宋儒胡瑗着重从政治哲学解读《洪范》、明儒黄道周以《易》解《范》这些宋明大儒不同的是,马一浮明确地把《洪范》定性为"尽性之书",就是要从道德哲学的角度对《洪范》展开道德化的系统诠释。对于这种系统诠释,正如有学者指出的,他是借助于《中庸》尽己之性、尽人之性、尽物之性、尽天地之性的逻辑和框架作为九畴的核心内容和主要线索来完成的。④这不但使九畴建立起了内在的关联性,以尽性之说贯穿起表面上零散的国家政治、社会事务的叙述,使之变成具有系统性、结构性的理论体系,而且将九畴的意义和价值从外在的政治事务归纳到内在的心性层面,并锁定在彰显性德和鼓励修德的意义上,使治国理政的九畴大法一一落实到修德行仁事义的具体条目中去。这种借《中庸》的尽性之说作为解《洪范》九畴的根本纲领和基本宗旨,是马一浮在《洪范》诠释史上的独特理论创新,实际

---

① 胡瑗:《洪范口义》卷上,文渊阁《四库全书》本。
② 朱熹:《朱子语类》卷七十九,北京:中华书局,1986年,第2041页。
③ 马一浮:《复性书院讲录》,《马一浮全集》第一册,第272~328页。
④ 于文博、吴光:《六艺该摄一切学术:马一浮说儒》,第218~219页。

上也可以说是马一浮以《洪范》九畴的尽性之说构建了马一浮自己的德性政治学理论。

首先,以五行为基础的"自然之理"①是这一德性政治学的形上学依据。

五行之说是夏、商、周三代时期形成的关于宇宙的物质世界构造的原始思想,尽管它作为一种自然哲学还是较粗糙的,但作为早期的宇宙观,它已经试图以五行的自然之理为人类社会的活动及思想提供一个客观性的形上学基础。所以《洪范》中五行之说的首要意义就是要将五行所象征的"自然之理"置于整个九畴系统中根本的前提位置,承认自然世界自有其生机和运行机制,正如马一浮说的:"盈天地间皆气也,气之所以流行而不息者则理也。……'有天地然后有万物'。圣人尽物之性而知其资始资生之所由然,故约之以阴阳,冒天下之道而无不遍焉;定之以五行,统天下之物而无不摄焉。"②明了此义,就可在此基础上扫除遮蔽在自然世界和人类社会生活中的各种神秘主义的世界观的误导,恢复对"自然之理"的应有敬畏。马一浮说:"知日用不可或离,然后知万物各有伦序,非强力所能汩乱也。知帝天皆一性之名,则知畀锡非同符瑞。知灾祥即惠逆所兴,则知福极皆由自取。虽应《洛书》之数,实自然之理,而非有假于神异也。虽立卜筮之法,特询谋之详,非专听于蓍龟也。"如此学者"可弗迷于众说"③。这里显示了马一浮释《书》的一种自然理性主义的路向。

在九畴中,只有五行属于自然,其他八畴都属于人事,但五行却被置于开端,显然是强调"自然之理"是基础,人事应本于自然而展开。所以接下来,马一浮进一步强调了一切人事均须依循于自然的道理。《礼记》说:"能尽物之性,则可以赞天地之化育。"④所谓"尽物之性",也就是指要了解

---

① 马一浮:《复性书院讲录》,《马一浮全集》第一册,第 270 页。
② 马一浮:《复性书院讲录》,《马一浮全集》第一册,第 275~276 页。
③ 马一浮:《复性书院讲录》,《马一浮全集》第一册,第 270 页。
④ 《礼记·中庸》。

并遵循客观规律加以运用之意。鲧治水不能顺水之性疏导，反而塞遏围堵，自遭失败；禹顺水之性导江浚川而治水患，正是顺应五行之道、得自然之理的结果。因此，"古之王者敬时敷政，皆顺五行之性，无敢违之①。为此，马一浮特引老子言曰："天下神器，不可为也。为者败之，执者失之。"②治理天下并不是靠人工私智所能造作，而是要遵照事物本身的客观规律循理而行、顺性而为，"拂性倍理谓之不畀，理顺物从则曰天锡。忘功不有，奉天无私，故曰天与之③。《洪范》在陈述九畴之名时，除了五行外，其余八畴均有"用"字。"用"所指向的是人为，但五行属纯自然之事，不涉人为，自然无须言用，"五行不言用者，尽物之性，令各止其所而已，不可以用言"④。事实上，这种由"尽物之性"而导向的顺应自然、无为而治之理，虽然主要被道家所倡导，但在早期儒家那里也还是有所体现的，并推许为自尧、舜、禹而有之的政治传统。孔子说，"无为而治者，其舜也与？夫何为哉？恭己正南面而已矣"⑤，认为尧舜之道的实质正是无为而治。当然，在儒家传统那里，这种对天道自然之理的遵从并不意味着取消了人这一主体的任何作用，而是强调人的主体性作用正是要在体察和遵从天道的自然之理基础上发生的。《洪范》开篇中箕子在陈述九畴大法之前，所引以为据的九畴授受渊源正是起于鲧、禹治水的不同路径所引起的天启之论。马一浮指出："盖天人一性也，物我一体也。尽己则尽物，知性则知天。天者，万物之总名；人者，天地之合德。天不可外，物无可私，因物付物，以人治人，皆如其性而止，非能有加也。"⑥程子曰，"圣人能使天下顺治，非能为物作则也，

---

① 马一浮：《复性书院讲录》，《马一浮全集》第一册，第278页。
② 《老子》第二十九章。
③ 马一浮：《复性书院讲录》，《马一浮全集》第一册，第271页。
④ 马一浮：《复性书院讲录》，《马一浮全集》第一册，第272页。
⑤ 《论语·卫灵公》。
⑥ 马一浮：《复性书院讲录》，《马一浮全集》第一册，第271页。

惟止之各于其所而已"①,也可以说,马一浮认为圣人之所以为圣人,其具有的最高德性就在于能顺自然之理、尽万物之性,所以才有了箕子之言:"惟天阴骘下民,相协厥居。"②这种强调顺自然之理、尽万物之性的德性政治学观念,与《礼记·中庸》中所言"天下九经"③只是着眼于纯人事道德层面的治国大法相比,显然更具有形上学的深度和高度。它不但体现了人对自然所应持守的敬畏,而且彰显了人的道德主体性和能动性,即人作为道德主体以其对自然之理、万物之性的主动顺应实现了"与天地参""赞天地之化育"的神圣使命,发挥了其应有的作用。

其次,须"知王政之根源实为尽性之事"④。

马一浮在明确了五行在九畴中的基础性地位之后,九畴中的其余八畴就在这一基础上依照其内在逻辑的具体展开,从而形成其《洪范》德性政治学的体系构架和逻辑叙述。马一浮认为,五行是自然之理见之于气之流行而成,因而由五行所体现的天道自然之理,发用而依次化为人道上的社会人生的生理、心理、政治、道德行为上的活动,以及制度、节文上的构建及其效应。对此,马一浮一概以尽性之学予以贯通,即把它们看作一个从尽己之性到尽人之性、尽物之性、尽天地之物的不断推展过程。

如"二曰敬用五事",马一浮认为:"五事则本于五行,……盖在天为五行,在人为五事,皆此一气,皆此一理。"⑤五行所具有的"自然之序"也构成了人道的基础,人事本于自然而展开。马一浮释"五事"为"尽己之性",指出:"今之所谓事者,皆受之于人,若无与于己。然古之所谓事者,皆就己

---

① 程颐:《周易程氏传》,《二程集》下,北京:中华书局,2004年,第968页。

② 《尚书·洪范》。

③ 《礼记·中庸》云:"凡为天下国家有九经,曰:修身也,尊贤也,亲亲也,敬大臣也,体群臣也,子庶民也,来百工也,柔远人也,怀诸侯也。"

④ 马一浮:《复性书院讲录》,《马一浮全集》第一册,第291页。

⑤ 马一浮:《复性书院讲录》,《马一浮全集》第一册,第283页。

言,自一身而推之天下,皆己事也。……凡言事者,皆尽己之事也。"①在马一浮那里,性即理也,理事不二,理外无事,亦即性外无事,因而凡所谓事者,皆需尽己之性也。人通过尽己之性以成事,也在深层次的存在论上回应了德性的形上学根本问题,正如马一浮说的:"此明德性之发见于五事者,皆本然之理,人人具足也。"②尽己之性以成事,既是行天理,也是尽人性,可谓天人合一;而"理有所不行即性有所不尽,而天人隔矣"③。就其具于性者则谓之德,就其发于自性而措之于用者则谓之事。据此则在政治领域,不应该有任何单纯的不具道德意义之事,做任何事都需要出于人的本然性德并使之符合道德目的。这也正是"五事"须用"敬"之意:"唯敬而后能知性,唯敬而后能尽性,唯敬而后能践形。"④马一浮认为,《论语》中"颜渊问仁"章与《洪范》五事之旨无殊,因为"颜渊问仁"中强调了作为本体之仁正是性德之全,然性不可见,见之于仁;仁不可见,见之于礼。而礼正是日用不离、诉诸视听言动之显者,与事相通,所以马一浮认为,《洪范》明五事五德与《论语》之言礼言仁可对勘互见,均"只是教人识取自性,合下用力而已"⑤。

马一浮释第三畴"农用八政"为"尽人之性"。马一浮认为:"尽己之性,所以正己;尽人之性,乃以正人。故五事之后,次以八政。五事者,八政之本;八政者,五事之施也。"⑥政者,正也,正人即尽人之性,政治的目的不是满足一己私欲,怙势贪利,更不是据国窃号,厉民以求其所大欲者,而是"视为伦常日用所当行之事,义在正己以正人,非有一毫权位之意存乎其间"⑦。尤可注意的是,马一浮要求"尽人之性"并非停留于泛泛之论,而是

① 马一浮:《复性书院讲录》,《马一浮全集》第一册,第282页。
② 马一浮:《复性书院讲录》,《马一浮全集》第一册,第283页。
③ 马一浮:《复性书院讲录》,《马一浮全集》第一册,第284页。
④ 马一浮:《复性书院讲录》,《马一浮全集》第一册,第284页。
⑤ 马一浮:《复性书院讲录》,《马一浮全集》第一册,第286页。
⑥ 马一浮:《复性书院讲录》,《马一浮全集》第一册,第288页。
⑦ 马一浮:《复性书院讲录》,《马一浮全集》第一册,第289页。

要落实于"八政"的具体内容中。马一浮认为,《洪范》八政即《虞书》之三事"正德、利用、厚生"。"厚生"者,厚其生之德;"利用"者,利其德之用。二事亦摄于正德。八政皆正人之事,即正德之事。所以"八者皆'利用、厚生'之事,亦皆'正德'之事。是知《洪范》之所谓政者,正德而已矣"①。

"利用""厚生""正德"之事,具体而言,就是教、养二事。马一浮说:"按八政三事,约而言之,只是教养二端。"②八政中食、货二者,正是养民之事,可见民以食为天,为政首先在"养民",即保障民众的基本生存权利,不断提高人民的福祉。中国远古及三代政治中素有"养民""保民"的传统,《虞书》曰:"德惟善政,政在养民。"③周初统治者强调的"欲至于万年,惟王子子孙孙永保民"④的"敬天保民"思想,都成为后世民本思想的滥觞。当然,养不唯在食货,还有在生存基础上的教育文化、艺术礼乐等制度文为,此是文养,亦即教也。荀子曰:"礼者,养也。"⑤此教实寓于养之中,"故教亦养也,养亦教也,教养合一,然后人性可尽也"⑥。在马一浮看来,中国古代政治中这种"政在养民"的观念是一种优秀的政治传统,可惜其却断送于秦:"盖虞唐三代之法,卒坏于秦。自兹以后,所以养民教民之道皆失之矣。"⑦马一浮认为,秦以后的专制王朝不仅背弃了"政在养民"的德性政治原则,使之成为一种丛林政治、夷狄之道,而且"竭天下之资财以奉其政,犹未足以澹其欲也",以致海内愁怨、民不聊生、王道尽失。总之,政治权力如果脱离了养民、保民的道德义务,就会蜕变为追逐私利、践踏人性的野兽,因而必须使政治权利归于道德的约束之下,才可实现王政。"观于《洪范》八政,

---

① 马一浮:《复性书院讲录》,《马一浮全集》第一册,第 290 页。

② 马一浮:《复性书院讲录》,《马一浮全集》第一册,第 290 页。

③ 《尚书·虞书》。

④ 《尚书·梓材》。

⑤ 《荀子·礼论》。

⑥ 马一浮:《复性书院讲录》,《马一浮全集》第一册,第 290 页。

⑦ 马一浮:《复性书院讲录》,《马一浮全集》第一册,第 291 页。

不出教养二端,制之者礼,行之者仁,而后知王政之根原实为尽性之事。"①

马一浮释第四畴"协用五纪"为"尽天地之性",因为"修人事即所以奉天时,尽其性以尽人物之性,即所以尽天地之性,故八政之后次以五纪也"②。五纪一曰岁,二曰月,三曰日,四曰星辰,五曰历数,涉及天文、历法、气候、季节等时空问题。中国传统社会以农业为主,农业生产、生活方式往往依天时而行、与自然相协,懂得天文、历法、气候、季节等方面的问题至为重要。五纪曰"协用",是表示人要"顺天之序"的意思。也就是说,人类"协用五纪"就是要"律天时",而"律天时者,法其自然之运","协于天地之性"③也。人事本于自然,人只有在认识自然规律的基础上去顺应和应用自然规律,才可创造属于自己的生活,这就如子产所说的:"则天之明,因地之性,生其六气、五行、五味、五色、五声。"④唯其如此,才能称尽天地之性,而尽天地之性,正体现尽人物之性,这正是天人合一的实现,也是《洪范》九畴要义所在。马一浮说:"知天地人物一性无差,而后可以明《洪范》之义也。"⑤

第五畴是"建用皇极",马一浮释之为"尽性之极则"⑥。"建用皇极"犹言建立、确认最高权威和法则:"皇以表人,极以表法",通过对君王建立最高权威的途径来确立至德的法则,也就是说,君王之所以拥有最高权威,并不是由于其据有至高的地位和权力,而是出于其至高的德性,即至德。《中庸》曰:"苟非至德,至道不凝焉",《易·鼎》之象曰:"君子以正位凝命。"因此,所谓"皇极"既表君王之位,更表性德之至,马一浮说:"人与理一,故称皇极。……今以《洪范》为箕子所陈舜、禹授受之道,故宜称皇极也。"⑦换

---

① 马一浮:《复性书院讲录》,《马一浮全集》第一册,第291页。
② 马一浮:《复性书院讲录》,《马一浮全集》第一册,第293页。
③ 马一浮:《复性书院讲录》,《马一浮全集》第一册,第293页。
④ 《左传》。
⑤ 马一浮:《复性书院讲录》,《马一浮全集》第一册,第293页。
⑥ 马一浮:《复性书院讲录》,《马一浮全集》第一册,第300页。
⑦ 马一浮:《复性书院讲录》,《马一浮全集》第一册,第302页。

言之，"皇者，即是尽性之人。极者，即是所尽之性。人法合举，故曰皇极"①。在马一浮看来，最高政治权力的来源及其合法性根据既不是来自神授，也不是来自世袭，而是来自其自性所修至德，所以"君德即天德也"②。也就是说，君王的至德是"实从性德中自然流出"的天德，是本性自具、不具私心、不守成见、公平正直、无偏无陂、无好无恶、不党不侧的典范。"圣人非无好恶也，但好仁恶不仁，好善恶恶，因物付物，纯然天理，而无一毫私意杂乎其间。"③正因为皇极是公正无私、不党不偏、廓然大公的，所以能成为而且必须成为政治的最高法则，可以为天下法，也才可以王天下。所以王道政治也可以说就是"以教化政"的德性政治，而其所教化者即"以三无私为德化之本"④。马一浮说："王者奉承此德，同于天地，乃臻化理。……即秉无私之德，斯不言而自化、无为而自成。"⑤

应该说，马一浮所着力强调的以这种高度道德化的内涵来规范最高权力的政治观，是符合《洪范》所体现的"箕子所陈舜、禹授受之道"，即具有原始民主制色彩的部落式贤能政治形态的特征的，也与周初德治政治思潮相一致，可以说是深得《洪范》之旨。同时，马一浮所持的德性政治观，也与那些为了迎合秦汉以后君主专制集权的权威，把"惟皇作极"及"惟辟作福、惟辟作威、惟辟玉食"等词句理解为只有君主才是一切天然至高的标准和权威、唯君主才可以作威作福的庸陋之见不同，而是以自己的完全道德化的诠释极大地消解了对君权及专制集权的盲从，而突出了基于自具的性德和日用伦常性的道德原则对于政治权力所起的钳制作用。他说：

①　马一浮：《复性书院讲录》，《马一浮全集》第一册，第 304 页。

②　马一浮：《复性书院讲录》，《马一浮全集》第一册，第 301 页。

③　马一浮：《复性书院讲录》，《马一浮全集》第一册，第 303 页。

④　《礼记·孔子闲居》。

⑤　马一浮：《复性书院讲录》，《马一浮全集》第一册，第 243~244 页。

贵德不贵力，乃《书》教要义。①

今人乃谓权力高于一切，古则以为理高于一切，德高于一切。其称天以临之者，皆是尊德性之辞。②

故曰"惟辟作福，惟辟作威，惟辟玉食"也，是必奉法惟谨，岂曰威福自恣，竭天下以奉一人哉？③

就倡导王道政治、反对霸道政治，力图让政治权力的运作置于道德人心的正义框架下予以监督、制约的设想而言，马一浮的德性政治观无疑是可取的，也是继承了原始儒学的真传统。然而，就像原始儒学一样，马一浮也寄希望于仅仅靠道德自觉的力量就能有效地引导和规范政治权力、遏制政治权力的自利自肥，甚至为恶妄为的冲动显然也是难以真正成功的。古希腊哲学家亚里士多德说，人在最完美的时候是动物中的佼佼者，但是当他与法律，正义和道德隔绝以后，便是动物中最坏的东西，他在动物中就是最不神圣的、最野蛮的。④的确，只有法律、正义和道德结合在一起，才能共同构筑起一个社会的公序良俗，三者缺一不可，任何单方面的力量都不足以构筑成一个良好社会的基本秩序。马一浮对良好的政治、社会秩序的构建只突出了其道德性维度，而缺乏系统性法律制度和普遍性的正义原则的维度，使他终究难以走出传统儒学的固有局限。

最后，由迹显本、以微证显。

按《洪范》九畴之序，皇极寄位于五，是中数，正借以表示其中正之意。这样在九畴的逻辑体系中，皇极居中，前四畴与后四畴构成其展开的两翼。马一浮认为，对于这样一种逻辑结构关系，可以从两个层面上予以考

---

① 马一浮：《复性书院讲录》，《马一浮全集》第一册，第 274 页。

② 马一浮：《复性书院讲录》，《马一浮全集》第一册，第 274 页。

③ 马一浮：《复性书院讲录》，《马一浮全集》第一册，第 334 页。

④ ［古希腊］亚里士多德：《政治学》，吴寿彭译，北京：商务印书馆，2017 年，第 9 页。译文参考别的文本有所修改。

察:一是由本迹关系上看,可以说"皇极是其本,八者皆是其迹"①。皇极代表大中至正的最高法则,因它既是人的至德,更是宇宙的天理,人与理一、人法合举,故足以为一切存在的最高法则。故此,马一浮曾序九畴次第说:"此理见于气之流行者莫备于五行,故五行居一。其发于人心之用者莫切于五事,故次以五事。施于民物之大者莫要于八政,故次以八政。贯于岁时之序者莫正于五纪,故次以五纪,然后皇极建焉。取人之善者莫重于三德,故次以三德。尽物之情者莫良于稽疑,故次以稽疑。验于吉凶之感者莫速于庶徵,故次以庶徵。达于刑德之本者莫著于福、极,故次以福极终焉。"②所以"以本迹相望说,八门望皇极,则皇极是本,八者是迹。……故曰'为政以德'即是从本垂迹,由迹显本。离本无以为迹,离迹无以为政"③。从这个意义上说,正像马一浮一再强调的,六艺总为德教,《书》教所道政事,皆原本于德,皆须返求于道德这一总根本上去予以认识并以之作为一切人事行动所依据和推展的最高法则。

二是从显微关系上看,以皇极为中心,前四畴与后四畴,亦有精粗微显之别。马一浮说:"人之生也,莫不秉五行之气,具五事之用,措于民为八政,协于天为五纪,建用之道,行乎其中,此其显者也。若夫三德望八政,则其相益深细,稽疑、庶徵、福极望五行、五事、五纪亦准此。虽同为建用,同在迹门,此是其微者也。"④尽管前四畴和后四畴都是顺自然之理、尽万物之性的体现,但在它们的表现上还是有所区别的:前四者重于客观化的行动及作用,也即所谓"事业"。德之及人者为业,"就其具于自行者则谓之德,就其发于自行而措之天下、加之庶民者则谓之业"⑤。自性之德隐而不

---

① 马一浮:《复性书院讲录》,《马一浮全集》第一册,第306页。
② 马一浮:《复性书院讲录》,《马一浮全集》第一册,第272页。
③ 马一浮:《复性书院讲录》,《马一浮全集》第一册,第310页。
④ 马一浮:《复性书院讲录》,《马一浮全集》第一册,第306页。
⑤ 马一浮:《复性书院讲录》,《马一浮全集》第一册,第284页。

显，必待其发显于外成为事业而可尽性至命，“事事无碍之谓圣”[①]，“叙九功，行九德”[②]，“王及卿士、师尹、庶民，各率其职而尽其性”，则可修五事理八政，“此《洪范》所以重建极，而五事尤为建极之大本也”[③]，如此而论，皆为建用之显者。而后四者则重于内在性的精微不彰，隐而不显。第六畴“乂用三德”，马一浮释为“尽人之性也”[④]。“乂”本训芟草，引申为治乂。马一浮认为：“治人之道无他，去其气质之偏，使复其性德之正而已，是乃尽人之性也。……‘乂用’云者，正是潜行密用，化其气之驳者，使返乎理之纯也。”[⑤]变化气质，起于隐微，成于自性，难于一时彰显。同样，“疑因情蔽”“徵则悠远”[⑥]，具为隐微之域，求之于消息盈虚、感应推验，所谓“明用稽疑”“念用庶徵”，实俱是微者。然而，它们虽微而不显，却可尽性而得，马一浮说：“验之于天而难知，不若验之于己而易得。见灾异而始戒惧，何如慎之于几先？……圣人于此示休咎之所由致，使人知尽己之性即所以尽天地之性。此诚谛言也。”[⑦]天人之理由体显用、见微知著、以微证显、显微无间，因“《洪范》要旨在明天地人物本是一性，换言之，即是共此一理，共此一气也”[⑧]。天地人物诚然不可能无任何差别，但其差别，非是截然两个，而是一则有二，二即合一之两面也。所以离体无以成用，即用而不离体，由体用一源可进一步证明显微无间。总之，在马一浮看来，尽管古代社会中人类由于知识不充分、理性不发达，人的行为还会面临诸多困难和失误，许多决策及行动还不得不求助于卜筮，受到天时、气候等因素的制约，但是马一浮强调，人的主体性作用特别是作为道德主体的公正无私、坦荡正直、不

① 马一浮：《复性书院讲录》，《马一浮全集》第一册，第284页。
② 马一浮：《复性书院讲录》，《马一浮全集》第一册，第272页。
③ 马一浮：《复性书院讲录》，《马一浮全集》第一册，第297页。
④ 马一浮：《复性书院讲录》，《马一浮全集》第一册，第296~297页。
⑤ 马一浮：《复性书院讲录》，《马一浮全集》第一册，第306~307页。
⑥ 马一浮：《复性书院讲录》，《马一浮全集》第一册，第312~321页。
⑦ 马一浮：《复性书院讲录》，《马一浮全集》第一册，第325页。
⑧ 马一浮：《复性书院讲录》，《马一浮全集》第一册，第325页。

偏不党的天德,实为构建理想的政治秩序和社会秩序的根本大法,是一切存在的最高法则。因此,它可以贯于五行之气、具于五事之用、措于民之八政、协于天之五纪、化于三德之性、明于稽疑之究、察于庶徵之验、顺于福极之变。这样,德性政治原则一一化为德性政治的现实存在,一个理想的高度道德化社会及其政治秩序由此得以确立,从人民到君臣的生活不仅都为道德原则所支配,也由此道德的生活而转化为幸福的生活。

四、《易》教大义

《易》教是马一浮六艺论儒学经典诠释中最重要的内容之一,马一浮认为:"《易》为六艺之原,亦为六艺之归。"①《易》之所以能成为既是"六艺"的起源又是"六艺"的归宿的贯通之典,就在于《易》所揭示的是宇宙间一切存在的根本道理,它能贯通包括人在内的天地万物一切存在,自然也能贯通"六艺"。《易传·系辞传》曰:"夫《易》何为者也? 夫《易》,开物成务,冒天下之道,如斯而已者也。"②冒者,覆也,如天之无不覆帱,即摄无不尽之意,《易》"冒天下之道",即易道是涵盖、贯通天地万物一切存在的根本之道,当然也是能贯通"六艺"始终之道。所以马一浮诠释《易》教大义的一大突出特点,就是它典型地体现了马一浮始终坚持在"六艺之学"的视域中来看待包括《易》在内的"六艺"中的各个经典的具体诠释及意义阐发问题。

马一浮对《易》的解读、诠释的文本主要是在《复性书院讲录》中的《观象卮言》及《论语大义》的《易教上、下》中。马一浮通过对《易》教的基本宗旨、核心概念、思维方式、价值取向等问题的考察,提炼、阐发了其独特的易学理论,并成为其六艺之教的"最后之教"③。

---

① 马一浮:《复性书院讲录》,《马一浮全集》第一册,第342页。

② 《易传·系辞上》。

③ 马一浮:《复性书院讲录》,《马一浮全集》第一册,第160页。

总概来看，马一浮对《易》的解读、诠释及阐发主要有四个主要方面：

（一）易理出于自然

马一浮说"盈天地间莫非经也"。[1]具体到《易》，也可以说"盈天地间莫非易也"。这是承认易理出于自然。人们对易的认识起源于远古时代，并形成了传说中的《连山》《归藏》《周易》三大古易，现传《周易》只是遗留下来的一种古易。从现有易学的文本情况来看，《易》学的主要文本可分三个基本层次：一是以《周易》为主体遗传下来的古易文本，即现在所谓的《易经》；二是据称为孔子所作实应为战国至秦汉时期由孔门弟子及儒生为主所作的《易传》；三是自汉代以来无数注解、阐述上述《易经》《易传》及其象数、义理之学的易学典籍。马一浮认为，就易理的起源而言，它实是宇宙间本来具有的道理，并非圣人撰造出来的。他说："执言语、泥文字者每以典册为经，不知宇宙间本来有这些道理，盈天地间莫非经也。寒暑昼夜，阴晴朝暮，乃至一人之身，语默呼吸，作息行止，何莫非《易》，不必限于六十四卦、三百八十四爻也。"[2]《易》与六经中其他诸经一样皆本于自然，是对自然固有之理的反映，故"昔者圣人之作《易》也，将以顺性命之理，是以立天之道曰阴与阳，立地之道曰柔与刚，立人之道曰仁与义"[3]。马一浮认为，《易》就像其它诸"经"一样，"就义理言，则是常道，所谓'人伦日用之间所当行'者也。如实而言，须知六经非是圣人撰造出来，而是人人自性所具之理，如非固有，圣人岂能取而与之？……拘泥文字、寻行数墨者流何尝知六经之外别有一部没字真经耶？"[4]总之，马一浮已认识到，易的本质就是自然之理。古代神话传说中所谓伏羲画八卦、河洛出图书等不过是对易的起

---

① 马一浮：《语录类编》，《马一浮全集》第一册，第 574 页。
② 马一浮：《语录类编》，《马一浮全集》第一册，第 574 页。
③ 《易传·说卦》。
④ 马一浮：《语录类编》，《马一浮全集》第一册，第 574~575 页。

源的神话解读,不合于历史事实。马一浮说:"《易》在上古只是卜筮之书,卦辞爻辞亦不定何人所作。……文王演易,不能强为之说。"①但其"仰则观象于天,俯则观法于地,观鸟兽之文,与地之宜,近取诸身,远取诸物,于是始作八卦"②的说法,强调了远古圣贤们通过观察天地、取法自然而创立了易道,则对于说明《易》的起源具有正确的象征意义。这正如马一浮说的:"有正确之宇宙观,乃有正确之人生观,知宇宙自然之法则,乃知人事当然之法则也。"③马一浮对《易》的起源及本质的认识,认为"经"非圣人自造,"盈天地间莫非经也",以自然的"无字真经"来消除各种神创、神授真经论,显然是具有自然主义的理性精神的。

(二)以义理为主

正是基于上述这种对《易》的自然本质的认识,马一浮对《易》学、《易》教的诠释、阐发也是沿着全面理性化的方向推进的。这首先表现在,相比于《易经》,马一浮更重视《易传》,因为《易传》通过阐发《周易》中的象、辞中所包含的道理,超越了《周易》单纯作为"卜筮之书"的局限。马一浮说:"《易》在上古只是卜筮之书,卦辞爻辞亦不定为何人所作。如必以属之文王周公,孔子何不明言之,而为是疑辞焉?……孔子以前,《易》只掌于太卜,未以为教也,故《易》教实自有十翼而后大。文王演易,不能强为之说,恐亦是观象玩辞而已。"④所以马一浮得出结论说:"不有《十翼》,《易》其终为卜筮之书乎?"⑤马一浮肯定《易传》为孔子晚年所作,认为"其辞甚约而其旨甚明",并使《易》完成了理性化的改造,由"卜筮之书"提升、转化为儒家六艺之学的义理之书、教化经典。而这些在马一浮看来,一方面使《易》

---

① 马一浮:《复性书院讲录》,《马一浮全集》第一册,第374页。
② 《易传·系辞下》。
③ 马一浮:《语录类编》,《马一浮全集》第一册,第573页。
④ 马一浮:《复性书院讲录》,《马一浮全集》第一册,第374页。
⑤ 马一浮:《复性书院讲录》,《马一浮全集》第一册,第341页。

真正成为六艺论儒学的经典体系中的最重要经典之一，正如马一浮说的："天下之道统于六艺而已，六艺之教终于《易》而已。学《易》之要观象而已，观象之要求之十翼而已。"①又说："欲粗明观象之法，直抉根原，刊落枝叶，必以十翼为本。"②另一方面，它更使《易》空前地具有了丰富、深刻的义理内涵，尤其凸显了其中所着重阐发的关于天道性命、道德教化的思想。这也就是《说卦传》所称"昔者圣人之作《易》也，将以顺性命之理"。马一浮指出："顺理即率性之谓也，立道即至命之谓也，故又曰'穷理尽性以至于命'，此《易》之所为作也。知圣人作《易》之旨如此，然后乃可以言学《易》之道。"③马一浮不同于许多易学家而更重视《易传》这一点表明他完全继承了孔子对《易》的理性化、道德化的诠释取向。其次，马一浮与孔子一样，同样是以"明数而达乎德"④为学易的根本目的。《周易》本为卜筮之书，而原始儒家的渊源也在很大程度上来自神权政治时代原始巫术、卜祝这类神秘文化，因而他们与《周易》所代表的卜筮文化本具有很大的亲缘性。然而到了孔子那里，他已自觉地要与能够沟通鬼神、祈福禳灾、卜测吉凶的原始儒术划清界限："吾与史巫同涂而殊归者也。"⑤之所以是"同涂而殊归"，就是因为巫是"赞而不达于数"、史是"数而不达于德"，而孔子要从"祝""数"进一步"求其德"："吾求其德而已"、"我后其祝卜矣，我观其德义耳也"。⑥

从这一"求其德"的基本目的出发，孔子明确强调了《易》的真正价值就在于其所揭示的天道性命、道德教化的意义。不过，《易》不同于其他经典的独特之处正在于这种高度抽象化、理性化的《易》理、《易》教恰恰又是通过象、数、辞这些十分具象化的方式呈现出来的，而这就离不开观象玩

---

① 马一浮：《复性书院讲录》，《马一浮全集》第一册，第 341 页。

② 马一浮：《复性书院讲录》，《马一浮全集》第一册，第 342 页。

③ 马一浮：《复性书院讲录》，《马一浮全集》第一册，第 344 页。

④ 裘锡圭主编：《长沙马王堆汉墓简帛集成》第三册，北京：中华书局，2014 年，第 118 页。

⑤ 《马王堆汉墓简帛书·要》。

⑥ 廖名春：《帛书释要》，《中国文化》第十辑，香港：中华书局，1994 年。

易的功夫,即可谓"居则观其象而玩其辞"、"动则观其变而玩其占"。①马一浮对这种"赞以德而占以义"②的观象玩易功夫,曾引《礼记·经解》中的"洁静精微而不贼,则深于《易》者也"③来描述。他说:

> 洁者,无垢义。杂染尽,不受诸惑,斯名洁。静者,不迁义。散乱心息,无诸攀缘杂虑,常住正念,斯名静。精者,真实义。观一切法一相,是谓精。微者,深密义。见诸相非相,是谓微。如此方能深入《易》教。然有纤毫人见、法见即名为贼,此见若不剿绝,为人即祸生矣。是故曰"惧以终始,其要无咎"也。④

马一浮认为,以洁静的心智观想易象而获得精微的解悟、以毫无人见的至诚正念揣摩卦爻而领会变化应对之道,最终都是通过观玩易象得以明理。因此,象数固然重要,《易》的卜筮功能也不可抹杀,但它们终究是为人的明理服务的,《易》道的根本价值就在于它透过象数而揭示了其中的深刻义理,所以马一浮一再地强调"治《易》当以义理为主",他说:

> 今谓治《易》当以义理为主,至汉宋象数亦不可不知。实则求之《启蒙》,约而已足,无取穿凿附益,流为术数方伎,而使《易》道反小。⑤

马一浮在《复性书院讲录》中曾开列过一份颇见其学术功力的《通治群经必读诸书举要》的书目,从这份书目开列的学《易》书单中,重汉象数

---

① 《易传·系辞上》。

② 帛书《周易·衷》,廖名春:《马王堆帛书周易经传译文》,《续修四库全书》经部第一册,上海:上海古籍出版社,1995年,第34页。

③ 《礼记·经解》。

④ 马一浮:《复性书院讲录》,《马一浮全集》第一册,第392~393页。

⑤ 马一浮:《复性书院讲录》,《马一浮全集》第一册,第117页。

的惠栋,讲宋象数的邵伯温、张行成、祝泌,及重玩辞的伊川、重玩占的朱子等的易学著作均有入选,说明马一浮的易学并不独尊一家,而能兼顾汉宋、理气象数诸派,他的基本态度应是知象数而重义理,认为《易》教至宋而始大明:"汉魏诸儒说《易》者,如京、孟、虞、荀之象数,失之偏驳;王辅嗣之义理,流于虚玄。故《易》教至宋而始大明,一为周程之义理,一为邵氏之数学,皆探颐索隐,钩深致远,豁然贯通,非汉魏诸儒所及。"①所以他反对清代学者"张皇汉学,务相攻难,于是象数又分汉、宋两派",主张"读《易》当主伊川",②这些都是足以表明马一浮的易学是要知象数而不重象数,他所重唯在义理,所以他说:"数在象后,理在象先。离理无以为象,离象无以为数。"③

(三)观象以尽意

事实上,在马一浮看来,无论是象数、占卜,均是为了"探颐索隐、钩深致远",深入了解其本身的易理,而不是执着于这些现象。他曾特举蓍龟为例予以说明。《易传》云:"定天下之凶吉,成天下之亹亹者,莫大乎蓍龟。"④一般人易误认为这里讲的只是蓍龟之事,与人事无关。其实不然。马一浮指出:"今俗久不用蓍龟,不成《易》,遂于人无用。故象山谓蓍龟只在人的身内,真善学《易》者。若学《易》只顾说蓍龟,又济得甚事?蓍龟在圣人用之则大,今人用之则小。"⑤因义理须由象来呈现,所以学《易》固不可不观象,但观象只是为了尽意:"《易》者,象也。象也者,像也。卦固象也,言亦象也,故曰'圣人立象以尽意'……然则观象者,亦在尽其意而已,何事于'忘'?"⑥

---

① 马一浮:《濠上杂著·太极图说赘言》,《马一浮全集》第四册,第 3 页。
② 马一浮:《复性书院讲录》,《马一浮全集》第一册,第 117 页。
③ 马一浮:《复性书院讲录》,《马一浮全集》第一册,第 343 页。
④ 《易传·系辞传》。
⑤ 马一浮:《复性书院讲录》,《马一浮全集》第一册,第 367 页。
⑥ 马一浮:《复性书院讲录》,《马一浮全集》第一册,第 342 页。

马一浮当然知道理解《易》学的关键恰恰是在"观象",因为盈天地之间者莫非易也,而易即是象,观易即观象。但马一浮的观象之学不同于汉人的象数《易》学,拘执于象数本身,而是"吾讲观象,刊落枝叶,直抉根源"①,也就是要透过外在的象数直抵天地性命的本源,揭示其根本的意义世界所在,即以通达义理为主。但是马一浮固然不重象而重理,但实则只是要人不去过于执着于象,以致"穿凿附益,流为术数方技",因而他也不是要人如王弼一样去"忘象"。他曾批评说:"王辅嗣始创忘象之论,其后言象者寖流于方伎。"②马一浮对象、意之间关系的看法显然不同于前人而有自己的独特性。他认为:"象是能诠,意是所诠"③,《易》者象也,象者像也。象作为盈天地之间万事万物的存在世界,需要通过人的认知、诠释而呈现出其周流、变化、生灭、消长等生动真实的意义世界,从而彰显为人所应遵循的原理和方法,所以"观象"也可以说就是发现象的显现流行之作用,"尽意"就是以言辞等方式合理地呈现这种所发现的象的显现流行之作用,象不能不由意得以诠,意不能不据象而得诠:"能尽其意者,非由象乎?明吉凶者,非由辞乎?……寻言以观象而象可得也,寻象以观意而意可尽也。"④马一浮的这种独特的象意观,可称为他自谓的"观象尽意"论。

马一浮的这种独特的象意观,在他的一段话中有典型的表现,他说:

今以五事配八卦,明用《易》之道,当知思用《乾》、《坤》,视听用《坎》、《离》,言用《艮》、《兑》,行用《震》、《巽》。何以言之?"顺性命之理"者,必原于思。思通乎道,则天地定位之象也,亦乾君坤藏之象也。视极其明,听极其聪,声入而心通,物来而自照,此水火相逮之象也。

① 马一浮:《复性书院讲录》,《马一浮全集》第一册,第342页。
② 马一浮:《复性书院讲录》,《马一浮全集》第一册,第341页。
③ 马一浮:《复性书院讲录》,《马一浮全集》第一册,第343页。
④ 马一浮:《复性书院讲录》,《马一浮全集》第一册,第342页。

"或默或语"，《艮》、《兑》之象也。"或出或处"，《震》、《巽》之象也。"言出乎身，加乎民"，山泽通气之象也。"行发乎迩，见乎远"，雷风相薄之象也。①

这一段确是马一浮自己的独特之见，所以他自己也说："此先儒所未言，然求之卦象，实有合者，故称理而谈，俟之悬解耳。"②当然，观象以尽意只是一种方法、途径，其真正目的实还须由"意"进一步求其中的"理"，即《易传》所谓"性命之理"："昔者圣人之作《易》也，将以顺性命之理。"③因此，马一浮说："夫学《易》者，匪曰吾于《易》之书能言其义而已，将求有以得乎《易》之道也。已明观象必首乾坤，于乾坤而得其易简，斯可以成盛德大业，是知顺性命之理而人道乃可得而立也。"④马一浮这种兼顾了象数和义理的做法确不同于一般偏重义理的先儒，可称之为是由象至理、即象明理的独特《易》学路径。它实际上已兼收并蓄了易学的各家各派而又有所超越，正如龚鹏程评价的："（马先生）其说实兼象数与义理两端，而又不仅在两端，在易学传统中乃是较特别的。"⑤

(四)易道简易

《易》学中素有"易有三义"的说法，认为易之义，一为简易，二为变易，三为不易。但马一浮对此易之三义的理解却有所不同，其主要的差别就是对易之三义的顺序排列上。马一浮认为："易有三义：一变易，二不易，三简易。"⑥实际上，我们不能小看了这种排序上的不同，因为也正是由这种不

---

① 马一浮：《复性书院讲录》，《马一浮全集》第一册，第357~358 页。

② 马一浮：《复性书院讲录》，《马一浮全集》第一册，第357 页。

③ 《易传·说卦》。

④ 马一浮：《复性书院讲录》，《马一浮全集》第一册，第356 页。

⑤ 龚鹏程：《马一浮易学管窥》，载《海纳江河，树我邦国——马一浮先生诞辰 130 周年纪念大会暨国学研讨会论文集》，第40 页。

⑥ 马一浮：《泰和宜山会语》，《马一浮全集》第一册，第31 页。

同,才最终显示了马一浮论《易》的真正宗旨所在。马一浮说:"《易》之为教,在随时变易以从道。"①《易》教的精神追求就是要在纷繁万象、变动不居的现象世界中找到永恒不变的普遍规律和根本价值,这就是《易》之道。然而这个易道作为存在上的总根源、境界上的至极,必定是化繁为简、回归自然、不事安排的,这就是说易道实应为简易之道。马一浮这一看法与大多数人理解"易"之三义"简易一也,变易二也,不易三也"②时都以易道终归于"不易"为易教的最高宗旨确实很不同,他要求在"不易"中还要进一步看到其"简易之理",使"不易"之本终归于"简易之道",并以其为最高宗旨。马一浮说:

> 《易》为六艺之原,《十翼》是孔子所作,一切义理所从出,亦为一切义理之所宗归。今说义理名相,先求诸《易》。易有三义:一变易,二不易,三简易。学者当知气是变易,理是不易。全气是理,全理是气,即是简易。只明变易,易堕断见;只明不易,易堕常见。须知变易元是不易,不易即在变易,双离断常二见,名为正见,此即简易也。'易简而天下之理得矣,天下之理得而成位乎其中矣。'③

"三易"是人们理解《易》理及其反映的世界的三个层次,更体现了相应的三重视角和三种境界。宇宙间天地万物纷繁万象、变动不居,古人作《易》,以乾坤为肇始,由乾坤而八卦、由八卦而六十四卦,如此推演可至于无穷。所以"明观象必首《乾》《坤》"。④由乾、坤之简可化约天下之繁,阴阳、男女、夫妇、上下、高低、贵贱、成败、吉凶、得失等无所不包,可谓乾坤变

---

① 马一浮:《复性书院讲录》,《马一浮全集》第一册,第351页。
② 刘义庆:《世说新语·文学》,刘孝标引郑玄《序易》之说。
③ 马一浮:《泰和宜山会语》,《马一浮全集》第一册,第31页。
④ 马一浮:《复性书院讲录》,《马一浮全集》第一册,第356页。

化、演化无穷,此可由简推繁也。不过,由于古人推演天象的目的是在纷繁万象、变动不居的世界中认识到变易不易的道理,因而仍需化繁为简,此即为"于变易中见不易"①的简易之道。从繁多中把握其简单的核心性原则,实现由繁归简,便于作为人事的效法准则,最终实现天道与人道的合一。马一浮说:"天地之道变易而成化,人道亦须变易而成能。变易之象易见,不易之理难见,见此则简易之用得矣"②,又说:"已明观象必首乾坤,于乾坤而得其易简,斯可以成盛德大业,是知顺性命之理而人道乃可得立也。"③在马一浮看来,若只认识到了变易及其不易,都还只是停留在"断见"和"常见"这两个层次上,还须进一步找到宇宙变化、天道循环的根本性原则——"变易元是不易,不易即在变易"的变易不易相统一之理,而施之于指导对宇宙万物、人间万事的认识和行动之用,这就是"简易之道",正如马一浮说:"圣人观于此变易之象,而知其为不易之理,又有以得其简易之用。"④简易之道实际上也就是回归于乾坤之道,此即二而一,一而二之理。马一浮说:"盖取诸乾坤,易简之道也"⑤,又引《系辞》曰:"乾坤毁,则无以见易。"

马一浮于"三易"之义中,独重"简易",认为"同异一相,易简之至也"⑥,所谓易简,实是自然之意,即不假安排,不用私心自作,只循天理之自然。正如道家言,天道自然,故天道易简。回归易简,即回归天道。易简是不易与变易的统一,只有真正懂得了易简之道,才能算真正理解了什么是变易和不易,也才谈得上懂得"人道可立"的道理。为此,马一浮还进一步借禅语申论说:

① 马一浮:《复性书院讲录》,《马一浮全集》第一册,第379页。
② 马一浮:《复性书院讲录》,《马一浮全集》第一册,第349页。
③ 马一浮:《复性书院讲录》,《马一浮全集》第一册,第356页。
④ 马一浮:《复性书院讲录》,《马一浮全集》第一册,第346页。
⑤ 马一浮:《复性书院讲录》,《马一浮全集》第一册,第352页。
⑥ 马一浮:《复性书院讲录》,《马一浮全集》第一册,第368页。

"不舍一法,不立一法,随处作主,遇缘即宗"四句是禅语,却合易简之旨,故借以明之。"不舍"、"不立"只是循天理之自然,不以私意安排。"随处作主,遇缘即宗",只是一切处、一切时皆能顺理以为气之主,自己作得主在,便不为气之所拘,不为物之所转,到此方有自由分,方觑得易简。……不得易简之旨,亦不解如何是变易,如何从道?①

马一浮的上述易简思想,已不同于一般易学家的三易观,表明其易理思想已达到了相当高的理论境界。对此,马一浮自己也承认它是自己的"楷定之义",为先儒未曾如此说过的自己的独特创新。②滕复对此作了高度的评价,指出:"马一浮的关于儒家易简的思想可以说是他阐解的儒家思想的精髓,因此,他的简易的思想(或者说他所阐述的儒家易简的思想),不仅同熊十力的'以《易》为体'的哲学一样,体现为新时期儒学的发展必然采用的思想和方法,而且,这一思想也是对儒学的思想本质特征的更进一步的揭示和说明。"③的确,正如《易传》所云:"易简而天下之理得矣。"④可见易简之道本为《周易》的基本精神之一,也是儒家固有的一种重要追求。但马一浮把它明确地改造、提升为儒家易学的最根本的精神,则确实是马一浮不同于先儒的创新,它不仅如滕复所言表现了马一浮对儒学思想的本质特征的更进一步的揭示,而且也反映了马一浮思想中对道家推重自然思想的深入融摄。甚至可以进一步说,由于马一浮把简易凸显为儒家易学思想的一个最主要特征,原始儒学在其思想内容、理论方法和价值目标上就确与道家精神存在着相当多的契合性,儒、道两家的融合互补显然在它们的源头处——《易》学传统中就已存在不疑。从中也可见马

① 马一浮:《复性书院讲录》,《马一浮全集》第一册,第368页。
② 马一浮:《泰和宜山会语》,《马一浮全集》第一册,第30页。
③ 滕复:《马一浮思想研究》,第232页。
④ 《易传·系辞上》。

一浮关于简易之道的思想,对于重新理解思想文化乃至科学技术的发展、创新问题也是富有启发的。一切思想文化的创新、发展并不是如一般人所理解的是做加法的,而恰恰是做减法的,即大都表现为摆脱原有思想文化乃至科学技术的烦琐和僵化的束缚,删繁就简,以更简单、自然、灵活的方式应对和重建新的思想文化乃至科学技术系统,实现更具有生命力的思想文化乃至科学技术的生长发展。如各种劳动生产技术的发展使人们的生产生活资料的获取更方便了,各种电子信息技术的创新使知识的生产传播更简便高效了,等等。它们的发展创新恰恰就是一个不断删繁就简的易简化过程。从这个意义上来看,马一浮一再地把《易》教当作儒学的"最后之教"是有道理的,而他强调"《易》为六艺之原……一切义理之所从出,亦为一切义理之所宗归",亦即为"六艺之归"①,其根本原因也就在于以简易为本的易道具有贯通天人,该摄六艺的强大生命力和包容性,成为推动儒学及"六艺之学"不断地自我净化和更新、屡废屡兴、不断重建的核心动力。

也正是由于马一浮认为"天下之道统于六艺而已,六艺之教终于《易》而已"②,而且以《易》为本,《春秋》为迹,不明《易》不能明《春秋》,而讲明了《易》理天道,实已揭示《春秋》人道,郭店楚墓出土的《六德》中也说:"观诸《易》,《春秋》则亦在矣。"③所以马一浮在复性书院讲学时因停课在讲"群经大义"时未再专门讲"《春秋》大义",实际上也应已无大碍,因《易》教作为"最后之教"实已阐明了包括《春秋》所含社会历史中的人道在内的一切存在的根本之道,这正可谓"天人一理、故道器不二"④,如此"知易斯能用《易》矣,尽性斯能至命矣"⑤。易道至简,妙用无穷,天下化成,无寄于言。所

———————————————

① 马一浮:《泰和宜山会语》,《马一浮全集》第一册,第30~31页;马一浮:《复性书院讲录》,《马一浮全集》第一册,第342页。

② 马一浮:《复性书院讲录》,《马一浮全集》第一册,第341页。

③ 《六德》,荆门市博物馆:《郭店楚墓竹简》,北京:文物出版社,1998年,第188页。

④ 马一浮:《复性书院讲录》,《马一浮全集》第一册,第389页。

⑤ 马一浮:《复性书院讲录》,《马一浮全集》第一册,第356页。

以马一浮自己在《复性书院讲录》的《观象卮言》最后也说:"末后之教于此揭尽,可以息言矣。"①正因此,我们后面也就不再具体阐述马一浮的《春秋》大义了。

---

① 马一浮:《复性书院讲录》,《马一浮全集》第一册,第393页。

第三章　六艺论儒学的文化意蕴

　　马一浮的六艺论儒学思想通过对以"六经"为中心的儒学经典体系的重建，不仅对传统儒学的真实面貌、思想脉络、传承谱系及儒学基本精神等根本问题提供了许多全新的理解，而且由此形成了一种自己独特的儒学文化体系，体现了自己独特的文化观、价值观。马一浮以"六艺"为一切学术思想的根源，并用统类之法将其构建为囊括古今中西之学的一套知识与价值统一的文化体系，并使之成为一种中国文化基本的"文化原型"，也是"可以推行于全人类，放之四海而皆准"①的"文化原型"。正因此，马一浮相信以儒学文化为主导的中国文化的基本方向也是整个人类文化发展的根本方向。不管马一浮的这种信念的可行性如何，至少它可以成为马一浮在西方文明的主导性影响下寻求中国文化自身发展而提出的"中国方案"。因此，马一浮六艺论儒学文化体系无疑构成了中国现代新儒学发展的一个重要组成部分，对现代新儒学和现当代中国文化及世界文化的发展与创新都具有一定的启发和借鉴作用。

马一浮与现代新儒学——宋明儒学的传承创新

---

①　马一浮:《泰和宜山会语》,《马一浮全集》第一册,第19页。

第一节　六艺论儒学文化体系的重建

由于马一浮的"六艺论"无论在其基本论题、主要概念、思想旨趣，还是言说方式、理论形态上都以承续传统儒学为主，所以不少学者认为，它没有形成自己的创新性理论，更没有自己独特的思想体系，从内容到形式都缺乏真正的创新，因而"马一浮的哲学基本上是一种解释性的哲学"，其"阐释重于建构"的特点甚至使他也"不属于现代新儒家"。[①]不过，也有一些学者明确肯定了马一浮的学术和思想自有其系统，尤其是"六艺论"集中体现了他的学术思想体系。任继愈说："马一浮的'六艺论'是他对中国文化的整体观，也是他的学术思想体系。"[②]《马一浮全集》主编吴光也认为，马一浮"建立了一个颇具特色的新儒学思想体系，其特色就是'宗本六艺，兼融中西'。或许可以说，马一浮的新儒学，既是'殊途百虑'之学，又是'会众合一'之学"[③]。有些学者还进一步认识到马一浮的儒学思想已建立起了一个新的儒学文化体系。如范兵就认为，马一浮以他的新儒学思想的探索，重建了一个儒学文化体系。[④]这是一个很有见地的观点，即他不仅已经不同于一般人，只把马一浮看作一个恪守传统、奉行"述而不作"的原则而没什么系统性创新的儒家学者，而是看到了马一浮在保持传统的学术方式的同时仍然以自己的思想方式进行理论创新，而且进一步明确了马一浮的这种理论创新已重建了一个儒学文化体系。这也就是如任继愈说

---

① 李淑敏、程恭让：《论马一浮文化保守主义的个性特征》，《哲学动态》2009 年第 5 期；刘乐恒：《马一浮与现代新儒家》，《浙江社会科学》2006 年第 3 期。

② 任继愈：《〈马一浮集〉序》，《马一浮集》第一册，杭州：浙江古籍出版社、浙江教育出版社，1996 年，第 1 页。

③ 于文博、吴光：《六艺该摄一切学术——马一浮说儒》，第 15 页。

④ 范兵：《马一浮与儒学文化体系的重建》，《中国文化》1994 年第 9 期。

的,马一浮的"六艺论"不仅表达了其所理解的儒学思想学术体系,而且表达了一种整体性的儒学文化乃至中国文化观。因此,马一浮的儒学思想的一项重要特质就是它既是一种独特的学术观,也是富有创新意义的文化观。马一浮相信,以儒学文化为主导的中国文化方向也是整个人类文化未来发展的根本方向,因此马一浮实际上是以十分传统的方式进行了一种十分宏大的儒学文化体系的创造性重建,而这也是马一浮思想仍可归属于现代新儒学的重要根据。

不过,由此产生的更重要的问题是,首先,马一浮主要是以什么思想资源、理论系统去重建这一个儒学文化体系的?其次,马一浮这一个重建的儒学文化体系的主要内容是什么?有什么一以贯之的思想主线和完整的理论体系?遗憾的是,学界关于这两方面问题的深入系统的研究和阐述还是颇有欠缺的。下面我们就要围绕这些问题展开相关的探讨。

一、回归元典的文化路径

马一浮所面对的时代,是一个在西方文明强势冲击下,本国社会文化全面溃败的巨变时代。在学术上,这种巨变首先体现为原有传统文化经典体系的瓦解。马一浮指出:"顷经学衰绝,新考据家至以群经但为古代社会史料,犹不得比于史,义理更所恶闻。"①事实上,随着原有传统文化经典体系及其经学的瓦解,建筑其上由其所承载的传统文化体系和文化的意义世界也必然跟着瓦解。职是之故,要想恢复、重建属于现代中国社会自己的文化体系,就必须找到作为基点的新的经典体系。马一浮以六经而非国故来楷定"国学",主张国学即"六艺之学",就是要恢复传统经典特别是作为中国文化元典的"六艺"的根本性地位,让中国文化回到经典世界中去

① 马一浮:《致龚登三》,《马一浮全集》第二册,第743页。

获得重生的根本资源。正如刘梦溪所说:"《诗》、《书》、《礼》、《易》、《乐》、《春秋》'六艺',也就是'六经',是中华学术思想的经典源头,是中国文化的最高形态。""马一浮先生讲国学是'六艺之学',就使国学回到了中国文化的初典,可以看作是对国学定义的最经典的表述。"①实际上,马一浮更进一步把这种作为"六艺之学"的"国学"等同于儒学,从而使孔子所创立的原始儒学也就被明确标示为一种六艺论儒学。他说"孔子删《诗》《书》,定《礼》《乐》,赞《易》,修《春秋》","于是合为六经,亦谓之六艺",因此,"不通六艺,不名为儒"。②又说:"儒者以六艺为宗本。"③在马一浮看来,"六艺"作为三代以来文化的元典,当然是以传承三代文化为己任的儒学的最主要经典,所以儒者不仅要精通"六艺",而且要以"六艺"为宗本。"六艺"不仅是中国文化的根本性源头,而且是中国文化的最高形态:"六艺之教固是中国至高特殊之文化。"④这样,"六艺之学"就不单纯是儒学及整个中国文化的主要载体,更具有在更广阔的知识世界和价值世界里的坐标意义。马一浮的"六艺论"强调,六艺统摄古今中外一切学术,甚至"克实言之,全部人类之心灵,其所表现者不能离乎六艺也;全部人类之生活,其所演变者不能外乎六艺也"⑤,其意谓正在于此。因此,儒学文化乃至整个中国文化、人类文化的重建,都必须返归于这一基点,亦即制高点。所以马一浮强调:"盈天地间皆六艺也。"⑥故此,"圣人以何圣?圣于六艺而已。学者于何学?学于六艺而已"⑦。他又充满自信地声言:"吾敢断言,天地一日不毁,人心一日不灭,则六艺之道炳然常存。世界人类一切文化最后之归宿必归于

---

① 刘梦溪:《马一浮的文化典范意义》,《马一浮全集》第六册(附录),第490页。

② 马一浮:《泰和宜山会语》,《马一浮全集》第一册,第9~11页。

③ 马一浮:《因社 Chinese-Renaissance Society 印书议》,《马一浮全集》第四册,第324页。

④ 马一浮:《泰和宜山会语》,《马一浮全集》第一册,第19页。

⑤ 马一浮:《泰和宜山会语》,《马一浮全集》第一册,第18页。

⑥ 马一浮:《泰和宜山会语》,《马一浮全集》第一册,第45页。

⑦ 马一浮:《泰和宜山会语》,《马一浮全集》第一册,第17页。

六艺。"①

在这里，先放下马一浮把"六艺之学"当作一切文化的最高形态、最后的"制高点"这一点是否充满了过度的民族自信倾向不说，单就儒学文化乃至整个中国文化的重建必须返归于"六经"这一基点而言，这的确是一条基本的文化进化路径。从历史上看，每一次重大的思想文化革新发生之前，人们往往都会回溯到古代的经典体系中去寻求支持的动力源，从而引发出许多类似"托古改制"的革新运动，如欧洲的文艺复兴运动主张"回到古希腊、罗马去"、宋代理学兴起"尊四书"运动等。就像一棵树干被砍毁的大树，只要它的主根系还在，仍可由其主根系的活力而重新焕发生机、长出枝干。任何一个民族的文化元典及一些重要经典都是该民族文化的主根系，因而始终构成了民族文化创生及再生的深厚基点。就此而论，马一浮坚持从"六艺之学"这一基点出发来理解原始儒学，不仅为我们真正认识原始儒学的真实形态——六艺论儒学及其基本精神提供了最重要的基础，而且为理解儒学史提供了另一重要维度，展示了儒学发展演变的新的观察路径。

例如，马一浮依此理念编辑的以宋明儒学著作为主的大型丛书"群经统类"就呈现了一个以"六经"为中心的宋明儒学的思想世界。②这种以六经为中心构建的儒学经典体系改变了宋代以来以《四书》为主导的这一思想路向，其意义不仅在于极大地拓展了宋明儒学研究的文献基础，更新了传统观念里宋明儒学的基本面貌，更体现了马一浮对于孔子首创的六艺论儒学经典体系的回归与坚守。由于在古代中国文化中"六经"本就占据核心地位，"六经"文本及其历代注疏既为人们提供了最主要的价值基础，也通过不断的政治导向及教育、科举等制度形塑了人们的生活方式。即使

---

① 马一浮：《泰和宜山会语》，《马一浮全集》第一册，第20页。

② 详见朱晓鹏：《论马一浮〈群经统类〉视域中的宋明儒学》，《哲学研究》2021年第3期及本书第四章。

对于宋明时代的儒学学者而言，"六经"也同样是他们知识、教育和精神生活的基础背景，《四书》之学——或者说依据《四书》而建立的天道性命之学——只不过是他们基于时代问题对"六经"这些文化元典所作出的新的哲学诠释。正因为如此，马一浮通过以"六经"为中心的《群经统类》所呈现的宋明儒学的思想世界，显然是马一浮六艺论儒学思想在学术史、文化史研究上的一种典型反映。它一方面体现了对宋明儒学研究中已有的以学派为中心的研究范式的反思，即我们需要回到以"六经"为中心的广阔论域中去勾勒宋明儒学历史地展开的原生形态，并由此获得对宋明儒学的全新理解；另一方面，它也是超越《四书》学的框架返回到以"六经"为中心的传统儒学经典体系的整体性形态之中的一次尝试。而这也使它既有助于我们从"六艺"元典这一源头性、基础性的文献上对中国儒学史及整个中国思想史作出重新认识，更有助于我们从研究范式的更新上去进一步传承和创新作为精神资源的儒学及整个中国文化。

二、知识与价值的统一

马一浮不仅用"六艺之学"理解孔子所创立的原始儒学，更以"六经"为核心、以统类为方法重建了一个儒学的开放性的知识体系与多样性文化的价值取向相统一的文化哲学，由此发展出一种属于自己的新的六艺论儒学文化体系。可以说，马一浮的六艺论儒学文化体系是其对现代新儒学发展的最重要贡献，是他在激变动荡时代对中华民族自身文化传统的一种归复，更是对人类文明未来方向的一次重要探索。

中国传统学术的主体部分经常被人们称为"四部之学"，这实际上是用古典目录学中主流的四部分类指称传统学术的知识体系。然而马一浮却楷定国学为"六艺之学"，认为"四部之学"并不能真正代表传统学术。因为在马一浮看来，经史子集的四部之分不免破碎，缺乏条理与系统，它们皆应被统摄于"六艺"之中,只有"六艺"才能呈现传统学术最为原初与完整的面貌。如经部之书,除"六经"之外皆是对"六经"的解释与阐发。子部则是"六艺之学"流散出去的各种不完整的形态。史部之书源于"六经"之中的《春秋》《尚书》《礼》。集部之体要则皆统于《诗》《书》。不仅如此,"六艺"亦可统摄西方一切学术。《易》明天道,以自然界为研究对象的西方自然科学便可视为《易》之流裔。《春秋》明人事,因此研究人类社会及其组织形态的社会科学可统于《春秋》。至于西方的人文科学,如文学、艺术、宗教、哲学等,亦皆为六艺之支流。由此可见,马一浮的"六艺论"并非简单地回到古代传统,而是植根于深厚的历史传统之上对现代知识体系的一次全新概括。

对于这一新知识系统的建构,马一浮并未完全沿用传统历史文献学、目录学的方法,而是采用了其独特的统类之法。马一浮指出:"统是指一理之所该摄而言,类是就事物之种类而言。"[①]更具体地说,"类"是对古今中外的学术进行知识整理、分殊与归类,明确各自的源流与条理,使它们各从其类。"统"则是在类的基础之上对知识体系进行整合,最终归于一理之下。换言之,"六艺"首先代表了六类知识系统。而这里所谓的分类并不仅仅是指图书分类,更是知识内容上的分类。正是在这个意义上,它能达到对天下学术疏源流、分派别、明条理的最终目的。其次,"六艺"之间互相关联、贯通,所以虽是六类,却终由一理所该摄。马一浮有言:"物虽万殊,事虽万变,其理则一。"[②]这意味着,"六艺"不仅是一个具有不同类别的知识体系,更是一个在内容上可以本末一贯的价值系统。可以说,"六艺论"是一个非一非六的体系。因为"六艺"非浑沌之"一",故天下知识有条理可循、其流别可辨;又因"六艺"非离散之"六",故天下学术有价值宗旨可归、

① 马一浮:《泰和宜山会语》,《马一浮全集》第一册,第 21 页。
② 马一浮:《泰和宜山会语》,《马一浮全集》第一册,第 21 页。

其统要可成。这体现了马一浮自己曾赞许过的"多样性的统一"。①

正因为如此,马一浮自信他所提出的这种以统类法建构起来的"六艺之学"是具有最普遍性、完整性的知识体系及价值体系,体现了一种现代文化体系的建构。那么我们应该怎么看待其合理性及其意义呢?应该看到的是,任何经验、知识或思想,如果不能通过分类聚集成具有内在联系的某种系统,就难以具有普遍性的传承和传播的作用。因而就知识、思想的积累和创新而言,建立既能将无所不备的内容进行内在条理化的分类,又能建立脉络贯通、统成一体的知识体系,对于知识的生产及其创新发展具有重要意义,并进而可以导向相关联的价值系统的形成。在历史上,除了古老的"六艺"之外,《汉书·艺文志》所继承的刘歆"七略"的分类系统、《隋志》开创的"经""史""子""集"的四部分类系统及传统目录学体系都各有这种作用,但正如马一浮所批评的,它们的一个共同局限是其分类体系着重于形式而未深涉义理。至于现代西方的教育和图书馆目录学上的学科专业的分类虽已重在内容上,却又往往流于过细过专的分隔而难以一窥全豹,"不能知类通达"②。面对这种情况,马一浮认为,现实需要能够用一种新的知识体系和价值体系来应对和解决这一历史性难题。马一浮相信,他所阐述的"六艺论"作为一种新的文化体系正好是可以适应这一需要、解决这一历史性难题的。他说:"语曰:'举纲者必提其纲,振衣者必挈其领。'先须识得纲领,然后可及其条目。前讲六艺之教可以该摄一切学术,这是一个总纲,真是'范围天地之化而不过,曲成万物而不遗。'"③也许,面对现代人类社会不断增长的知识、不断涌现的文化现象及各种不同的价值取向,马一浮所提供的以"六艺之学"为中心的文化体系也不能作出完全有效的统摄而仅仅流于一种理想化的愿望,但它至少进行了一次这方

① 丰子恺:《桐庐负暄》,《马一浮全集》第六册(附录),第343页。
② 马一浮:《泰和宜山会语》,《马一浮全集》第一册,第14页。
③ 马一浮:《泰和宜山会语》,《马一浮全集》第一册,第15页。

面的"积极尝试",努力提供了一种可以进一步探索的文化路径。近现代随着西方学术文化的强势进入,中国原有的知识体系和价值体系被消解后,人们先后提出了"中体西用论""全盘西化论""文化复兴论"等文化自救方案,相较之下,马一浮这种以"六艺之学"为中心的新文化体系的重建路径是最具体、最大胆、最自信的方案,是他代表儒学文化挺身而出做出的最具特色的"中国方案",在整个现代新儒学运动中也能独树一帜。正如有学者所说的:"马一浮'以六艺统摄一切学术'的文化理念,难道仅仅是国粹派的一种自大和偏执吗?从文化解释学的观点看,我们不妨把它视为马一浮所特有的儒学观,并由此形成他的现代大文化观,内中蕴含着他的人文理想,而这种人文理想乃是对现代以科学理性为特征的西学的批评和超越,自有其存在的价值。"①实际上,我们有充分理由相信马一浮提倡这种六艺论的大文化观的一个重要目的就是要确立"六艺论"文化在当代中国文化乃至整个世界文化建设中的文化领导权、话语权,即如他自己所说的,"世界人类一切文化最后之归宿必归于六艺,而有资格为此文化之领导者,则中国也"②。

总而言之,"六艺论"体系不仅有知识上的分类,还有内容上的贯通和精神价值上的归统。分类既保证了学术、知识的条理性,同时也暗示了这一体系本身的开放性,即人类一切新旧知识、思想只要经过条理化的分类皆可纳入这一体系。归统则确保了这一体系的价值统一性,使得"六艺论"体系蕴含了马一浮所认为的儒学基本精神和文明理想,这对于打破当代教育和学术研究中学科、专业的过分分工和划界,反思人类知识体系和价值体系的分裂和对立现象,消除不同文明和文化之间的冲突,重建对世界的整体性认识具有丰富的启发意义。

---

① 牟钟鉴:《〈马一浮思想研究〉序》,滕复:《马一浮思想研究》,第3页。

② 马一浮:《泰和宜山会语》,《马一浮全集》第一册,第20页。

三、"六艺"的文化原型意义

如果更进一步从文化学理论上来看马一浮建构的这个儒学文化体系，我们可以发现它还具有更多的理论意义。实际上，马一浮以"六艺"为儒学及整个中国文化归本溯源的元典，并以此为基本的知识体系和价值体系形塑了儒学及整个中国的文化形态，可以说这就是以"六艺"为一种基本的文化原型。

原型（Archetype）一词由 arche（最初、原始）和 type（模式、形式）组成，表示最初的形式、原始的模式。荣格从心理分析的角度，把"原型"定义为集体无意识的基本结构，是沉睡着的人类共同的"原始意象"。文化原型反映的是人类深层次的文化心理结构问题，是人类特定群体对自身的本原文化在生成和传承过程中不断积淀而稳定化后形成的文化基本形态，它具有该文化通过文字等符号载体来表达出该文化最初的、原始的、普遍性的那些特质。也正因为如此，文化原型在该文化以后的发展过程中往往就具有了可以不断重复和普遍一致的作用，也可以说具有了永久性、普遍性的典范意义。就中国文化而言，"六艺"可以说就是这样一种具有了永久性、普遍性的典范意义的文化原型。

那么为什么"六艺"作为一种文化原型能够具有永久性、普遍性的典范意义而散发出经久不衰的魅力呢？

首先，"六艺"反映了中国文化中那种最初的、原始的、最本真的文化精神。

马克思在谈到古希腊的神话、史诗、艺术等"何以仍然能够给我们以艺术享受，而且就某方面说还是一种规范和高不可及的范本"这一问题时，认为这种范本的高不可及便根源于人的最原始、最本真的生命之中。马克思说：

一个成人不能再变成儿童，否则就变得稚气了。但是，儿童的天真不使他感到愉快吗？他自己不该努力在一个更高的阶梯上把自己的真实再现出来吗？在每一个时代，它的固有的性格不是在儿童的天性中纯真地复活着吗？为什么历史上的人类童年时代，在它发展得最完美的地方，不该作为永不复返的阶段而显示出永久的魅力呢？①

在马克思看来，古希腊的神话、史诗、艺术等的永恒魅力首先因为它们是来自人类童年期的杰出创作，体现了童真的天性，是人类最原始、最本真的生命力的象征，因而使它们具有了作为人类生命之"文化原型"的意义。

其实，整个人类古代文明史上初始时代的一切伟大创造，之所以辉煌灿烂、魅力永存，都同样在于它们作为人类童年期的杰出成就所具有的"文化原型"性质。在中国文化史上，从三代到春秋战国时期的思想文化成就无疑就具有这种"文化原型"性质。相应地，那些第一次强有力地歌咏出或真实地记载下一个民族文化的"原型"精神的少数典籍，便可说是"文化元典"，而它们又反过来在该民族的思想文化及社会生活中产生着持久广泛和深刻的影响，从而成为强烈地形塑着该民族的历史和文化面貌的"文化原型"。

"六艺"或者说"六经"就是这样一批有着永恒魅力的"文化元典"，并因此成为中国文化的"原型"。"六艺"之所以能成为中国文化的"原型"，就在于它们体现了中国文化初创时期的许多质朴的情感（如《诗》）、原始的智慧（如《易》）、文明的追求（如《乐》）、行为的准则（如《礼》）、治乱的经验（如《春秋》），从而展现了中国文化中那些最初始的、最本真的文化精神。如荀子所说的："《诗》言是其志也；《书》言是其事也；《礼》言是其行也；《乐》

① ［德］马克思：《〈政治经济学批判〉导言》，《马克思恩格斯选集》第二卷，北京：人民出版社，2012年，第711~712页。

言是其和也;《春秋》言是其微也。……天下之道毕是矣。"①对此,马一浮是有明确认识的,他肯定"六艺"文化体现了人类的"本然之善""性德之真"。②马一浮所肯认的"六艺"文化的这种"本然之善""性德之真",实际上就反映了"六艺"文化所具有的思想的原创性、文化的原型性的特质。总之,"六艺"作为文化原型,它们上承远古文化、下启百代后学,其思想富于深刻的原创性,其主题具有特别的恒久性和超越性。它们的思考指向宇宙自然、社会人生等诸多贯通古今中外的普遍性问题,而它们对这些问题的解答更是充满了深刻玄妙的东方智慧。它们所提供的并非实证性的结论,而是哲理式的原型;并非凝固的教条,而是开放性的框架。它们有着广阔的"不确定域",从而为历代阅读者和解释者保留了"具体化"和"重建"的无限空间,使之可以是反复回顾又常释常新的"范本"。

其次,"六艺"作为一种文化符号体系能够生动有效、全面深刻地体现中国文化的根本价值取向,具有普遍性的意义。

根据卡西尔的符号学理论,"人是符号的动物"③,也就是说,人是唯一能创造和使用符号的动物。符号既是人类文化的开端,也是人类文化创造最重要的形式。文化的结晶和发展在很大程度上就体现为符号系统的创新和积累。由于"无论是语言,还是艺术都属于一个共同的母范畴——符号"④,所以像语言文字、音乐、美术、舞蹈这类包含着思想、艺术和美的"符号体系","在对可见、可触、可听的外观中给予我们以秩序","使我们看到的是人的灵魂最深沉和最多样化的运动"⑤。也就是说,人类所创造的这些符号体系,并不仅仅是一些简单的、物理性的形象和动作,还是用以表达人所特有的情感和价值观的意义世界的符号体系。这样的意义世界即一

① 《荀子·儒效》。
② 马一浮:《泰和宜山会语》,《马一浮全集》第一册,第 19 页。
③ 叶舒宪选编:《神话——原型批评》,西安:陕西师范大学出版社,1987 年,第 9 页。
④ 俞建章、叶舒宪:《符号:语言与艺术》,上海:上海人民出版社,1988 年,第 2 页。
⑤ [德]恩斯特·卡西尔:《人论》,上海:上海译文出版社,1985 年,第 214、189 页。

个"人化世界",展现了"人的灵魂最深沉和最多样化的运动"。因此,思想史家葛兆光强调了作为历史符号的史籍史料对于思想史研究的重要性:"须有符号记载或图像显示,因为没有符号或图像,思想不仅不能交流,也无法传下来为我们所研究, 只有古人把他们的思想与心绪留在了他们的文字、图饰、器物之中,传达给他人,流传给后人,思想才真正进入了历史。"①后世的人们无法借用"时光穿梭机"回到历史现场来观看和体认,而只能主要通过历史所遗留下来的作为其载体和媒介的符号系统来追寻"人的灵魂最深沉和最多样化的运动",展现其人化的意义世界。兼具象形和表意功能的中国文字,更是一套能承载丰富意蕴的符号系统。

从这个角度来看,孔子当年正是以诗、书、礼、乐等"六艺"为基本符号系统建构了一个完整的儒家文化体系。孔子说"书不尽言,言不尽意",又说"圣人立象以尽意"。②也就是说,孔子肯定诗、书这些语言、文字符号能传达一定的意义,但这还不够充分,还需要通过礼、乐这些形象化符号来更充分地表达其意义。因此,只有将诗、书、礼、乐等"六艺"配合起来形成一个整体性的符号系统,才能更好地构建起一个人化的意义世界。所以在孔子那里,正是借助于诗、书、礼、乐等文化符号,来区分人的文明与野蛮之别,甚至人与非人之别:"乐者,通伦理也。是故知声而不知音者,禽兽是也。知音而不知乐者,众庶是也。惟君子为能知乐。"③在儒家看来,声、音、乐三者有着层次上的重要区别,它们分别标志着从禽兽到人、从野蛮到文明的不同意义层级。因此,在儒家那里,"从文化的意义上讲,只有掌握了礼乐本身所具备的有意味的符号形式,才能使人与人在温、良、恭、俭、让的社会交往中保持一种高于蒙昧和野蛮色彩的文明形象,即所谓'文质彬

---

① 葛兆光:《七世纪前中国的知识、思想与信仰世界》,《中国思想史》第一卷,上海:复旦大学出版社,1998年,第6页。

② 《易传·系辞传》。

③ 《礼记·乐记》。

彬、然后君子'(《论语·雍也》)"①。在儒家的理想中，就个体而言，"能知乐""文质彬彬"的"君子"就是其典型形态；由此推之于社会，则尊卑有序、和睦有礼就是其理想的社会形态。

可见，"六艺"作为一套文化原型载体的符号系统，具有可以在更广的范围、更长的时间系统里进行交流、传播、复制的作用，从而对一个民族、一个国家的知识和价值的传承、教化，发挥着重要影响。而这大概正是儒学特别重视"六艺"的"教化"作用的原因。《礼记》里说："入其国，其教可知也：其为人也，温柔敦厚，诗教也；疏通知远，书教也；广博易良，乐教也；絜静精微，易教也；恭俭庄敬，礼教也；属辞比事，春秋教也。"②通过观察研习诗、书、礼、乐等文化符号所发挥的教化作用，就可以了解一个国家及其人民的文明程度，这就是"六艺"作为文化原型的巨大型塑作用。所以《汉书·儒林传》指出："古之儒者，博学乎六艺之文。六艺者，王教之典籍，先圣所以明天道，正人伦，致至治之成法也。"③"六艺"作为"王教之典籍"，显然具有最大的权威性，从而也赋予其较普遍的价值和意义。而这种具有普遍性价值和意义的文化原型只有借助于各种有效的符号化载体才能够得到较好的广泛传播，从而产生有效的教化作用。据说，司马迁曾亲自去孔子故里访问，看到鲁地学子搬演传统礼仪，深为感动。④因为把原本记载于书册的文字符号以身体行为符号的形式呈现出来，无疑具有更生动直观的传播、教化的效果，它也从一个侧面反映了"六艺"作为文化原型所具有的深远影响。

职是之故，马一浮也一再地强调"六艺"为教的意义，认为整个"六艺"就是儒学的根本教典，尤其在优秀的道德品质的养成方面，能起到巨大的

---

① 陈炎：《多维视野中的儒家文化》，济南：山东教育出版社，2013年，第74页。

② 《礼记·经解》。

③ 《汉书·儒林传》。

④ 《史记·孔子世家》。

教化作用。他说:"以六德言之,《诗》主仁,《书》主知,《乐》主圣,《礼》主义,《易》明大本是中,《春秋》明达道是和。"①如他认为《论语》的末章,就典型地体现了"六艺"的这一教化特质:"末章'不知命,无以为君子也',是《易》教义;'不知礼,无以立',是《礼》教义;'不知言,无以知人',是《诗》教义。"②而整个《论语》,"首章是始教,意主于善诱,此章是终教,要归于成德"③。因此马一浮一再地把"六艺之学"称之为"六艺之教"④"成均之教"⑤,还强调,"学者当知六艺之教,固是中国至高特殊之文化",并且相信它不但是中国文化的原型,也是"可以推行于全人类,放之四海而皆准"的文化原型。⑥

当然,随着现代社会尤其是科学技术的发展,传统上以各种符号体系为主的文化载体会发生很多改变,甚至发生一些根本性的变化:电子信息、网络媒介的发展似乎越来越多地超越了单纯的文字、图像等符号化载体的媒介作用,而可以更直接、多样、迅捷地实现思想、文化、情感等信息的相互传递和交流,那么,它们会在多大程度上改变甚至颠覆以往这种传统的文化符号乃至文化原型的作用呢?未来的思想文化发展和创新又会遵循一种什么样的基本方式和路径呢?这些问题都是我们今后需要予以关注的。但是无论如何,任何思想文化的创新都不可能是无源之水、无本之木,它对于本原性的文化原型、文化传统资源的吸取、借鉴应该始终还是需要的,只是方式方法上可能会有某些不同而已。

① 马一浮:《泰和宜山会语》,《马一浮全集》第一册,第17页。
② 马一浮:《泰和宜山会语》,《马一浮全集》第一册,第26页。
③ 马一浮:《泰和宜山会语》,《马一浮全集》第一册,第26页。
④ 马一浮:《泰和宜山会语》,《马一浮全集》第一册,第19页。
⑤ 马一浮:《泰和宜山会语》,《马一浮全集》第一册,第23页。
⑥ 马一浮:《泰和宜山会语》,《马一浮全集》第一册,第19页。

第二节 六艺论儒学的人文主义精神

马一浮的六艺论儒学不仅重建了一个博大精深的儒学文化体系,而且该文化体系无论是其承担的文化主体还是其具体的文化内涵、文化形态都具有自己鲜明的特色,即都体现了一种深厚的人文主义精神。

与西方文化直至文艺复兴之后才挣脱神本文化的束缚而形成人文主义思潮不同的是,中国文化早在先秦时代就不再以神为本,而是初步体现了以人为本的取向,可以说已具有一定的人文主义精神。其中,儒学人文主义精神就构成了其重要组成部分。孔子"不语怪力乱神"①,强调"务民之义,敬鬼神而远之,可谓智矣"②。马厩失火,"子退朝,曰:伤人乎? 不问马"③。这些思想都体现了孔子的人文精神。

那么孔子原始儒学的人文精神,都具有哪些具体内涵和主要特质呢? 尽管众说纷纭,但我认为张岱年先生对其所作的概括最简洁精准,可以参照。他认为:"儒家的人文精神更有两项显著的表现,即(一)强调人禽之别;(二)重视文野之分。"④

的确,何谓"人文"? 应该就是"人"加"文"之和,即由人之为人的"人禽之别"实现以"人"为本位的存在状态,加上由人文化成的文野之分实现以"文"为本质的价值目标。所以张岱年关于儒学人文精神的两点概括非常精准,抓住了儒学人文主义精神的两个最主要内涵,即一是首先应肯定"人"的存在,人之作为人而不同于动物的存在形态和价值是什么;其次是

---

① 《论语·述而》。
② 《论语·雍也》。
③ 《论语·乡党》。
④ 张岱年:《关于中华人文精神》,吴光主编:《中华人文精神新论》,上海:上海古籍出版社,1998年,第1页。

"文"的意义,也就是说人不能只是停留在原始状态的人、孤立的人,而应是在一定的社会文化中生存,经过"文"的进化、教化的人,是具有一定的文明素质并追求一定的人生意义的人。有"人"有"文",合一而成。唯有两者都能达到一定的程度后才能臻至"人文"之境。《易传》中说:"刚柔交错,天文也;文明以止,人文也。观乎天文以察时变,观乎人文以化成天下。"①人在通过与自然的对比而不是对立中确证自己的存在。同样,人只有在改造对象世界、"化成天下"的活动中才能体现自己的价值和意义。而这些正是人类的人文主义精神的彰显。在一定程度上可以说,张岱年先生所说的儒家人文主义精神正是其较典型的形态。而且在我看来,由于马一浮的儒学思想是直接孔子的原始儒学,以其创立的六艺论儒学为其基本的理论形态,②所以张岱年先生的这一概括,不单适用于孔子的原始儒学,也适用于对马一浮的六艺论儒学人文精神的认识。下面就从文化主体、文化内涵到文化形态三个方面具体阐述其深厚的人文主义精神。

一、人禽之别:人的主体性存在及其价值

马一浮所重建的六艺论儒学的文化体系不仅是一个崇高的理想,更需要予以落实。而要落实,就需要确定由一个什么样的文化主体来承担。在马一浮看来,一个理想的文化主体,首先应该具有深厚的人文主义精神。

儒学文化主体的人文主义精神首先体现在其十分强调人与禽兽之别,即认为人是不同于一般动物的存在,肯定以人为本的价值取向。孔子说:"鸟兽不可与同群,吾非斯人之徒与而谁与?"③由于人与鸟兽不同,所

---

① 《易传·象传》。
② 详见朱晓鹏:《论马一浮对六艺论儒学的重建》,《杭州师范大学学报》(社会科学版),2021年第5期及本书第二章。
③ 《论语·微子》。

以人只能与人而不是与鸟兽在一起共同生活。正因此,《论语》中记载:"厩焚,子退朝,曰:'伤人乎？'不问马。"①孔子在马厩失火后,只问人是否受伤而不问马,说明他更看重人的价值,体现了其以人为本的价值取向,实际上是肯定了人作为价值主体的存在。孟子提出"人之所以异于禽兽者"②,荀子提出"人之所以为人者"③,也都是在强调人是不同于动物的价值主体,尽管他们对人的这种价值主体的内涵的理解还仅仅局限于以人伦道德的价值为主的范围。

儒学肯定人作为价值主体的地位,意味着需要进一步肯定人的内在的主体性、自觉能动性的作用,肯定人的内在的情感、道德意志等具有属人的意义和价值。如孔子强调,人对父母的"孝"不单是能像对待动物一样"能养",更要进一步具有发自内心的自觉自愿的"敬"④,体现出人之"孝"高于动物之"养"的人文特质。同样,孔子讲的"为仁由己""仁者爱人""推己及人"等仁学思想,都表现了人作为价值主体在道德层面上所应具有的自觉性、主动性,闪耀着人文精神的光芒。

马一浮在此问题上是完全继承了孔孟原始儒学的基本主张的,而且他明确地着重从"六艺论"角度予以了论证。马一浮承认人正是借助于普遍具有的义理之性而超越于动物,而这种义理之性就是人自身固有的内在道德价值。他说:"义理本人心所同具。"⑤这种义理之性也可以说是"本然之善""天命之性":"此本然之善,名为天命之性,纯乎理者也。"⑥"此理自然流出诸德,故亦名为天德。"⑦不过,说"义理"是"本然之善""天命之

---

① 《论语·乡党》。

② 《孟子·离娄下》。

③ 《荀子·非相》。

④ 《论语·为政》。

⑤ 马一浮:《泰和宜山会语》,《马一浮全集》第一册,第30页。

⑥ 马一浮:《泰和宜山会语》,《马一浮全集》第一册,第16页。

⑦ 马一浮:《泰和宜山会语》,《马一浮全集》第一册,第16页。

性""天德",虽然强调了其自然性、本具性,但毕竟它已是不同于动物性本能的人之性,因而它已是人克服了自身的本能性欲望、惰性之后的一种超越品格,实际上是有赖于人的实践、实证的工夫而得以显现的。马一浮说:"义理本人心所同具。然非有悟证,不能显现"①,而这种悟证工夫主要就可通过六艺之学来进行:"义理何由明?求之六艺乃可明"②,因"六艺之本,即是吾人自心所具之义理"③。所以马一浮相信通过研习"六艺之学",即可体认圣人之道:"学者果能有志于六艺之学,当知此学即圣人之道,即君子之道,亟须在日用间自家严密勘验,反复省察。……学进则理明,理明则私自克,久久私意自然不起,然后可以为君子而免于为小人。"④

"君子"和"小人"的区分,代表着人的价值的两种基本形态,所谓"小人",是指与动物性本能还没有脱离或脱离得不彻底的人,而"君子",则是指已能够克制自己的动物性本能欲望的驱使而具有道德理性精神的人。然而,"君子"与"小人"并没有绝对的界限,关键是看其运用道德理性对自己的动物性的本能欲望的调控能力和调控尺度,即取决于每个人作为主体自身的觉悟程度。马一浮说:"然君子、小人之分途,其根本在心术隐微之地,只是仁与不仁而已。"⑤仁则感通内外,知类通达,浑然天理,然后可以为君子。不仁则无感无知,塞内徇物,逐而忘返,所谓麻木不仁,必流于小人。总之,在马一浮看来,人的"本然之善""天命之性"是人不同于动物所具有的内在特质,是人的性德中自然流出的,也是人具有自觉性、主动性的理性能力的体现,并由此可以具有如孔子说的"为仁由己"、孟子说的"由仁义行、非行仁义"的道德能动性,可以达到超越性的道德境界。

职是之故,马一浮在六艺论中又特标举出了一个"复性"问题。马一浮

---

① 马一浮:《泰和宜山会语》,《马一浮全集》第一册,第30页。
② 马一浮:《泰和宜山会语》,《马一浮全集》第一册,第46页。
③ 马一浮:《泰和宜山会语》,《马一浮全集》第一册,第44页。
④ 马一浮:《泰和宜山会语》,《马一浮全集》第一册,第30页。
⑤ 马一浮:《泰和宜山会语》,《马一浮全集》第一册,第29页。

认为，虽然"义理本人心所同具"，然而由于人们易溺于所习、徇物外求，逐渐"埋没其本具之性"，①所以需要返本心性、祛习复性。为此，马一浮把"复性"当作当下儒学最紧要的工作。他在民族危难的抗战年代创办书院，就以"复性"命名。他指出："学术人心所以纷歧，皆由溺于所习而失之，复其性则同然矣。……教之为道，在复其性而已矣。今所以教者，皆囿于习而不知有性。故今揭明复性之义以为宗趣。"②

那么"复性"需通过什么具体的途径呢？对此，马一浮明确强调必须以"六艺"为实现"复性"的具体途径。他说："中土圣贤道要，尽在六经。……故必确立六经为道本。"③"六经"既为道本，其所承载之义理、经术也本存之于人人心性之中，因此正可借"六经"的熏习体察，以渐化气质之偏、心性之蔽，复其同然之性："六艺者，即此天德王道之所表显。"④故"求之六经，而后学术之统类可明，文化之根本可得，自心之义理可显，而后道德可立，精神可完"。⑤马一浮以"六艺"为"复性"的桥梁，并以此使其六艺论儒学接续上了传统儒学的心性之学，这是其颇有特色的一个方面，而这一点也得到了当代学者的认同，如有学者就指出："一浮先生认定，六艺之教是可维护本心，不致放失，足可使人超越陷溺，开显其本然之善。"⑥如前所述，"六经"早已经成为一种中国文化乃至人类普遍心灵世界中最基本的架构而具有文化原型的象征意义，因而它无疑构成了后人需反复回溯、温故而知新的精神源头，具有普遍性的价值导向作用。也正是由于看到了这一点，才使马一浮不同于以前不够重视返身自证、体契性命的儒家传统"六艺之学"，而是特别突出了"六艺之学"在"复其本然之性"上的根基性

① 马一浮：《致熊十力（二二）》，《马一浮全集》第二册，第491页。
② 马一浮：《书院名称旨趣及简要办法》，《马一浮全集》第四册，第327页。
③ 马一浮：《复性书院缘起叙》，《马一浮全集》第四册，第329—330页。
④ 马一浮：《泰和宜山会语》，《马一浮全集》第一册，第16页。
⑤ 马一浮：《致陈布雷》，《马一浮全集》第四册，第36页。
⑥ 戴琏璋：《马一浮六艺论的人文思想》，《杭州师范大学学报》（社会科学版）2008年第6期。

作用。在马一浮那里,"六艺之教"不是一般的知识性的传习、不是无关生命体证的知解工具,而是可以用以反求诸己、观照本心、祛除习染、复归本性的成己之学、实践之学,这实是马一浮六艺论儒学的一项重要创新和贡献。而通过"六艺之学""六艺之教"达到克制人的动物性本能的自私冲动而保持道德理性的主宰作用,祛除对世俗习气和工具价值的沉迷而复归于简单自然的"本然之善""天命之性",从而确立起人的主体性价值,则是马一浮六艺论儒学人文主义精神的一项重要表现。

二、文野之分:文化的作用和意义

人不能像动物一样只是活着,而是要活得高于动物,这就既要通过自己在力所能及的劳动和创造活动中获得生存的资源而体现其自生自为的尊严,又能够摆脱动物性自私本能的操纵而成为能自觉地履行应尽的团体责任和义务的人,体现其所具有的道德理性。而这正是我们上述通过人禽之别的探讨来确认人的主体性存在及其价值的意义所在。然而除此之外,人作为人其实还应有更高的追求,这就是要让自己活着过一种更有意义、更有价值甚至是更美的人生。正如爱因斯坦所说:"一切宗教、艺术、科学都是同一棵树上的不同分枝,其目的都是为了让人类的生活趋于高尚,使他从单纯的生理存在中升华,并把个人引向自由。"①可以说,只有这样才是完美的人生、理想的人生。在我看来,马一浮倡导的"六艺之学""六艺之教",在"人文化成""成己成物"这一层面上实际上就蕴含有这样一种对人性能力的全面完善、人格境界的更高提升,甚至人生的更美好意义的追求。因为人生本无意义,是人这一价值主体以主观的意志和客观的行动赋予了其人生丰富的意义和价值。

---

① [德]爱因斯坦:《道德的衰败》,方在庆、韩文博、何维国译:《爱因斯坦晚年文集》,海口:海南出版社,2000年,第11页。

而这丰富的价值和意义的"赋予"的过程主要就体现为人这一文化主体获得什么样的文化内涵的过程，也就是人的"文"化过程，即《易传》里说的"人文化成"。"文"的本义是"纹"，即像虎豹的皮毛一样各种花纹有条理地交叉在一起，形成丰富的图样。《易传》里说："刚柔相错，天文也。"《说文》里说："文，错画也，象交文。"中国传统审美观认为，这种虎豹皮毛丰富多样的花纹是十分美丽的，人的能力和品格也应该具有这种丰富的多样性。不过，虎豹皮毛丰富多样的花纹是天然形成的，但是人却需要通过自己的努力来塑造和充实自己，以价值主体的行动赋予其人生丰富的价值和意义，从而实现人的"文"化过程。而这也正是马一浮对"六艺论"的期望，他相信"六艺"不但能于个体"变化气质"，实现个体之人的"文"化，更可以此"文"化改造于社会，实现"化成天下"。这是"六艺论"的根本性价值，体现了其重要的人文精神。司马光曾说："古之所谓文者，乃诗书礼乐之文，升降进退之容，弦歌雅颂之声，非今之所谓文也。……今之所谓文者，古之辞也。"[1]中国传统文化中儒道虽然构成互补，但是儒家不同于道家的一个根本之处在于对待人类文明的态度不同：道家鉴于人类文明演进过程中伴随而生的种种负面影响，主张取消文明的滋长而返归自然，儒家更多的是看到由文明演进所带来的人类社会的理性和秩序方面的进步而积极地肯定文明的价值。儒家在接续三代文明和诗书礼乐等"六艺"文化方面一直持积极有为的态度，正是上述观念的体现。如《礼记》就说："先王之立礼也，有本有文。忠信，礼之本也；义理，礼之文也。无本不立，无文不行。"[2]仁义忠信等道德需借助于诗书礼乐等富有意义的符号系统的传播、引导和教化才能内化为道德主体的自觉意识和主动行为，从而达到"定亲疏、决嫌疑、别同异、明是非"[3]的社会治理效果。这应该就是所谓"观

---

[1] 司马光：《答孔文仲司户书》，《温国文正司马公文集》卷六十。

[2] 《礼记·礼器》。

[3] 《礼记·曲礼上》。

乎人文以化成天下"之义。而马一浮强调的通过"六艺之教"而"变化气质",也应该就是指同一种"人文化"的过程,只是前者着重从社会整体性而言,后者着重从个体性而言。所以,在马一浮看来,孔门"六艺之学",实为"六艺之教",且孔门"六艺之教"的教化作用应是"六艺之学"的一项最重要功能。他曾引孔子所言:"入其国,其教可知也。其为人也,温柔敦厚,《诗》教也;疏通知达,《书》教也;广博易良,《乐》教也;洁静精微,《易》教也;恭俭庄敬,《礼》教也;属辞比事,《春秋》教也。"[1]马一浮引孔子所言六艺之教的宗旨,说明"有六艺之教,斯有六艺之人"[2],孔门正是以"六艺"来一一地教化人、塑造人,从而培养出具有高度的人文素养、人文精神的"六艺之人"。马一浮十分赞同孔子主张的"兴于《诗》,立于《礼》,成于《乐》"[3],以及"崇四术,立四教,顺先王《诗》《书》《礼》《乐》以造士。春秋教以《礼》《乐》,冬夏教以《诗》《书》"[4]等"六艺"教法,认为它们正是化"六艺之学"为"六艺之教"的具体路径。所以他虽依《汉书·艺文志》以"六艺"当"六经",因为它们实质相同,但通常仍喜称"六艺",因为不同名称所言角度不同:"经者,常也,以道言谓之经;艺犹树艺,以教言谓之艺。"[5]可见,马一浮之所以要称"六经"为"六艺",主要就是为了突出其教化的功能。可贵的是,马一浮不仅如此主张,还真切地付诸实践,他在浙江大学和复性书院的讲学中,就努力贯彻这种"六艺之教"。在《复性书院讲录》中,他对"六艺"及群经大义的阐述,都是以《诗教》《书教》《礼教》《易教》等"六艺之教"为基本框架展开的,显示了其不同于传统儒学的经典诠释方法和独特视域。

除了对"六艺之教"作系统的理论阐述之外,马一浮还对"六艺之教"的具体途径、效用等作了很多生动的探讨。"六艺之教"以何为开端?孔子

----

[1]　马一浮:《泰和宜山会语》,《马一浮全集》第一册,第9页。

[2]　马一浮:《泰和宜山会语》,《马一浮全集》第一册,第9页。

[3]　《论语·泰伯》。

[4]　《礼记·王制》。

[5]　马一浮:《泰和宜山会语》,《马一浮全集》第一册,第10页。

马一浮与现代新儒学——宋明儒学的传承创新

曾说："兴于《诗》。"马一浮解释说："诗以感为体。令人感发兴起，必假言说，故一切言语之足以感人者皆诗也。"①同时，"于此感发兴起，乃可识仁"②，"《诗》教主仁，说者、闻者同时俱感于此，便可验仁"③，因此，马一浮认为："六艺之教，莫先于《诗》。"④孔子说的"兴于诗""诗可以兴"，都是肯定《诗》是"六艺"之中最能触发人们的真性情的，"故圣人始教，以《诗》为先"⑤。马一浮说：

> 人心若无私系，直是活泼泼地，拨着便转，触着便行，所谓"感而遂通"，才闻彼，即晓此，何等俊快，此便是兴。若一有私系，便如隔十重障，听人言语，木木然不能晓了，只是心地昧略，决不会兴起，虽圣人亦无如之何。须是如迷忽觉，如梦忽醒，如仆者之起，如病者之苏，方是兴也。兴便有仁的意思，是天理发动处，其机不容已。《诗》教从此流出，即仁心从此显现。⑥

尽管儒学思想往往从肯定人的"情"（对人的亲情、对物的共情等）的合理性开始，却又不止于"情"，而要求"感而遂通"，进一步达到对更普遍性的"情理""天理"的认同，但它毕竟为感性之情在人的生活世界中保留下了一块领地，如孔夫子对"曾点之志"的赞赏，就无疑是在肯定人的真实的生命存在中人之常情的意义，祈向生命的自在自适的价值。诗作为一种能最直观、最生动地触及人的真实生活及其情感的文化形态，既是人们内心真性情的自然流露，也是兴发人们超脱私念，为其所当为的社会关怀的

---

① 马一浮：《复性书院讲录》，《马一浮全集》第一册，第136页。
② 马一浮：《复性书院讲录》，《马一浮全集》第一册，第223页。
③ 马一浮：《复性书院讲录》，《马一浮全集》第一册，第136页。
④ 马一浮：《复性书院讲录》，《马一浮全集》第一册，第223页。
⑤ 马一浮：《复性书院讲录》，《马一浮全集》第一册，第136页。
⑥ 马一浮：《复性书院讲录》，《马一浮全集》第一册，第136页。

价值体现。所以马一浮认为，它不单具有"活泼泼"的感性真情，更有"如梦忽醒"的"仁的意思"，是"天理发动处"，从而成为真正的《诗》教起源。而这样的《诗》教方式，实在"是一条由感通而关怀进而自律、自悦的心路历程"①。

对于这一历程，在《礼记》所记录的孔子对子夏所提出的"五至"论中也有具体的阐述：

> 志之所至，诗亦至焉；诗之所至，礼亦至焉；礼之所至，乐亦至焉；乐之所至，哀亦至焉。哀乐相生。是故正明目而视之，不可得而见也；倾耳而听之，不可得而闻也。志气塞乎天地。此之谓五至。②

马一浮对《孔子闲居》的诗教意义有极高的评价，认为："《孔子闲居》一篇尤《诗》之大义所在。……举一《诗》而六艺全摄，故谓欲明《诗》教之旨，当求之是篇。"③因此，马一浮对《孔子闲居》中的"五至"论曾有精当的解读：

> 心下专直为志，言之精纯为诗，行之节为礼，德之和为乐。和顺积中，发为岂弟，动为恻怛。智大者悲深，愈岂弟则愈恻怛。就其岂弟名乐，就其恻怛名哀。④

马一浮对"五至"的看法一扫郑孔等传统注疏经解在这上面设置的各种迷雾，而直抵情理、事理的根源处予以解读。何为"至"？"至"即极致，亦是最佳状态，"心下专直"为志的极致、最佳状态，因此马一浮认为，此处"至"应有三层涵义："一来义，二达义，三极义"⑤。第一层"来"义是指："湛

① 戴琏璋：《马一浮六艺论的人文思想》，《杭州师范大学学报》（社会科学版）2008 年第 6 期。
② 《礼记·孔子闲居》。
③ 马一浮：《复性书院讲录》，《马一浮全集》第一册，第 225 页。
④ 马一浮：《复性书院讲录》，《马一浮全集》第一册，第 230 页。
⑤ 马一浮：《复性书院讲录》，《马一浮全集》第一册，第 230 页。

寂之中，自然而感，如火始然，如泉涌出，莫之能御。"①这里强调的是其自然性，即如水自上而下，"自然而感"，率性而为。第二层"达"义是指："如水浸润，竟体皆濡，如光照耀，幽暗毕烛，更无不到处。"②这里强调的是其彻底性，即如水浸光照，无所不至。第三层"极"义是指："如登山到最高顶，如涉水澈最深底，过此更无去处。"③这里强调的是其极致性，即如山到顶、如水至底，亦喻为最佳状态。在马一浮看来，"心之志"若达到了"专直"状态，就是"志"的自然性、彻底性、极致性的状态，它也就是人的情意的最真切、至醇之时，因而最能感发兴起而为诗。为诗而能达到自然、彻底、极致的状态，于是又能成礼。而"礼之所至，乐亦至焉；乐之所至，哀亦至焉"，如此诗礼相成、哀乐相生，形成一种情意的循环和前后相继的再生，以致"理无不通，诚无不格"④，真可谓"范围天地之化而不过，曲成万物而不遗"。所以马一浮总结说："如是言'至'，义乃无遗。当知体用全该，内外交彻，志气合一，乃是其验。……此之德相，前后相望，示有诸名，总显一心之妙，约之则为礼乐之原，散之则为六艺之用。"⑤"五至"作为一种"体用全该、内外交彻"的"六艺之学"，无疑也是"六艺之教"的典范，因为"就其真实无妄则谓之体，就其神应无方则谓之用"⑥，能够"兴于诗，立于礼，成于乐"并且推至极致，正是真实无妄、神用无方的生命所呈现的理想人格，它在生命的自然、自在、自适中蕴含了感通万物、视人如己、忧乐共情的人性关切，凸显了儒学所代表的中国古代人文主义精神中的一项可贵传统就在于把礼乐文化植根于人的真实的生命存在之中，正如马一浮所指出的："礼乐之原

---

① 马一浮：《复性书院讲录》，《马一浮全集》第一册，第230页。

② 马一浮：《复性书院讲录》，《马一浮全集》第一册，第230页。

③ 马一浮：《复性书院讲录》，《马一浮全集》第一册，第230页。

④ 马一浮：《复性书院讲录》，《马一浮全集》第一册，第230页。

⑤ 马一浮：《复性书院讲录》，《马一浮全集》第一册，第231页。

⑥ 马一浮：《复性书院讲录》，《马一浮全集》第一册，第231页。

即性命也。推此性命之德，致乎其极，即五至也，亦即六艺之道也。"①从这一意义上也可以说，马一浮把人文主义精神视为他重新发掘的"六艺之学"中所蕴含的根本之道。

三、文明以止：人文化的限度

任何一种文化都需要具有自己适当的形式，尤其是需要以一种恰当的文化形态发挥其作用。

"六经"本为中国远古及三代文明的结晶，也是殷周以来最具代表性的文教元典，它们无疑是中国文化中最重要的价值源头，塑造了中国古典世界中基本的思想方式及生活方式。因此，马一浮重新发掘"六经"所蕴含的根本之道，以此统贯整个六艺论体系及中国传统文化，并非向壁虚造。正如前所述，这个由马一浮所重新发掘出来的"六经"中所蕴含的根本之道，主要就是一种人文主义精神。

但是，由于"孔子思想突显于德性之知的领域"，"孔子思想是以伦理思考为主要内涵的人文思想"。②既然如此，儒学的人文主义可以说就是一种道德人文主义。我们看到，马一浮"六艺论"中的人文主义精神就是一种典型的道德人文主义。而这一点在马一浮对"六经"的具体阐释中有充分的体现。

在马一浮阐释"六经"义理、构建六艺论儒学经典体系的过程中，他对传统"六艺之学"作了重要的更新，即除了"六经"之外，马一浮还将《论语》《孝经》纳入了六艺论儒学的核心经典体系中。这首先是因为这两本经典所构筑的是孔子及其弟子们在鲜活的生活世界中所彰显的道德人文主义精神，展示了孔子的日用常行以及他在具体情境之下的"六艺之教"，为初

① 马一浮：《复性书院讲录》，《马一浮全集》第一册，第 231 页。

② 陈鼓应：《道家的人文精神》，北京：中华书局，2012 年，第 156~157 页。

学者提供了一条可以切身体认、平实用功的生动路径。其次从内容而言，《论语》《孝经》可含括六经之旨，马一浮指出："六经大旨散在《论语》，总在《孝经》。"①所谓"散在《论语》"，是指六经之教就散见于孔子与弟子的问答语录等各种篇章之中。马一浮认为，《论语》中凡是孔子答弟子问仁者，皆《诗》教义；答问政者，皆《书》教义；答问孝者，皆《礼》《乐》教义。而《春秋》与《易》之大义则又分别存于《诗》《书》和《礼》《乐》之中。所谓"总在《孝经》"，则指《孝经》所集中标识出的孝正是至德要道、性德之本，而马一浮认为这也正是"六经"所要揭示的根本内容，即性德之真。

马一浮对于"六经"的具体阐释便是围绕性德展开，他认为"六经"皆是圣人性德的具体发显。其中，马一浮提出仁为《诗》教之核心，因为《诗》可以激发人内心的情感，"感发兴起"而使人识仁，并进而落实为体仁的修养工夫。而《乐》统于《礼》之中，两者皆主于义。因此，相比于礼仪，马一浮更强调礼义的重要性，认为《礼》教的意义并不在于那些特定历史时代中的节文制度，而在于凸显人所具有的义之德。至于《书》教，马一浮亦积极阐发其中的道德意义，将其解释语境从政治转向德教，不仅将德教视为政治的手段，更以之为政治的内在依据与最终目的。同样的，马一浮对于《易》的诠释也偏重于义理，认为《易》教的价值在于它所揭示的天道性命和道德教化。并且因为易道以简易为本，所以它具有贯通天人、统摄"六艺"的强大生命力与包容性，是推动"六艺之学"不断自我更新的核心动力，不仅为《春秋》所本，更是"六艺"之原。

通过"六经"识得性德，进而反身而诚，如此明体达用，重视与自身修养密切相关的道德实践，这是马一浮阐释"六经"的根本方向。马一浮曾以"六经"对应六德，认为《诗》主仁，《书》主知，《乐》主圣，《礼》主义，《易》明大本是中，《春秋》明达道是和"②。所以，重建诗书礼乐等"六艺文化"，弘扬

---

① 马一浮:《复性书院简章》,《马一浮全集》第四册,第41页。
② 马一浮:《泰和宜山会语》,《马一浮全集》第一册,第17页。

"六艺之教"的人文精神，应该是马一浮六艺论儒学的一项主要追求，而在马一浮看来，"六艺之教"的重心在德性涵养、变化气质，其最终目的便是培养完满充实、知行合一、德道一体的"六艺"之人，也就是具有丰富健全的人格形态之人。这一思想对于当今时代人的全面发展和社会整体性文明的建设都仍具有重要的方向性意义。

不过，马一浮的这种道德人文主义也存在一定程度的矫枉过正的问题。随着现代社会经济和科学技术的快速发展而出现的生产和生活方式及思想观念、价值选择方面的巨大变化，越来越多的人被完全物质化、世俗化、消费化的生活所驱使，而变成了异化的、单向度的人。儒学的道德人文主义反对人的动物化生存，要求以人为目的，确立人的主体性地位，发挥人的自主性作用，培养人的健全人格和丰厚的德性涵养等，这些无疑是值得肯定的，也是富有积极意义的。但是这种道德人文主义也需要警惕两种可能的倾向：

一是把道德理想化。把道德理想化也就是以为一个人可以通过不懈努力的功夫就可以完全达到最高的道德境界，直至可以拥有完美无缺的道德品格的成圣成贤境界。我们说人固然要从动物性的原始、野蛮的状态里解脱出来，努力成人。但是人要挺立起自己的主体性价值，也要从各种各样的"神"那里解放出来，不能成为神权下的奴仆，也不要幻想自己能成为"神"，或者相信某些人能够成为超凡入圣的"神"。而事实上，把道德过度理想化往往就会面临这种"神化"的危险，以为通过不断地提纯"内圣"的道德纯度就可以达到至高至圣的"神"的境界，实乃一个危险的误区。中国本土素无真正严格意义上的宗教，但历史上却一直造神不断，且民众真正自主的道德未被张扬，奴性的道德却不断滋生，其中的很大一个原因就在于这种道德理想化基础上的圣化、神化追求。

二是把道德中心化和泛化。马一浮曾解释"文化"二字说："事物参错交互，相对而成，如君臣、父子、兄弟、夫妇、朋友，谓之文。为人君止于仁，为人臣止于敬，为人子止于孝，为人父止于慈，与国人交止于信。君臣有义，夫妇有别，长幼有序，朋友有信，谓之文。父慈、子孝、兄爱、弟敬，各止其当止，谓之化。近世言文化者，多从事物之末端上着眼，可谓不知文化之根本。"①这里马一浮明确地把道德伦理看作"文化之根本"，并且进而将它看作是一切事物的根本和全体，也就是把一切问题都归结为道德的问题，并寄希望于以道德问题的解决方式来解决一切问题，这就完全把道德中心化和泛化了。马一浮和传统儒学一样相信"内圣"是一切的根本，有了高度的"内圣"之功即可贯通于"外王"之用，"外王"只是"内圣"之余事。这种以道德为中心的观念既忽略了道德修养与政治活动等的重要区别，也忽视了其他因素对社会问题甚至道德本身问题的解决可能具有更重要的作用，从而使问题无法获得真正的解决。因此，厘清道德作用的边界，尤其不能以道德取代政治、法律、经济等的作用，是校正儒学的道德人文主义的应有作用的重要原则。

当然，我们不是说上述倾向在马一浮的道德人文主义精神中已成为很突出严重的问题，但是它们至少在马一浮那里是与其他儒学思想一样具有其内在的倾向性的，与其整个思想是存在内在的矛盾和张力的。那么如何避免和化解这些矛盾和张力呢？我认为，借用《易传》里的"文明以止，人文也"的说法，应该就具有重要的方法论指导作用。《易传》里释"人文"为"文明以止"，即要求人以"文""质"统一为理想，人之"文"虽然是人为的，但是不能过分泛滥以至于胜"质"。只有人的进退行止都处于恰当的状态下，才是实现以"人文"化成天下的理想。这完全符合马一浮对"六艺论"的人文价值的期望。中国古典的人文意识从一开始就并不刻意地以逆天而行、使"人文"与"天文"相隔相对为前提，而是强调要取法于自然，根据时变当行则行、当止则止。马一浮曾专门撰有《说止》一文，引述《艮》卦的

---

① 乌以风:《问学私记》,《马一浮全集》第一册,第756页。

象曰："艮，止也。时止则止，时行则行，动静不失其时，其道光明。艮其止，止其所也。"①文明的发展须克服人的本能欲望的牵引，不制于外物，不陷于内欲，息妄显真，行止有度。"文"的效果，应该是以"文"化"野"，但又不是以"文"灭"野"，因而是要达到"文质彬彬"的境界，即实现文与质、文与野的二元对立的消除、平衡、和谐。与西方文化传统中更喜欢接受二元对立、冲突的观念，认为通过这种矛盾运动可达到新的发展所不同的是，在儒家主导的中国文化观念里，这种二元对立的文化似乎反映了人类认识的较早阶段，它在中国人眼里更多的是粗犷和野蛮。相反，中国文化特别是儒家文化追求的是消除矛盾对立之后的中庸状态，或者说是平静状态，从而显出一种充满恬淡自然的圆融境界、一种包含了"多样性的统一"②的人文智慧。显然，这也是马一浮所十分欣赏和追求的境界和智慧。马一浮主张以"六艺"体系该摄古今中西一切学术，要求不分古今、汉宋、中西、内外，兼收并蓄、融会贯通，不徇外物、不私内欲、上不媚神鬼、下不欺百姓，以一种充满恬淡自然、包含了"多样性的统一"的圆融境界真正体现了富有中国文化特色的人文主义精神。

总之，无论是"人化"还是"文化"，都需要在达到一定的程度后又能适可而止、恰如其分、有所节制，才是一种理想的人类生存状态。所以完整的人文主义精神中还需要有一个合理的人文化限度，而这正是我们可以补充张岱年先生所倡导的人文主义精神的第三个维度。

---

① 马一浮：《泰和宜山会语》，《马一浮全集》第一册，第70页。
② 丰子恺：《桐庐负暄》，《马一浮全集》第六册（附录），第343页。

第四章　马一浮与宋明儒学

　　宋明儒学是马一浮从事儒学研究的一个主要论域。尤其在复性书院讲学时期，马一浮把他的六艺论儒学思想应用于对宋明儒学的研究、阐述及典籍刻印推广工作中，并成为他在那里所从事的一项主要工作。我们发现，马一浮把这两者结合起来，的确意义非凡，它对于我们无论是对马一浮思想的理解还是宋明儒学的研究都应该是一个很有意义的全新角度。近十多年来，随着学术界对马一浮研究的展开，学术界关于马一浮儒学思想体系的定位、其儒学思想的性质与特色，尤其是马一浮儒学思想与宋明儒学的关系、与现代新儒家的关系等问题，也成为众说纷纭、难有定论的重要问题。但是如果我们从马一浮在复性书院时编辑的一批以《群经统类》为主的有关宋明儒学经典著作系列来看这些问题，可能会有一个新的很好的切入视角。马一浮通过《群经统类》所建构的儒学经典系统，尤其是其中所体现的宋明儒学的思想谱系，实际上是其一贯主张的六艺论儒学的经典呈现。那么我们需要进一步具体追问的是，以《群经统类》经典为中心所确立的宋明儒学的具体面貌是什么？马一浮为宋明儒学确立起的这一个经典系统具有怎样的学术与思想范式功能？它体现了马一浮自己对儒学包括宋明儒学的思想及其传承谱系怎样的独特理解？它对于我们理解传统儒学和宋明儒学具有什么样的价值和意义？马一浮通过对传统儒学、宋明儒学的经典诠释形成了自己怎样的经典诠释理论与方法？马一浮的这些思想对现代新儒学和现当代中国文化的重建又具有什么意义、具有怎样的贡献及启示？ 显然，这些问题对于马一浮思想的研究而言，并不是单纯的某些问题，而是关联马一浮思想内容的整体理解、把握和拓展研究的基本问题，当然也是一些学术界似乎很少提出过的难点问题。

针对上述这些问题，我们将通过研究比较宋明儒学的思想发展进程，特别是宋明理学的《四书》经典体系及其思想谱系与马一浮通过《群经统类》所建构的，以"六艺论"为中心的宋明理学的经典系统及其思想世界，展示马一浮对以"六艺论"经典为中心的宋明儒学的学术史梳理和对宋明儒学思想的传承和创新，也体现了马一浮在经典诠释和思想研究中的独特方法及其理论特色。

第一节　退"五经"尊《四书》:《四书》经典体系的确立

一、宋代儒学思想的多元化世界

宋代由于其已开启社会经济及社会生活的近世化进程，加上实行抑武崇文、重用和优待文士的文化宽松政策，文人、士大夫们无论是治学讲学还是参政议政的风气都较盛，为思想文化的发展创新提供了有利条件，使得宋代思想文化获得了较繁盛的发展。就宏观而言，整个宋代思想呈现为一个以儒学为中心的多元化世界。如宋初有胡瑗、孙复、石介"三先生"等，"熙宁变法"前后又涌现了一大批著名学派如王安石的新学、司马光的涑学，张载的关学、二程的洛学、三苏的蜀学等。南宋时期更是产生了许多在整个中国思想学术史上都是熠熠生辉的思想学说，其代表性人物及其派别就有朱熹及其理学、吕祖谦及其婺学、陆九渊及其心学、陈傅良与叶适等及其永嘉学派、陈亮及其永康学派等。

从思想内容上看，宋代思想界所关心的主题首先是如余英时所言的"重建秩序"①，而这一"秩序重建"的工作包括两个主要层面：一是政治、社会秩序的重建，包括赵宋王朝的政权合法性及其合理性的确立和"卧榻之侧，岂容他人酣睡"的江山一统化追求；二是意识形态上的大一统秩序的重建，尤其是在思想文化上受到了佛道学说的严重挑战之后，如何收拾人心、统一信仰，从而恢复以儒家道德信仰为核心的大一统的伦理思想文化秩序，成为一个重大的时代课题。显然，这样两大层面上的"秩序重建"的工作自然地成为北宋士大夫及一般知识分子的普遍诉求。

首先就政治、社会秩序的重建来说，北宋著名的改革运动"庆历新政""熙宁变法"就是在这种社会思潮影响下以北宋士大夫为主体所推动的政治、社会秩序重建运动。正如陈亮所说，"方庆历、嘉祐，世之名士常患法之不变"②。而"陛下与士大夫共治天下"的政治主体意识和"以天下为己任"的责任担当情怀也是以宋代新儒学为中心的文化发展和以改革为基本取向的政治态势的集中反映。就北宋思想界的主流来说，这些试图通过"得君行道"而予以实现的"外王"事业无疑是大多数关心国家富强而跃跃欲试的士人们最大的期盼。即使到了宋室南渡之后，由于面临的社会、政治状况的巨变，南宋思想界的主要问题也随之发生了种种重大的变化，但是这种试图通过对"得君行道"而实现政治、社会秩序重建的"外王"事业的追求仍然延展到南宋，使包括朱熹等理学家在内的士大夫们一如既往地

---

① 余英时：《朱熹的历史世界——宋代士大夫政治文化的研究》，北京：生活·读书·新知三联书店，2004年，第118页。

② 陈亮：《铨选资格》，《陈亮集》（增订本）卷十二，石家庄：河北教育出版社，2003年，第106页。

追求"得君行道"的理想。可见,"'得君行道'包涵着理学家群体关于实现'外王'的理想,这一点是不容否认,也无法否认的"。①余著曾有专章考证朱熹、陆九渊、张栻等著名南宋理学家是如何迫切地希望通过"轮对"这种方式实现"得君行道"的理想的。②可见,尽管在政治主张、思想观念上南宋时期的士大夫包括朱熹已对王安石等人的政治实用主义倾向有相当多的批评否定,但是士大夫参与政治的路径选择并未脱离王安石时代的基本原型,也就是说,淳熙、绍熙时代的理学家的政治文化仍然延续着庆历、熙宁时代儒学的内圣外王理想。在这个意义上,余英时认为朱熹的时代也可称之为"后王安石时代"③。

其次,由于古代中国王权是一种将政治统治、宗教权威与文化秩序合于一体的"普遍王权",所以它不仅要求建立一种有权威的国家系统以实施有效的军事政治的控制和管理,而且要求确立一种与其大统一的政治统治相适应的知识、思想与信仰等意识形态上的制度化的文化支持系统。北宋统治者也是追求这种"普遍王权"的,因此,它在确立了稳固的政治统治秩序后,也努力重建相应的思想文化秩序。这样,为"适应国家一统的需要,宋朝统治者提出了'一道德而同风俗'的课题"④。

不过,宋代意识形态上的大一统秩序的重建,面临着许多不同的难题。其中一个最大的难题就是随着佛道学说的快速发展和强烈渗透,以儒学为中心的传统思想及其道德信仰体系受到了巨大冲击。而要有效地回应这种挑战,关键是要对传统儒学在形上学理论系统建构上的先天性缺陷和不足作出重要的补充和完善,从而重建新儒学的形上学体系。我们看到,宋代儒学特别是以程朱理学为代表的新儒学,通过对佛道形上学理论

① 余英时:《朱熹的历史世界——宋代士大夫政治文化的研究》,第424页。
② 余英时:《朱熹的历史世界——宋代士大夫政治文化的研究》,第423~457页。
③ 余英时:《朱熹的历史世界——宋代士大夫政治文化的研究》,"自序",第9页。
④ 陈祖武:《朱熹与〈伊洛渊源录〉》,《文史》第三十九辑,北京:中华书局,1994年,第150页。

的充分融摄和创造性转化，的确实现了以理本体论为中心的儒学本体论的重建。他们极力把作为一切存在的根本依据的本体之"理"上升为绝对化、超验化的"天理"，以此来确保其普遍性的品格和神圣性的崇高地位，从而建构了一套以"理"为本体的形上学体系。这样，它不但深化了其儒学本体论的认知维度，而且在一定意义上重建了儒家形上学的价值之维，最终初步实现了本体论的认知之维与价值之维的统一，使自己构建的新的形上学体系具有了较为普遍性的品格，从而在形上学体系的完整构建方面取得了重大成就，达到了中国传统哲学形上学的新高度。而这也正是宋明儒学所实现的形上学理论上的深刻重大的突破，亦是其不同于传统儒学之处。①这样一种具有普遍性和超越性品格的形上学体系，为整个思想与信仰等意识形态层面上的文化支持系统的重建提供了较坚实的基础。事实上，也正是在这种逻辑运作下，作为本体之"理"就成了超越宇宙、自然、社会的根本之"道"，也就是为政治国家、道德伦理、宇宙构架、自然万物提供了同一性依据的"理"，即具有超越个体生命、政治权力、地理区域或时间维度而得到普遍认同的最高真理。这也就是邵雍所说的"天下之物莫不有理"②，程颐所说的"天有是理，圣人循而行之，所谓道也"③。朱熹说："合天地万物而言，只是一个理。"④"至于天下之物，则必各有其所以然之故与所当然之则，所谓理也。"⑤这就有效地回应了宋朝统治者提出的"一道德而同风俗"的意识形态上的大一统秩序的重建要求。

在宋代思想学术界前赴后继地努力完成这样一个重大任务的过程中，宋代儒学特别是以程朱为代表的理学在其中的作用最为突出。然而由

---

①　朱晓鹏：《从朱熹到王阳明：宋明儒学本体的转向及其基本路径》，《哲学研究》2015 年第 2 期。

②　邵雍：《观物》。

③　《河南程氏遗书》卷二十一，《二程集》，北京：中华书局，2004 年，第 274 页。

④　《朱子语类》卷一，北京：中华书局，1986 年，第 2 页。

⑤　《朱子全书》第 6 册，上海：上海古籍出版社、合肥：安徽教育出版社，2002 年，第 512 页。

于他们在建构这样一套以"理"为本体的形上学体系时，为了确保作为一切存在的根本依据的本体之"理"具有其普遍性的品格和神圣性的崇高地位而把它们上升成为绝对化、超验化的"天理"，所以也造成了这种绝对化、超验化的"理"与具体之物之间的分离和割裂，甚至造成了二者对立的二重化世界的存在。因为具有普遍性品格的道德原则如果总是以强制性的律令形式高高在上，以一种异己性、他律性的形式发挥着主导性作用，就无法转化为具有主体自觉的道德意志和道德行为，从而可能与人的真实的生命存在相隔绝，这样就使天理与人欲相对立、心与物相脱节，并由此会进一步造成现实存在的种种流弊，如宋明以后现实生活中出现的过度追求"存天理，灭人欲"、"饿死事小，失节事大"的"以理杀人"的极端化道德现象。这表明了宋代儒学还未能建构起一个真正贯通天人、圆融主客的形上学体系。相反，从实际的思想史来看，以程朱为代表的宋代理学在南宋的发展演变过程恰恰变成了一个通过不断地强化绝对化、超验化的"天理"而日益成为一种高调的道德理想主义的学说。它实际上是一种建立在以道德为中心的德治主义基础之上的内圣之学。从二程到朱熹，宋代理学的发展不断强化了这种"着眼于君德与道德动机的德治主义的儒家传统"[1]，也进一步凸显了伦理道德规范作为终极价值的普遍性、绝对性意义。他们习惯于从一种抽象的普遍主义原则出发来思考和看待一切问题，把格物致知穷理尽性作为根本的学问途径，也是一切行为的起点，而把"治国平天下"当作枝梢末节的"治术"，充其量只是学问修养的实用处。正如萧公权指出的，"理学家哲学思想之内容互殊，而其政论则多相近。约言之，皆以仁道为政治之根本，而以正心诚意为治术之先图"[2]。如程颢在宋神宗、王安石开始变法后，"每进见，必陈君道以至诚仁爱为本，未尝一言

① 韦政通：《中国思想史》下册，台北：水牛出版社，1980年，第1221页。

② 萧公权：《中国政治思想史》，北京：新星出版社，2005年，第331页。

及功利"。①神宗问"致治之要",程颢也是大谈"致治之要"在"正心诚意"、"明善恶之归,辨忠邪之分"②,以致神宗也觉得其"迂阔"。另一著名保守派代表人物司马光也宣称:"天子之职莫大于礼。"③朱熹不仅明确地强调道德原则的至上性、优先性,"古之圣人致诚心以顺天理,而天下自服,王者之道也"④,"圣贤千言万语,只是教人明天理,灭人欲"⑤,而且把道德与事功、义与利当作对立的两极:"凡日用常行应接事物之际,才有一毫利心,便非王道,便是伯者之习。"⑥这样,程朱理学就以其道德理想主义所具有的精神超越功能直接替代了外部世界的秩序建构和意义活动,实际上等于取消了现实生活本身。他们相信只要坚持以道义为中心的"内圣",自然而然会有其事功的"外王"实现,就像他们推崇的董仲舒所说的"仁人正其谊不谋其利,明其道不计其功"⑦,因为讲道义就一定会有事功,事功就在道义之中,这就如孟子所谓"亦有仁义而已矣,何必曰利"⑧。这种只讲道义、内圣,不讲事功、外王的道德理想主义最终被化约为唯道德主义。而当那些道德原则又被当作现成的、"不被论证的"绝对真理时,其所包含的正是"失之毫厘,谬以千里"的错误,不可不察。这正如叶适所批评的:"仁人正谊不谋利,明道不计功。此语初看极好,细看全疏阔,古人以利与人,而不自居其功,故道义光明。后世儒者,行仲舒之论,既无功利,则道义者,乃无用之虚语尔。"⑨可见,宋儒在形上学的哲学系统的构建及内在的道德心性修养方面具有重大的创获,但在政治思想、社会治理等外王方面仍不过

---

① 《河南程氏粹言》卷二,《二程集》,第 1252 页。

② 《河南程氏粹言》卷二,《二程集》,第 1251 页。

③ 《资治通鉴》卷一,第 2 页。

④ 朱熹:《孟子或问》卷一。

⑤ 《朱子语类》卷十二,第 207 页。

⑥ 《朱子语类》卷二十五,第 629 页。

⑦ 《汉书·董仲舒传》。

⑧ 《孟子·梁惠王上》。

⑨ 叶适:《习学记言序目》卷二十三,北京:中华书局,1977 年,第 324 页。

搬演了《大学》《中庸》之正心诚意，《孟子》之尊王黜霸、仁义至上等陈说，"而对于当时实际之政治问题则缺乏创新之贡献"①。

不过，这种高调的道德理想主义固然在北宋程学中已经基本成型，但还只是一种非主流的、边缘性的思想倾向，在当时的思想界尚未产生重要影响，"并没有占据思想世界的制高点"②。到了南宋，特别是经过朱熹等人的努力，这份北宋思想遗产不仅得到了传续，而且得到了进一步的强化，使北宋儒学还讲成己成物、追求内圣外王统一之道的高调的道德理想主义在南宋发生了彻底的"内在化"的转向。所以宋代儒学所具有的"内在化"倾向，其中的重要转折点正是发生在南宋。正如美籍华裔学者刘子健在比较从北宋到南宋的思想文化变化后指出的："从 12 世纪起，中国文化在整体上转向了内向化。"③而南宋开始的这种"内在化"取向此后经过不断的发展又一步一步演化为整个中国社会文化的一种基本品格和特性，深刻地影响了中国社会文化后来的发展。

二、《四书》经典体系的确立

当然，传统儒学中历来有注重内在的道德心性修养、追求以道德人格的自我完善和自我强化为主的内在超越的传统，使儒学很大程度上就成为一种"内圣之学"。但是，为什么会从南宋儒学开始发生了这种思想文化上"内在化"的重大转向呢？我认为，造成南宋儒学这种"内在化"转向上的主要原因，从社会层面上说，既有外在因素上女真入侵和北宋悲剧性的灭亡引发的种种道德堕落的混乱、南宋政治所发生的重大转变使道学家们

---

① 萧公权:《中国政治思想史》，第 297 页。

② 葛兆光:《七世纪至十九世纪中国的知识、思想与信仰》，《中国思想史》第二卷，上海:复旦大学出版社，2000 年，第 310 页。

③ 刘子健:《中国转向内在——两宋之际的文化转向》，赵冬梅译，南京:江苏人民出版社，2012 年，第 10 页。

深感"内在化"道德重建的重要性和急迫性的影响，又有在内部因素上来自南渡以后对王安石变法失败的经验教训的消极总结和儒学自身的内在化思维惯性所造成的"路径依赖"的作用。但是从宋代儒学自身的思想因素上来看，造成南宋儒学这种"内在化"转向的一个重要原因，就是宋代儒学在其基本经典体系的结构上发生了极其巨大的变化，即经历了一个从以"五经"为中心的传统儒学经典体系向《四书》为中心的新儒学经典体系的转变。而正是这一核心性的儒学经典体系的转变为宋代理学的产生发展提供了最重要的文本根据和思想框架，并进一步形成了以程朱理学为代表的宋代儒学的特有理论形态及其根本精神。因为历史上任何重要思想学说的创辟和发展，总是以一定的经典的产生和转换作为基本的依据的。儒学的发展进入宋代，逐渐实现了以理学为代表的新儒学的创新过程，成为中国思想文化史上的一个重要现象。尽管在理论形态上这一过程表现为由汉学向宋学的划时代转型，但在实质内容上实际上首先表现为先秦至汉唐儒学以"六艺"为中心的经典体系向宋代儒学以《四书》为中心的新经典体系的转换，以及由此带来的思想的延异现象。正如有学者所说的："宋初思想的转型，汉学向宋学的转型，经学向理学的转型，就是由经学中'四书学'的兴起推动的。"①因此，深入地考察上述经典文本体系上发生的异动甚至革新，对于理解宋以来新儒学思想的形成和演变、新儒学思想的精神旨趣等，无疑都具有基础性的作用。

正因此，如果说宋以前的儒学及经学经典体系的重心是"六经"（实为"五经"），那么宋以后则是《四书》。尽管这样一个"退五经尊四书"的过程并不是像不少人简单地认为的是在较短的时间里完成的，或者像更多的人认为的以《四书》为中心的新经典体系在宋代儒学中就已确立为当时从官方到学界最主要的儒学经典体系及思想取向，而是呈现出了更为复杂

---

① 束景南、王晓华：《四书升格运动与宋代四书学的兴起——汉学向宋学转型的经典诠释历程》，《历史研究》2007 年第 5 期。

和漫长的过程。由于"退五经尊四书"即宋儒对儒学核心经典体系的重建过程，也由此发生了一场全新的经典诠释运动，并催生了儒学和经学的新形态，所以它不得不经历了一个复杂而漫长的过程。这个过程如果聚焦于儒学经典体系的结构层面上来看，大致可以分为两个主要阶段：首先是由于尊"五经"而兴《四书》，然后是逐渐实现了退"五经"而尊"四书"。

从思想史上看，《四书》经典体系确立的第一阶段是尊"五经"而兴《四书》。这一阶段主要指从北宋到南宋初期。在这一阶段，在尊崇和维护作为官方正统意识形态的"五经"体系的框架之下，《四书》作为儒门经典还处于早期的酝酿和表彰并逐渐被分别确立为新的儒学经典文本的时期。

由孔子所创立的先秦原始儒学是一种以"六艺"经典及其思想为中心的学说，故可称为六艺论儒学。尽管自秦汉以后，由于"六艺"中《乐》经无存，"六艺""六经"或多称为"五经"，也开启了"六艺""六经""五经"常常混称的历史，但作为秦汉至唐宋之际儒学事实上的最基本经典文本，始终是以"五经"为中心的，体现了它与先秦原始儒学在基本经典体系上的一脉相承关系。例如汉武帝建元五年（公元前 136 年）设置"五经博士"这一常设职官，使原"六艺"中的《诗》《书》《礼》《易》《春秋》这五种经典文本借助国家权力的正式确认不仅成为从国家官员选拔到士子的读书课试的"帝国经典"，而且也使"独尊儒术"后的儒学明确树立了自己以"五经"为中心的基本经典体系的权威性。此后直至唐宋，"五经"一直居于官方及儒学自身正统意识形态的中心地位。实际上，"五经"的官方正统意识形态及科举考试、人才选拔的主要经典地位，直到元代皇庆二年（1313 年）以朱熹传注为主的《四书》被确立为科举考试的基本科目和标准定本之后才算被终止，而这标志着《四书》已正式取代"五经"成为正统意识形态和科举范本。

除了官方的正统意识形态领域之外，这一时期民间和学者层面也是以五经为尊。民间一般读书人因受科举的引导，自然大部分都以"五经"为尊,学者士大夫们也大都还是以"五经"为尊,其读书做学问基本上还是"五经"范围。

不过,在维持传统的"五经"权威的表层之下,这一时期的思想学术界早已暗流涌动,正酝酿着爆发一场"思想突破"的运动。而这样一场"思想突破"的运动首先是由于魏晋以后儒学面临了佛道"异端之学"空前严重的挑战,汉唐以注疏章句为主的经学已无法回应这种挑战,因此唐宋之际的儒学已逐渐形成了一股普遍的疑经思潮,并由此进一步把质疑的对象由对经典的解释扩大到经典本身,从而动摇了整个汉唐儒学的传统理论形态。也就是说,唐宋之际的儒学思想发展已达到了这样一个程度,即它已面临两个历史性的任务:一是通过新的诠释方法对传统的"六艺"经典作出符合社会发展要求的新的诠释,并建立起相应的理论体系以"明六经之旨"、张圣人之道。二是为适应建立新的形上学、心性论的需要而必须寻求一批相应的新的经典作为文本依据。正是在这样的思想背景下,"五经"的重要性渐渐被降低,而《四书》开始作为儒门新的经典文本逐渐被确立和重视起来。宋代儒学家们一方面通过疑经、改经不断地否定了原有"六经"的权威性,并在原有"六经"的经典体系中甄别选择出新的经典文本作为重点予以新的解读和诠释,如从《礼记》中分离出《中庸》《大学》作为新的独立经典予以特别的重视和阐发,在原有的"六经"体系中合法地"生成"了新的经典体系。另外一方面,通过把原本作为子书的《论语》《孟子》经过由子入经的升格运动完成了新儒学经典体系的形塑。

《四书》经典体系确立的第二阶段是尊《四书》退"五经"。这一阶段主要指从南宋中后期到元初。在这一阶段,《四书》作为被新确立的儒学核心经典文本逐渐突破原有以"五经"为中心的经典体系的束缚,集结为一个具有内在紧密联系的经典系统,并最终取代"五经"成为儒学新的经典体系。以程朱为代表的宋代儒学家们首先从为学次第、"入德门径"上强调先《四书》后"五经",进而否定"五经"的重要性以尊崇《四书》。像朱熹就声称，从学问的宗旨上说，是以"五经"为要归的，只是若从为学次第、"入德门径"上说，则以《四书》为先。朱熹说："四子，六经之阶梯。《近思录》，四子之阶梯。"①

实际上，这种为学的先后在理学家那里最终还进一步演变成了对"六经"的经典性、权威性意义的否定。程颐认为：

> 学者当以《论语》、《孟子》为本。《论语》、《孟子》既治，则六经可不治而明矣。②

朱熹也说：

> 《易》，非学者急务也。某平生也费了些精神理会《易》与《诗》，然得力则未若《语》、《孟》之多也。《易》与《诗》中，所得似鸡肋焉。③
> 《书》中可疑诸篇，若一齐不信，恐倒了《六经》。④

与此同时，理学家们又不断地突出《四书》的义理之学的意义，并最终使之成为宋代理学所创建的道德性命之学的最重要的经典文本体系。因为原有的"五经"中虽然也包含了不少心性论的义理学说，但由于它们的内容繁多庞杂、涉及领域广泛，且大多文字艰深古奥、涵义晦涩难懂，学者研习起来不仅困难重重，而且往往一时都难以抓住纲要，明了主旨。而《四书》在文本上就简单直接许多，不仅文字上易懂，内容上也比较集中，大都是关于道德心性的义理学说。朱熹之所以退"五经"尊《四书》，主要就是由

---

① 《朱子语类》卷一〇五，第 2629 页。此处"四子"，一般理解为"四书"，即四部子书。也有学者认为此"四子"应指"周、张、二程"，可存疑。

② 《河南程氏遗书》卷二十五，《二程集》，北京：中华书局，1981 年，第 322 页。

③ 《朱子语类》卷一〇四，第 2614 页。

④ 《朱子语类》卷七十九，第 2052 页。

于《四书》能较好地引导人"直得圣人本意",即圣人的道德性命之旨。明代朱学传人薛瑄说:"《四书集注》《章句》《惑问》,皆朱子萃群贤之言议而折衷以义理之权衡,至广至大,至精至密,发挥先圣贤之心,殆无遗蕴。"①朱熹治《四书》,所着力的就是其中所蕴含的丰富完整的心性之学。在他看来,《大学》专讲"德",《论语》专讲"仁",《孟子》专讲"心",《中庸》专讲"理",《四书》合起来就是要系统地阐发修养心性、复归天理的一套理论体系。王祎说:"《大学》在《礼记》中通为一篇,朱子始分为经、传,以明德、新民、止善为三纲领,以格物、致知、诚意、正心、修身、齐家、治国、平天下为八条目。"②可以说,以道德性命之学为最大特色的宋代理学,正是以《四书》为其道德性命之学的核心性经典体系的。正如陈来所说的:"朱熹把《论语》《孟子》《大学》《中庸》合编为'四书',使四书成了宋以后高于五经的经典体系,他一生用力于四书的诠释,具有很高的造诣,这是后来他对四书的解释被奉为科举考试标准的原因。"③在南宋后期,由于受朱子理学的巨大影响,《四书》高于"五经"的地位获得官方及整个儒学群体更多的承认,并最终于元代皇庆二年(1313 年)元朝官方正式确定以《四书》为科举考试的基本科目并以朱熹的《四书集注》为《四书》定本,使《四书》取代"五经"而成为此后数百年中中国官方正统意识形态和科举考试的经典范本,对中国宋以后的历史和文化产生了巨大的影响。

总之, 如果我们不满足于仅仅主要从历史维度上对宋代儒学思想史上重要的思想文化现象及其历史形态作宏观性的线性描述, 那么我们可以从横向维度上通过考察宋代儒学的经典体系的结构变化来展示宋代儒学的基本面貌及其精神追求的变迁。因为在这一个横向维度上,我们可以看到宋代儒学特别是理学在其基本经典体系的结构上还是存在着极其巨

---

① 薛瑄:《薛文清公读书录》卷二,北京:中华书局,1985 年版,第 19 页。
② 朱彝尊:《经义考》,《钦定四库全书·史部》卷一百五十六,第 71 页。
③ 陈来:《宋明理学》,沈阳:辽宁教育出版社,1991 年,第 162 页。

大的变化的，即经历了一个从以五经为中心的传统儒学经典体系向以《四书》为中心的新儒学经典体系的转变。而正是这一核心性的儒学经典体系的转变为宋代理学的产生发展提供了最重要的文本根据和思想框架，并进一步形成了宋代理学的特有理论形态及根本精神。

必须承认的是，由宋代理学所着力推动的这场"尊《四书》退'五经'"的经典转换运动，受到当时深刻的社会历史及思想文化各方面的客观因素的作用，因而具有其必然性和合理性，也具有一定的进步意义和价值。正如张立文所指出的："宋明学术核心话题的转换，使得原有《五经》解释文本作为经学儒学的载体，已经不能为理、气、心、性学术核心话题提供理论支撑和证明力度。……宋明学术思潮的变换，其所依傍的解释文本亦要变更，这是中华学术发展的趋势，也是学术内在逻辑演变的需要。于是宋明学者选择了《四书》(《论语》《孟子》《大学》《中庸》)作为其学术核心话题理、气、心、性所依傍的解释文本。"①从这一意义上也可以说，以《四书》为中心的新经典体系及其相应的经典诠释理论的形成，既是宋代儒学试图向儒学元典回归的一个结果(尽管它是一种片面性的回归)，更是宋代儒学特别是宋明理学借以形成自己的全新理论形态的一个路径和标志。

当然，我们也应该看到，与历史上任何思想运动一样，我们在承认宋代儒学中这场"尊四书退五经"的经典转换运动的历史事实及其思想文化意义的同时，也必须看到宋代思想历史的丰富性、整体性的面貌，以免使思想史的考察局限于归约为单一性的思想脉络的片面呈现。因为从历史上看，孔子创建的原始儒学就是一种以"六经"(六艺)为中心，以中国上古和三代的整个文化知识系统和价值系统为基础，以"六艺"为总体框架的一种六艺论儒学思想系统，体现了孔子对个体理想人格的塑造和对内圣外王理想的统一性追求。同样，在孔子之后直到宋代为止，无论是谁，也无

① 张立文主编，张立文、祁润兴：《中国学术通史》(宋元明卷)，北京：人民出版社，2004年，第15～16页。

论是哪一派，儒家所有的思想传承与创新，都无不围绕着"六经"（六艺）这一儒家传统经典系统的诠释而展开，整个这一时期的儒学思想史也可以说就是一个以"六经"（六艺）为源头和中心建构起来的思想谱系的演变过程。只是从宋代理学兴起后，才构建起了一个以《四书》这一新经典系统为中心的新的儒学经典体系及儒学理论体系，从而打断了六艺论儒学的这一历史进程，兴起了所谓"新儒学"。随着以《四书》为中心这一新核心性经典系统的转移，传统儒学转化为新儒学实际上也逐渐形成了一种儒学内部如以朱熹《伊洛渊源录》为典型的、以道统论为中心的新的儒学思想谱系，不断强化了一种以道统人物及其学派为中心的单一式的儒学史的叙述模式。这种把整个儒学史包括宋代儒学的发展演变化约为一部以道统论为中心的"道学史"，基本上排除了宋代思想史包括儒学思想史本身的多样化的发展路径和整体性面貌，是无法真正认识和把握宋代儒学的全面丰富的整体性内涵和价值的，而且还会进一步影响到以后学术界对作为多样化的思想生态的宋代思想史包括儒学思想史的深入系统的研究。所以，要真正认识与阐明宋明儒学全面而丰富的整体性思想面貌，一个重要的途径就是以原始儒学为参照系，重新回到"六经"这个源头，通过全面而细致地考察宋明诸儒对这一源头的抉发与阐明，去重新认识宋明诸儒的一系列相关思想主张，以此了解宋明儒学的全面而丰富的多元化思想面貌，克服以往研究的盲区，打破现有单一性研究模式高度固化的局面。后面对马一浮"群经统类"的研究，就是以此为目的的。为此，我们从宋明儒学的历史演变特别是宋代儒学《四书》经典体系的确立与马一浮的《群经统类》这一宋明儒学的经典书目的比较为具体的切入口，揭示不同视域中所呈现的宋明儒学的特有形态及根本精神。

第二节 《群经统类》:宋明儒学经典体系的重建

马一浮虽然毕生都致力于治学,但他崇尚孔子的"述而不作"的态度,从不看重自己著述,一生很少写作研究性作品,所以马一浮尽管十分重视宋明儒学,却几乎没有写过专门研究阐述宋明儒学的著作,只是间或有些散论,这无疑给我们了解马一浮关于宋明儒学的看法及其自身思想与宋明儒学的关系造成了较大困难。好在马一浮还为我们留下了一个重要的线索,即他在不同时期特别是复性书院时期为刻书和指导学生阅读而编写的一批以《群经统类》为代表的以宋明儒学为主的名著目录,可以成为我们借以了解马一浮的宋明儒学观及其自身思想与宋明儒学的关系的一个重要切入点。

一、从《四书》返归"六经"

《群经统类》首先为我们展示了一个不同于以《四书》为中心的宋明儒学经典体系。

马一浮一生未勤于著书立说,却始终勤于读书。他博览群书、精研经籍,深知传统典籍的重要性,所以从早年开始,就一再地计划编印各种大型的典籍丛刊。马一浮认为,先儒说经诸书及文集语录为学者研索所必资者,但向来刻书,儒不及佛,今传本或已稀少,难以流布,或刊本杂乱,亟待校勘。马一浮重视刻书,首先是为了使儒学有传,种智不断。他曾多次对弟子们说:"多刻一板,多印一书,即是使天地间能多留一粒种子。"①他还说:

---

① 马镜泉、赵士华:《马一浮评传》,第100页。

"吾曾有意编纂三书:一为《群经统类》,取六经大义可以为学术纲领者。如'礼仪三百,威仪三千',一个敬字可以统摄之类;二为《诸子会归》,取诸子之言,不悖经义者;三为《儒林典要》,取先贤言语,为学子所当知者。今则以垂暮之年,无力及此,望汝辈能继吾之志而完成之。"①早在民国初兴,改立新式教育时,马一浮就反对在学校里完全废除读经,还主张设立精通经典义理的"通儒院"。马一浮在浙江大学讲学时提出的"六艺统摄一切知识学术"的系统理论,其根本目的还是要大家回归《诗》《书》《礼》《乐》《易》《春秋》"六艺"这些原典,以"六艺"经典之学作为古今中外一切学问的根基。因此,马一浮在创办复性书院时,明确规定:"书院确立六艺之教,昌明圣学。"②"书院以综贯经术、讲明义理为教,一切学术该摄于六艺,凡诸子、史部、文学之研究皆以诸经统之。"且书院"六艺之教分通治、别治二门,通治明群经大义,别治可专主一经,先通后别"③。马一浮要求读的经典并不是泛泛而论,什么都可以,而是要明确以孔子所编辑和改造过的"六艺"经典为中心,实行"六艺之教",体现了他对六艺论儒学基本精神的坚守。他所刻的书,也体现了这一主张。这样,在复性书院创办之初,他就提出了自己一直想编印的刻书计划:

> 书院宜附设编纂馆及印书部。编定《群经统类》(先儒说经主要诸书)、《儒林典要》(汉、宋以来诸儒著述之精粹者)、《诸子会归》(先秦、两汉、六朝、唐、宋著述在子部者),并得修订通史,渐次印行,以明文化渊源、学术流别,使学者知要能择。④

---

① 马镜泉、赵士华:《马一浮评传》,第100页。
② 马一浮:《复性书院简章》,《马一浮全集》第四册,第42页。
③ 马一浮:《复性书院简章》,《马一浮全集》第四册,第41页。
④ 马一浮:《复性书院简章》,《马一浮全集》第四册,第41页。

此后,他又起草了《复性书院拟先刻诸书简目》,其中拟先刻诸书有:《群经统类》四十四种;①《儒林典要》三十六种;《文苑菁英》二十种;《政典先河》十六种。他还计划逐步刻印《诸子会归》一百十四家六百二十七卷古籍。②而后,这批书目在实际刻印过程中又有增补,如《群经统类》第一批刻印书中,收录了原有书目中没有列入的《春秋胡氏传》《系辞精义》等八种。

从以上各个计划可以看出,这些编刻计划及书目选本并非马一浮一时编定,而是基于他长期的研究与体会而形成的。尤其值得注意的是,在这些计划中《群经统类》总是居于首要位置,反映了马一浮正是按照其六艺论儒学的理论框架,把体现以"六艺"经典体系为中心的先儒说经主要诸书放在核心经典的地位上,从而力求实现一切学术对"六艺"经典的回归。《群经统类》的设定、编目与刊刻,不过是这一"回归六艺经典"观念的落实,即马一浮自谓的"取六经大义可以为学术纲领者"予以突出。同时,由于《群经统类》的具体书目只在《复性书院拟先刻诸书简目》中列出了明细,虽然其标题"拟先刻"表示这个目录只是其中一部分,但它正好主要是以宋明儒学为主体的一份"先儒说经主要诸书",因此可以说是马一浮所提供的从"六经"视域观察理解宋明儒学的重要依据。为了便于对《群经统类》书目进行具体了解和分析,现将马一浮在《〈群经统类〉拟先刻诸书简目》中的列目加上后来实际刻印中又增加进去的书目共八类五十二种一并列出如下:

1.《易》类

(宋)程颐　《伊川易传》四卷

朱震　《汉上易传》十一卷,附录四卷

---

① 原文中自称"四十二种",实际列出书目为四十四种。

② 马一浮:《复性书院拟先刻诸书简目》,《马一浮全集》第四册,第356~371页。

杨简　　《慈湖易传》二十卷

王宗传《童溪易传》三十卷

胡方平《易学启蒙》通释

吕祖谦《周易系辞精义》一卷

(元)黄泽、赵汸《易学滥觞》三卷,附录一卷

2.《书》类

(宋)苏轼　　《东坡书传》十三卷

吕祖谦《东莱书说》三十五卷

胡瑗　　《洪范口义》二卷

杨简　　《五诰解》四卷

(明)黄道周《洪范明义》四卷

3.《诗》类

(宋)欧阳修《诗本义》十六卷

苏辙　　《苏氏诗集传》十九卷

王质　　《诗总闻》二十卷

辅广　　《诗童子问》十卷

严粲　　《严氏诗缉》三十六卷

袁燮　　《絜斋毛诗经筵讲义》四卷

(明)季本　　《诗说解颐》四十卷

(清)李光地《诗所》八卷

4."三礼"类

(宋)王安石《周礼新义》十六卷,附《考工记解》二卷

叶时　　《礼经会元》四卷

李如圭《仪礼集释》三十卷

(元)敖继公《仪礼集说》十七卷

吴澄　　《仪礼逸经传》二卷

（宋）卫湜　《礼记集说》一百六十卷

（明）黄道周《儒行集传》二卷

（清）江永　《礼书纲目》八十五卷

5.《春秋》类

（唐）陆淳　《春秋微旨》三卷

（宋）孙复　《春秋尊王发微》十二卷

　　　刘敞　《春秋权衡》十七卷

　　　孙觉　《春秋经解》十五卷

　　　胡安国《春秋胡氏传》三十卷，附录一卷

　　　张大亨《春秋五礼例宗》七卷

　　　吕大圭《春秋或问》二十卷，附《春秋五论》一卷

（元）吴澄　《春秋纂言》十二卷，《总例》二卷

　　　赵汸　《春秋师说》三卷

　　　赵汸　《春秋集传》十五卷

　　　赵汸　《春秋属词》十五卷

　　　赵汸　《春秋金锁匙》一卷

6.《孝经》类

（明）黄道周《孝经集传》四卷

7.《四书》类

（梁）皇侃　《论语义疏》十卷

（宋）张九成《孟子传》二十卷

　　　朱熹　《论孟精义》三十四卷

　　　赵顺孙《大学纂疏》

　　　赵顺孙《中庸纂疏》

　　　赵顺孙《论语纂疏》十卷

　　　赵顺孙《孟子纂疏》十四卷

戴溪　《石鼓论语答问》三卷

袁甫　《蒙斋中庸讲义》四卷

8.《乐》类

（宋）陈旸　《乐书》二百卷

（明）朱载堉《乐律全书》四十二卷①

很明显，这个《群经统类》丛书的设定、编目与刊刻，完全是一个以"六艺"为基本框架的经典体系，体现了马一浮不同于宋明儒学的"回归六艺经典"的儒学观。

二、重建宋明儒学经典体系

仔细解读马一浮的这份书目，不单可以看出马一浮不同于以往一般人包括宋明理学家的儒学观，更可以引导我们深入了解马一浮的宋明儒学观，它至少传达了这样三个方面思想特点及其意义：

一是它典型地体现了马一浮六艺论儒学以"六艺"为中心的经典体系结构。马一浮《群经统类》中的"群经"，就是指《诗》《书》《礼》《乐》《易》《春秋》这"六经"，以及《孝经》与《四书》，共八类，总体上是以"六经"为中心的一个经典体系。如前面曾论述过的，在马一浮那里，《孝经》虽不在原本"六艺"之列，但它与"六艺"之间本来就存在着密切的关系，马一浮认为，"六艺之旨约在《孝经》"②，"六艺之道""举本该末、摄用归体，于《孝经》见之"③。所以马一浮在《复性书院讲录》中讲授"群经大义"时，首先要讲《孝经大义》。而《四书》作为一种新的经典体系虽然是后起的，但其中所包含的《大学》《中庸》本为六经之一的"三礼"中《礼记》里的两篇，其义理本就包含在

---

① 马一浮：《〈群经统类〉拟先刻诸书简目》，《马一浮全集》第四册，第356~358页。

② 马一浮：《复性书院讲录》，《马一浮全集》第一册，第185页。

③ 马一浮：《复性书院讲录》，《马一浮全集》第一册，第179页。

"六艺之道"中,所以马一浮指出:"《大学》明德、新民、止于至善,先后有序,是礼教义;依性说相,即性之相也。《中庸》大本、达道,一于至诚,天人和言,是乐教义;会相归性,即相之性也。《大学》摄终,《中庸》兼顿,合即成圆。故先儒只提二篇以显圣道也。"①也就是说,马一浮认为,"六艺"可以统摄《大学》《中庸》之道。《论语》因是记孔子具体言行之书,所以"《论语》大义,无往而非六艺之要"②,它也是马一浮在《复性书院讲录》中讲授"群经大义"时首先要讲的经典。至于《孟子》虽本为子书,但因《孟子》"其言最醇,故以之配《论语》,……同为宗经论"③。总之,《四书》里的经典本就可以归入马一浮所认定的"六艺"的核心经典体系的扩展范围之内,所以马一浮并没有给它们独立的地位,而是将它们与"六经"一起构成了一个完整的六艺论儒学的核心经典系统。换言之,如果把这样一个经典体系放回到宋明儒学的具体历史场景中去,我们就可以称之为是以"六经"包含了《四书》、以"六经"统摄一切学术的儒学经典体系。马一浮在《〈群经统类〉拟先刻诸书简目》所开列的书目及后来刻印增加的书总共八类五十二种,它们是:《易》类7种,《书》类5种,《诗》类8种,《礼》类8种,《春秋》类12种,《孝经》类1种,《四书》类9种,《乐》类2种。它们显然是从六经视域出发观察理解宋明儒学的经典系统的结果。这样,整个《群经统类》就展现为一个由"六艺统摄一切学术"、一切学术以"六艺"为核心而展开这样一个以马一浮六艺论儒学观的基本理念所贯穿的经典系统。

二是它在很大程度上消解了以朱熹为代表的宋代理学家们精心倾力构筑的以《四书》为中心的新经典体系的重要作用和独特意义。我们看到,马一浮在《群经统类》中虽然设立了《四书》类经目,但是首先它只是作为整个以"六经"为中心的儒学经典体系扩展开来后所包括的核心经典的一

---

① 马一浮:《致蒋再唐》,《马一浮全集》第二册,第448页。
② 马一浮:《复性书院讲录》,《马一浮全集》第一册,第134页。
③ 马一浮:《泰和宜山会语》,《马一浮全集》第一册,第12~13页。

部分而存在的,而并不是原来宋代理学家所主张的是一种以《四书》为中心的独立的经典系统。其次,它的构成也不是以历史上公认的朱熹的《四书集注》为主,朱著只选了其《论孟精义》,其余包括了多本非理学系统中的《四书》注本,这说明马一浮只是从一般学术史上来考虑选取较好的《四书》注本,而完全没有在意宋儒原有的《四书》学的学派、"道统"等因素。同样,《群经统类》所选编的宋明儒学家的"六经"类著作,竟然只有程颐的一本《伊川易传》,在整个《群经统类》经目中程朱一系一共只有两本著作入选。

同样的情况也出现在另一份比《群经统类》更大的目录中,即马一浮在《复性书院讲录》中又列出的一份《通治群经必读诸书举要》[1]的说经著作目录。它在《群经统类》原有八类的基础上增加了"小学类"和"群经总义类",书目总数也达九十六种,但马一浮强调"所举约之又约,此在通方之士,或将病其陋略",[2]这说明这些书目都是马一浮所作的精心选择,是"意在养成通儒,并非造成学究"的"'通治门'必读诸书"[3]。在这份马一浮精选的包括自汉魏至晚清的说经书目中,程朱等理学家的著作仍是极少的,大约只有十几种,所占比例之低与其在学术思想史上曾拥有的显赫地位是不相称的。总之,综合《群经统类》和《举要》的书目来看,其所呈现的经典世界与马一浮在浙大和复性书院讲学中所明确提出的六艺论儒学的理论构架是完全一致的,体现为一个以"六艺"为核心而统摄一切知识学术(包括诸子百家、古今学术)的儒学经典体系在具体的学术史特别是宋明儒学史上所呈现出的整体性面貌。显然,《群经统类》等书目首先为我们展示了一个不同于以《四书》为中心的宋明儒学经典体系,已在很大程度上消解了由宋代理学家们通过尊《四书》退"五经"运动而确立起来并曾长久地在

---

① 马一浮:《复性书院讲录》,《马一浮全集》第一册,第112~125页。

② 马一浮:《复性书院讲录》,《马一浮全集》第一册,第124页。

③ 马一浮:《复性书院讲录》,《马一浮全集》第一册,第125页。

历史上发挥着重要影响的以《四书》为中心的经典体系的主导地位，可以说体现了马一浮对孔子首创的六艺论儒学经典体系的坚守和回归，也体现了在马一浮六艺论儒学的理论框架下经典世界所具有的对多样化经典的巨大包容性及贯通性。

譬如，在学术取径上，马一浮治经继承的主要是注重义理的宋学，强调"以义理为主"，即重在思想上对于儒学的理论阐发，但其"群经统类"选目却能够兼顾考据与义理，所以一方面他挑选先儒说经著作进入目录的一个主要标准就是以义理为重，因而所选的各种书目以宋明著作最多，不过另一方面他对版本考据问题也不是完全忽视，而是作为一种技术性前提予以了关注，对于汉学、清学中精于考证、疏解者（如何晏的《论语集解》、孙诒让的《周礼正义》等）也都予以收录。他自己在编选书目及刻书时也对很多著作的版本、源流、优劣选择等往往有很精到的考证、说明。因此，马一浮才会说："不校之何晏的《论语集解》、皇侃的《论语义疏》，不知其择义之精也；不考诸朱熹的《论孟精义》《四书或问》，不知其析理之微也。"[1]在思想倾向上，马一浮对精于义理的朱熹本人有很高的认同，对其治经成绩给予高度的肯定："朱注字字称量而出，深得圣人之用心，故谓治群经必先求之四书，治四书必先求之朱注。"[2]但是马一浮并不认同朱熹他们对注重考据的汉学的排斥。同样，马一浮虽然在思想倾向上较认同朱学，但他不仅没有门户、学派上的偏狭之见，在对整个儒学经典体系的看法上并不认同朱熹一脉力主的《四书》经典体系应为儒学的核心性经典体系的主张，对其几乎从不提及，反而对程朱一系之外的学者群体持完全平等开放的立场，不单在《群经统类》等书目中收入了不少心学家著作，致力于理学、心学的圆融，而且也重视向来被排斥于理学之外的欧阳修、二苏、王安石、张九成、吕祖谦等的著作。正如马一浮在收录了王安石的《周礼新

① 马一浮：《复性书院讲录》，《马一浮全集》第一册，第112页。
② 马一浮：《复性书院讲录》，《马一浮全集》第一册，第112页。

马一浮与现代新儒学——宋明儒学的传承创新

义》后特意说明的：

王氏新经义，向为洛闽诸儒所诟病。今特存之，以广异义，示不以一废百。①

总的来说，虽然以朱熹为代表的宋儒力倡以《四书》为中心的新儒学经典体系在当时有其历史必然性和合理性，也有其不可否认的价值和意义，但它毕竟是对应于那个时代需要的产物，是解决那个时代思想文化课题的一种工具，而不可能是适用于任何时代、任何问题的"万能钥匙"。而马一浮所提出的《群经统类》的经典系统，正是他从出于应对现时代的需要、解决现时代的思想文化课题的任务所构建的六艺论儒学理论及其经典体系出发，去观察、总结宋明儒学时所提供的一个重要的认识维度和分析框架，表达了在很大程度上不同于以《四书》为中心的儒学经典体系的宋明儒学经典世界的整体性面貌。它可以说是其以"六经"统摄《四书》及一切学术的经学观及学术史观的具体表现，体现了马一浮站在现代学术文化的立场上，从更完整、全面的角度和更长远的历史维度上看待宋明儒学的态度，同时它也可以成为我们理解马一浮的宋明儒学观的一个重要途径。

三是它极大地拓展了宋明儒学研究的文献基础。从已有的研究来看，以《四书》为中心的经典体系是宋明儒学研究中的最主要的基础文献，有关《四书》的经典诠释及其理论问题构成了迄今为止宋明儒学研究和叙述的基本范围。但实际上，由于这样的研究范式使得宋明儒学的研究长期以来只聚焦于少数典籍文献和代表人物及其传人，导致其研究的基本文献及研究的核心话题（如理、气、心性）的单一化和有限性，有大量的重要研

---

① 马一浮：《复性书院拟先刻诸书简目》，《马一浮全集》第四册，第357页。

究性典籍文献被排除在研究视域之外，从而造成研究对象和研究问题的很大局限。从《群经统类》等目录就可以看出，如果跳出以《四书》为中心的经典研究的限制，换作从"六经"的视角去审视宋明儒学，就可以发现大量以往没有进入历代及现代研究视野的典籍文献是同样具有相当的理论价值的。

例如，马一浮在《群经统类》的编印计划之外，还一直计划编印另一套大型文献丛书《儒林典要》。①《儒林典要》是一部收录宋周敦颐以来"诸儒发明性道之书"，可说是一部理学丛书。马一浮以为，"六艺皆所以明性道"，而"宋初诸儒皆出入二氏，归而求之六经，固知二氏之说，其精者皆六艺之所摄也，其有失之者，由其倍乎六艺也，然后为六艺之道者定。其言性道至易简而易知易从，及其广大则无乎不备，名之以儒，仍其旧而不改斯可矣"，由此名之为《儒林典要》。②《儒林典要》的书目除了《周子全书》《二程全书》《张子全书》《朱子大全集》《朱子语类》《朱子遗书》等《宋五子书》及《象山全集》《阳明全集》之外，还包含了大量理学之外、非主流学者的著述，共三十六种，书目如下：③

《皇极经世索引》二卷、《观物外篇衍义》九卷　宋张行成

《观物篇解》五卷、附《皇极经世解起数诀》一卷　宋祝泌

《易学辨惑》一卷　宋邵伯温

《龟山语录》□卷④　宋杨时

《游廌山集》四卷　宋游酢

① 马一浮：《因社 Chinese–Renaissance Society 印书议》，《马一浮全集》第四册，第 325 页；《来年办事处诸友应请注意事项》《马一浮全集》第四册，第 356 页等。

② 马镜泉、赵士华：《马一浮评传》，第 100~101 页。

③ 马一浮：《复性书院拟先刻诸书简目》，《马一浮全集》第四册，第 358~360 页。

④ 卷数原缺，下同。

《五峰集》□卷　宋胡宏

《南轩集》□卷　宋张栻

《丽泽论说集》十卷　宋吕祖谦

《横浦心传》四卷　宋张九成

《迩言》十二卷　宋刘炎

《木钟集》十一卷　宋陈埴

《读书记》六十一卷　宋真德秀

《朱子读书法》四卷　宋张洪、齐熙

《象山学谱》□卷　清李绂编

《慈湖遗书》□卷　宋杨简

《鲁齐遗书》八卷　元许衡

《静修集》三十卷　元刘因

《草庐集》□卷　元吴澄

《读书录》十卷、《读录》十二卷　明薛瑄

《居业录》十二卷　明胡居仁

《困知记》二卷、《续记》二卷　明罗钦顺

《读书札记》八卷　明徐问

《士翼》四卷　明崔铣

《洹词》十二卷　明崔铣

《泾野子内篇》二十七卷　明吕柟

《白沙语录》□卷　明陈献章

《医间集》九卷　明贺钦

《高子遗书》□卷　明高攀龙

《顾端文公遗书》□卷　明顾宪成

《龙溪全集》□卷　明王畿

《念庵集粹》□卷　明罗洪先

《圣学宗要》一卷、《学言》三卷　明刘宗周

《榕坛问业》十八卷　明黄道周

《思辨录辑要》三十五卷　清陆世仪

《榕村语录》三十卷　清李光地

《汤子遗书》□卷　清汤斌、雷铉编

马一浮自称这份书目已是"录宋代诸儒书最略"①,可见都是他从浩繁的宋代儒学著述中精心挑选出来的有代表性的文献。同时，由于马一浮未依《四书》体系作框架,也没有学派、门户之主观偏见,所以其所选书目较系统完整。对此,马一浮自己曾专门予以说明:"《宋史》别道学,遂启儒术分裂之渐,不可依准。道学即儒也。儒不学道,何名为儒? 故今一以'儒林'为目,绝诤简滥,亦使学者知所宗归。"②于此可见,这一选目反映了马一浮以自身深厚的学养和卓识而站在现代学术立场上对宋明儒学的一种全新认识。它既包括了从宋到明,尤其是学界较为忽视的元、清学者的重要文献,又涵盖了不同学派、不同类别的文献典籍,甚至还特意收录了一些比较特别的文献,如所列宋代张行成、祝泌所著的有关《皇极经世》《观物篇》著作,马一浮特意说明云:"二书清《四库目录》列入术数类,殊为乖谬。邵子之学固出于《易》,张、祝二家书为欲明邵学者所必读。清人好攻图书,遂并斥邵子,实偏见也。二书传本甚希,宜亟为传刻。"③

　　以上这些做法都显示了马一浮力图通过这些书目呈现出一种较客观、全面的宋明儒学整体性面貌的视域。那么我们需要进一步具体追问的是:以《群经统类》等经典系统为中心所确立的宋明儒学的具体面貌是什么，它反映了马一浮由此产生的对整个宋明儒学的学术史及其思想实质

① 　马一浮:《复性书院拟先刻诸书简目》,《马一浮全集》第四册,第371页。

② 　马一浮:《因社 Chinese-Renaissance Society 印书议》,《马一浮全集》第四册,第325页。

③ 　马一浮:《复性书院拟先刻诸书简目》,《马一浮全集》第四册,第358~359页。

的理解与我们传统的普遍看法有什么不同和特点，同时马一浮为宋明儒学确立起的这样一个经典系统又具有怎样的学术与思想范式功能，等等。对于这些问题，我们将在下面一节进行具体讨论。

第三节　《群经统类》视域中的宋明儒学

任何时代思想文化的重大创新和发展，总是离不开以其新的经典的确立及其相关的经典诠释系统的形成作为标志。在中国思想史上，新经典的确立与思想的延异及变革之间的关系尤为紧密。孔子编定"六经"并以此为儒门的基本经典，对原始六艺论儒学的形成产生了奠基性作用。宋代以《四书》取代"五经"而成为儒学新的核心性经典体系，开启了宋明儒学特别是心性论儒学的思想创新进程。那么以《群经统类》的经典体系为主要视域，宋明儒学又会呈现出一个怎样的思想世界呢？

一、宋明儒学研究的传统范式与思想谱系

首先，从实际思想史过程看，尽管以《四书》取代"五经"而成为宋明儒学新的核心经典体系及其相应的经典诠释理论的出现有其历史的必然性、合理性，但由于它的形成本身经历了一个漫长的过程，它并不是从一开始就能够作为主流性的新儒学经典体系发挥着主导性作用的，所以我们对宋代儒学史的认识既要重视尊《四书》退"五经"这一重要的思想变革运动，又不能被其完全遮蔽，以致看不到在它之外的其他思想运动的丰富多样性，以及它们所同样具有的"思想突破"的性质和作用。可以说，马一浮进行了这方面的有益探索。马一浮以《群经统类》为中心的一批书目，所选择的宋明儒学的一大批基本经典，不仅包括了宋明儒学不同时期、不同

派别的重要著述,而且在内容上完全以"六经"为根柢,涵盖了宋明儒学以"六经"为中心的各种经典,呈现了宋明儒学思想运动的丰富多样性。

的确,从宏观的学术史背景上看,宋代思想文化的确是存在着一种多样化的思想演变图景的。实际上,除非是受到了强行的压制和剿杀,不然任何时代的思想文化现象都不可能是单一性的,尤其是一个时代的思想文化的突破和创新往往都是由多方面的合力所造成的。这一点在宋代思想文化上表现得尤为典型。宋代由于其已开启社会经济及社会生活的近世化进程,加上宋朝王室实行抑武崇文、重用和优待文士的文化宽松政策,文人、士大夫们无论是治学讲学还是参政议政的风气都较盛,为思想文化的发展创新提供了有利条件,使得宋代思想文化获得了较繁盛、丰富的发展,展现出一种多样化的思想演变图景。就宏观而言,宋初有胡瑗、孙复、石介"三先生"等,熙宁变法前后涌现了一大批著名学派,如王安石的新学、司马光的涑学、张载的关学、二程的洛学、三苏的蜀学等。南宋时期有吕祖谦、朱熹、张栻"东南三贤""鼎立为世师"。"宋乾、淳以后,学派分而为三:朱学也、吕学也,陆学也。三家同时,皆不甚合。"[①]就微观而言,宋代的学术流派更是异彩纷呈,仅《宋元学案》中所录学案就有近百个,各种学派数百个,如北宋"庆历之际,学统四起。齐、鲁则有士建中、刘颜,夹辅泰山而兴。浙东则有明州杨、杜五子,永嘉之儒志、经行二子;浙西则有杭之吴存仁,皆与安定湖学相应。闽中又有章望之、黄晞,亦古灵一辈人也。关中之申、侯二子,实开横渠之先。蜀有宇文止止,实开范正献公之先,筚路蓝缕,用启山林,皆序录者所不当遗"[②]。北宋后期有著名的"元祐学术":"'元祐学术'的重点为司马文正一派,苏、黄一派,程子一派的经学思想。"[③]

---

① 《宋元学案》卷五十一《东莱学案》,《黄宗羲全集》第五册,杭州:浙江古籍出版社,2005年,第7页。

② 《宋元学案》卷首《宋元儒学案序录》,《黄宗羲全集》第三册,第28页。

③ 沈松勤:《论"元祐学术"与"元祐叙事"》,《中华文史论丛》2007年第4辑。

而在南宋学术界具有重要影响的浙学思潮,具体也可分吕祖谦、唐仲友的金华学派、薛季宣、叶适的永嘉学派、陈亮的永康学派等。可以说,在中国思想史上,除了春秋战国时期,还没有一个时代能够像宋代一样在思想文化上出现这种"百花齐放、百家争鸣"的繁荣局面。正如陈寅恪所言:"华夏民族之文化,历数千载之演进,造极于赵宋之世。"①宋代思想文化中的某些因素(如浙学)已明显地具有向近世化转型的特征,在当时是走在世界文化的前列的。漆侠指出:"在两宋统治的三百年中,我国经济、文化的发展,居于世界的最前列,是当时最为先进、最为文明的国家。"②即使仅就知识形态的宋代学术而言,由于学者们能以深沉的忧患意识和崇高的历史使命感,以致广大、尽精微、综罗百代、大胆创新的恢宏气势,释放出了灿烂的生命智慧和强大的民族精神,把学术思想推向了一个又一个高峰。

面对这样一种宏富的学术场景,我们该如何去认识和把握其基本面貌、主要内涵及精神价值呢? 我们看到,马一浮借助以《群经统类》为中心的宋明儒学经典体系,在很大程度上较完整地展现了这种宋明儒学思想运动的丰富多样的整体形态。马一浮始终不赞同"儒术分裂"的局面,明确表示对"道学"这类门派观念不愿认同、"不可依准",认为"群籍皆统于六艺。……儒者以六艺为宗本,诸子亦原出六艺,各得其一端"。③虽然各种学术难免有"局而不通"之弊,但那都是对"六艺""各得其一端"的结果,归根溯源,还是汇归于"六艺"的,所以马一浮要更多地用"通"而不是"分"、"统"而不是"别"的态度去看待学术史及其相关文献,以达到"其精者皆六艺之所摄""极其广大则无乎不备"的开阔融通的学术史视野。总之,马一浮以《群经统类》为中心的经典系列以"六经涵括四书及一切学术"为理论框架,不仅包括了宋明儒学中以六经为中心涵括《四书》的基本经典体系,

① 陈寅恪:《金明馆丛稿二编》,上海:上海古籍出版社,1980 年,第 245 页。
② 漆侠:《宋代经济史》(上),北京:中华书局,2009 年,第 2 页。
③ 马一浮:《因社 Chinese-Renaissance Society 印书议》,《马一浮全集》第四册,第 324 页。

还涵盖了宋明儒学不同时期、不同派别的重要著述,在文献层面上较完整地展现了宋明儒学的整体形态。如此,宋明儒学的文献资料及其理论研究的丰富性、多样性将得以呈现,并进一步向整个宋明儒学学术史面貌的重新定位和拓展,从而根本性地推进对宋明儒学的重新认识和理解。

其次,马一浮以《群经统类》为中心的宋明儒学经典体系通过对宋明儒学提供一个不同的视角,为宋明儒学研究展现了一种新的研究方法论路径。仅就现代中国学术语境中的宋明儒学研究范式来看,其按形式来分主要有两类:一是以具体的主题为对象予以展开,如本体问题、人性问题、知行问题、范畴问题,等等;二是以人物为对象,以学派为归趣予以展开。由于具体的主题可以由具体思想者的研究所合成,因此前者往往又采用后者的形式进行具体的研究,使后者实际上成为各种研究的基础与主要形式。而且,这种以人物为对象、以学派为归趣的研究范式既与传统学案体一脉相承,又与西方哲学史的主流研究形式若合符节,因此,这种叙事形式在很大程度上已成为已有宋明儒学研究中的主流形态。就中国固有的学术传统而言,这种以人物为对象、以学派为归趣的学案体,以黄宗羲在《宋元学案》《明儒学案》中所创立的学案体为典范,其最大特点就是在阐述案主的学术思想的同时,十分注重追溯其学术源流、揭示其传承谱系,其宗旨在于要借助一个个学派的建构及其兴衰以判明各种思想的归趣。黄宗羲在《明儒学案·自序》中说:"于是为之分源别派,使其宗旨历然。"[1]黄宗羲还借陶石篑《与焦弱侯书》批评周汝登的《圣学宗传》从伏羲、神农、黄帝、文、武、周公、孔、孟到王栋、罗汝芳共八十四人的所谓圣学传承谱系没有能够以分源别派为宗旨,是"扰金银铜铁为一器,是海门一人之宗旨,非各家之宗旨也"[2]。这都是把学术史定位在对不同人物和学术宗

---

[1] 黄宗羲:《明儒学案自序》,《明儒学案》上,北京:中华书局,1985 年,第 10 页。

[2] 黄宗羲:《明儒学案发凡》,《明儒学案》上,第 17 页。

旨的分源别派上。流风所及，这种学案体几乎成为整个现代中国哲学史及思想史研究的基本范式。近些年来的整个中国哲学史及思想史的研究虽然拓展出一些新的研究领域，但在总体上看，这种以人物和学派为主要对象和范围的基本研究范式不仅没有被突破，反而有进一步被固化的趋势。

宋明儒学实现了思想史上公认的儒学的重大复兴与重建，但它无疑还是在继承先秦儒学的基础上生成的。从历史上看，和儒学史上所有的思想传承与创新一样，宋明儒学的思想传承与创新仍是通过对原始儒学的一些基本经典的诠释完成的。不过这里最值得关注的问题恰恰就在于，随着唐宋之际思想变革的推进，宋代儒学所依据的儒学经典系统已经逐渐发生了变化，即发生了从以"六经"为中心的儒家传统经典系统向《四书》为中心的新经典系统的转移，而整个宋代新儒学的建立也正是以《四书》为中心这一新经典系统的建立与阐明为完成的标志的。可见，随着核心性经典系统的转移，其基本的理论系统也必然随之发生转移和延异。这样，传统儒学就转化为了新儒学，它实际上已经在很大程度上改变了孔子原始儒学以"六艺"（"六经"）为中心的儒家传统理论的思想宗旨和基本精神。余英时所批评的新儒学研究中将"道学从儒学中抽离了出来"[1]的问题其实就首先发生在宋代儒学思想史自身的真实过程中。这意味着，现有的以人物为主线、以学派归属为旨趣的主流研究范式，对于宋明儒学的认识就不仅仅"存在着聚焦于流而忽略于源，进而流与源相分的偏颇"问题，更会进一步导致对儒家传统理论的思想宗旨和基本精神的误解。因为对于宋明儒学的研究来说，脱离了先秦的原始儒学这个源头而单纯地从宋明儒学自身这个流上恐怕难以全面对其理解，而如果这种对以往的儒学源头的追溯仅化约为以人物为对象、以学派归属和定位为旨趣的单一化叙述，那么也仍然是具有局限性的。尤其是随着宋代新儒学以《四书》为中心

---

① 余英时：《朱熹的历史世界——宋代士大夫政治文化的研究》（上），生活·读书·新知三联书店，2004年，第8页。

这一新经典系统的建立与阐明,逐渐形成了一种儒学内部如以朱熹《伊洛渊源录》为典型的、以道统论为中心的新的儒学思想谱系,不断强化了一种以道统人物及其学派为中心的单一式的儒学史的叙述模式,则不仅没有把握到儒学的源头活水,反而把整个儒学史包括宋代儒学的发展演变化约为一部以道统论为中心的"道学史",基本上排除了宋代思想史包括儒学思想史本身的多样化的发展路径和整体性面貌,无法真正认识和把握宋代儒学的丰富内涵和价值,并且也影响到以后学术界对作为多样化的思想生态的宋代思想史包括儒学思想史的深入系统的研究。这不仅使我们对这一时期思想史的认识出现了盲区,而且更易于造成儒学的传统精神在传承中发生断裂,并进一步影响到当代儒学究竟传承与创新什么儒学传统精神及如何实现再传承和创新的问题。

显然,马一浮以《群经统类》为中心的宋明儒学经典体系在为我们提供了一个理解宋明儒学全新视角的同时,也为我们进一步研究宋明儒学提供了一种新的研究范式。无论马一浮这种以"六经"为根柢的学术史路径在某些细节方面还存在什么不足,但其在总体上还是具有比以人物为主线、以学派为归趣的较单一化的学术史叙述模式更开放、更具有包容性和涵盖面的特点。因此,客观来看,只有像马一浮一样,回归到原始儒学的"六经"之源,才能真正找到理解儒学根本精神的最重要途径,排除以往儒学史研究中的一些重要盲区,特别是能避免学术史研究往往只聚焦于流而忽略源,以致造成流与源相分的局限性,打破现有研究模式高度单一化和固化的局面。

二、《群经统类》呈现的宋明儒学的思想世界

从马一浮以《群经统类》为代表的一批精选的刻印书目可以看出,它不单单是一批不同于以往宋明儒学经典体系的书目,更是表现了马一浮

为我们对宋明儒学的理解提供了一个完全不同的视角，即从"六经"的维度展开的对宋明儒学的重新认识。具体而言，马一浮通过《群经统类》所呈现的宋明儒学的思想世界具有以下两方面突出特点：

一是正本清源，力求回归于六艺论儒学的原生理论形态。

马一浮一生重视梳理学术源流。早在青年时期，他游美、日返国，在西湖广化寺饱览了《四库全书》等大量图书后，就"有志于二宗：一是儒宗"，著秦汉以来学术之流派；二是文宗，"纪羲画以降文艺之盛衰"。[①]还计划比较中西学术，"欲综会诸家国别、代次，导源竟委，为《西方学林》，辅吾儒宗，以竢来者。又欲草《西方艺文志》，著其类略"[②]。马一浮的这些计划虽然没有实现，但从他后来一再计划编印的《群经统类》《儒林典要》这些计划中可以看出，它们还是部分地延续了其早年的志趣。尤其值得注意的是，由于马一浮相信"先圣之教，备在经籍"[③]，所以马一浮治学十分重视从经典原著入手，借助于传统目录学辨章学术、考镜源流的精神与方法，引众流以归儒宗。马一浮这种注重从经典原著入手的治学路径反映了他受传统目录学、经学的影响。不过根据马一浮中后期逐渐成熟完善的六艺论儒学的观点，"六艺"是一切学术的总源头，自然也是儒学的总源头，因此一切学术包括儒学要追根溯源，当然是要回归于"六艺"，以"六艺"为根源。马一浮说："窃谓群籍皆统于六艺。……儒者以六艺为宗本。诸子亦原出六艺，各得其一端。"[④]在这样的观念引导之下，马一浮必定以六艺论儒学作为基本的学术框架去认识和规范历朝历代的一切学术，楷定其归属和意义。所以他说："圣人以何圣？圣于六艺而已。学者于何学？学于六艺而已。"[⑤]正因此，马一浮认为，"六艺之学"不仅是当年孔子之教、整个儒学的根本之

① 马一浮：《致何稚逸（一）》，《马一浮全集》第二册，第 293 页。
② 马一浮：《致何稚逸（二）》，《马一浮全集》第二册，第 294 页。
③ 马一浮：《致宗白华（一）》，《马一浮全集》第二册，第 444 页。
④ 马一浮：《因社 Chinese-Renaissance Society 印书议》，《马一浮全集》第四册，第 324 页。
⑤ 马一浮：《泰和宜山会语》，《马一浮全集》第一册，第 17 页。

教,也是现代社会仍急需的根本之教,他所主持的复性书院就是确立以六艺为教的。[1]由于大力倡导致敬和回归于"六艺之学",所以在马一浮看来便不免有"六艺"之外无复有学、"六艺"之后无须多学的观念,这点从他自己不喜著述可证,也可从他曾称赞"通六经、贯百氏"却未尝著书的宋代学者林艾轩所言"道之本体同于太虚,六经既发明之,后世注解已涉支离,若复增加,道愈远矣"可见一斑。[2]这些都表明了马一浮对"六艺之学"的推崇已达到了无以复加的程度。

正因为如此,马一浮完全是站在六艺论儒学的立场上去看待宋明儒学的。也就是说,在马一浮那里,宋明儒学不过是原始的六艺论儒学在新的历史时期的表现形态,本质上并未发生变化。所以,马一浮的《群经统类》等书目中所呈现的宋明儒学,仍是一个以六艺论儒学的经典体系和理论体系为基本框架的思想世界。结合前述宋代儒学中尊《四书》退"五经"的历史过程可知,在整个宋代,"五经"在上至官方下至一般学者那里还是受到尊崇的,即使到了南宋时期,以《四书》取代"五经"而成为儒学研习的核心性经典,主要发生在以朱熹为代表的理学家那里,也可以说只是他们少数人的自觉行动,而在大多数学者那里,如南宋浙学的陈傅良、叶适、吕祖谦等均以治"五经"为主,湘湖学派的张栻也仍主张治学应"使之诵《诗》、读《书》、讲《礼》、习《乐》,以涵泳其情性,而兴发于义理"[3]。可见"五经"至少在表面上还是受尊崇的,《四书》并没有作为儒学的核心性经典得到广大宋代学者有意识的特别推崇。从这个意义上来看,马一浮从六经的维度出发对宋明儒学所作的六艺论儒学的定位和解读,应该更符合宋明儒学思想史的实际状况。而且在马一浮看来,甚至是连程朱一系的理学,

---

① 马一浮:《复性书院简章》,《马一浮全集》第四册,第 42 页。

② 马一浮:《蠲戏斋杂著》,《马一浮全集》第四册,第 105 页。

③ 张栻:《雷州学记》,《南轩集》卷九,杨世文、王蓉贵校点:《张栻全集》,长春:长春出版社,1999 年,第 689 页。

都并没有超出"六艺之学"的范围。马一浮认为,他们虽然曾经出入佛老,
但最终均以六经为归趣:"濂洛诸贤莫不参悟,归而求之六经。"①所以马一
浮肯定"伊川谓明道出入二氏归而求之六经之言",并认为"洛闽之学,莫
不如是"。②显然,无论马一浮这种以"六经"为根柢的学术史路径在某些细
节方面还存在什么不足,但其在总体上还是具有比以人物为主线、以学派
为归趣的较单一化的学术史叙述模式更开放、更具有包容性和涵盖面的
特点。因此,客观来看,只有回归到"六经"之源,才能真正找到理解儒学根
本精神的最重要途径,避免学术史研究只聚焦流而忽略源,造成流与源相
分的偏颇,进而克服以往研究造成的盲区,打破现有研究模式高度单一化
和固化的局面。同样,以此为论,我们可以发现,要认识与阐明宋明儒学,
似应与马一浮一样回到"六经"这个源头,从细审宋明诸儒对这一源头的
抉发与阐明来认识其对儒学的创新和发展。即使程朱一系的理学,也可以
通过考察其《四书》与"五经"的关系,以及围绕着其所确立的新经典《四
书》所展开的论证与诠释,比较根据不同的儒学经典系统及其转移对于儒
学理论形态而产生的重要影响,不仅有助于从六艺论儒学的视域认识宋
明理学的别样形态,而且有助于充分展现宋明儒学的整体形态。而这一切
应该可以进一步证明马一浮所倡导的这种以六经为根柢的学术史研究范
式至少同样可以成为学术史研究的一种重要路径。

二是强调体现"多样性的统一"的儒学整体性的优先价值。

葛兆光认为,宋人的两个说法常常成为哲学史家关注的重要话题,一
个是赵普告诉宋太祖说的"道理最大"的话;另一个就是宋代君臣士大夫
们都常说的"一道德、同风俗"的话。③回到真实的历史场景上看,这的确是

---

① 马一浮:《致洪巢林(七)》,《马一浮全集》第二册,第365页。

② 马一浮:《圣传论序》,《马一浮全集》第二册,第29页。

③ 葛兆光:《回到历史场景:从宋人两个说法看哲学史与思想史之分野》,《河北学刊》2004
年第4期。

第四章 马一浮与宋明儒学

两个相当重要的思想话题并被进一步演变为思想主题。深入一步来看，它们其实是相互关联、转进的一体两面的问题。宋太祖问"天下何物最大？"赵普答之"道理最大"，"道理最大"被史家看作开宋代理学的一个象征性话语。《传贻书院记》里说，"道理最大"这句话，"识者谓开万世理学之原，猗然盛哉！自时厥后，天下设立书院，通古学今之士，彬彬辈出"[①]。为什么呢？因为由于肯定了"道理最大"，等于承认了在各种具体的知识、观念之上还存在着一个绝对性的价值，这就是"天理"或"道"。这样，认识和论证这种作为最大价值的"天理"或"道"就成了士大夫们的最高追求，而掌握了这些"道理"的士大夫自然也就具有了崇高的地位，并在宋代崇文尚学风气的加持下，成就了"得君行道"的参政议政机遇和宋代思想文化的全面繁盛，尤其是形成了从"宋初三先生"经由周敦颐、二程，再到朱熹而集大成的"理学"和"道统"。而这样一来也往往造成了把这种"理"的脉络和"道统"的谱系当作学术史叙述的基本线索的哲学史范式，正如葛兆光指出的："很多早期的中国哲学史就是以这个'理'和理学家为中心叙述宋代哲学的，这使得古代儒学家的'道统'暗渡陈仓，成了哲学史的'系谱'"，"所以，所谓宋代哲学史，就是根据《伊洛渊源录》到《宋元学案》的道统叙述而来的"。[②]

然而，这种以理学和"道统"为中心的学术史叙述虽然较充分地展示了宋代理学的思想成就，却由于过度聚焦于这一中心而有意无意地忽视了广大边缘和整体性思想文化的存在，导致思想史视域的狭窄化和片面性。因为当强调一种"最大道理"的至上性存在时，就已经面临了否定其他次要道理或多样化道理存在的可能性，并以这种一元性的、统一化的"最大道理"为追求的终极目标，"一道德、同风俗"实际上可以说就是这种"最

①　文及翁：《传贻书院记》。

②　葛兆光：《回到历史场景：从宋人两个说法看哲学史与思想史之分野》，《河北学刊》2004年第4期。

大道理"的世俗化版本。所以,尽管"一道德、同风俗"反映了宋代君臣士大夫们对重建社会政治的良好秩序的期望,但它"有一个很重要的目的就是统一思想和学术,经由教育而清除异端"①。王安石批评"一人一义,十人十义,朝廷欲有所为,异论纷然"②,正是希望能有一个"最大道理"来统一思想,消除"异论纷然"的现象。熙宁变法中宋神宗就支持以王安石的著作来统一各界的纷扰。朱熹说:"所以王介甫行《三经字说》,说是一道德风俗,是他真个使得天下学者尽只念这物事,更不敢别走作胡说,上下都有个据守。"③朱熹自己更是大力清理门户,讨伐异端,纯洁道统,甚至专门作《杂学辨》,倡导先王之世"一道德,同风俗",使"天下之大,人无异言,家无异学"。④他说:"夫道……着不得许多异端邪说,只须一一剔拔出后,方晓然见得个精明纯粹底无对之道。"⑤总之,"一道德,同风俗"的意识形态大一统的追求与理学和道统的唯一至上性诉求是一致的,它们在谋求统一的思想文化认同的同时,也造成了对丰富多样的思想文化生态的破坏和遮蔽,造成了思想文化整体性的分裂和碎片化。

马一浮的儒学观、学术史观显然与此相反。马一浮从其"六艺统摄一切学术"的基本观念出发,不仅反对把儒学和学术史分裂和碎片化,而坚持用整体性的观点予以理解,而且明确提出要用会通、圆融的方法来实现和维护这种整体性。

在这个问题上,马一浮认为从儒学自身来看,儒学即"六艺之学",而"六艺之学"本身是一个有机的整体。马一浮明确提出,在儒学内部要"经

① 葛兆光:《回到历史场景:从宋人两个说法看哲学史与思想史之分野》,《河北学刊》2004年第4期。
② 马瑞临:《文献通考》,上海:商务印书馆,1930年,第292页。
③ 《朱子语类》卷一〇九,第2694页。
④ 朱熹:《杂学辨》,《晦庵朱文公文集》卷七十二,《朱子全书》第二十四册,第3495页。
⑤ 朱熹:《答吕伯恭》,《晦庵朱文公文集》卷三十三,《朱子全书》,第二十一册,第1426页。

术与义理为一，不分今、古，不分汉、宋，不分朱、陆"①。马一浮的六艺论儒学主张"六艺统摄一切学术"，即一切思想学术终归于"六艺"，但"六艺"之所以能够统摄一切学术，其根本原因在于"六艺实统摄于一心，即是一心之全体大用也"②。在马一浮看来，六艺论儒学的根本在于义理，这种义理是基于人本来所具的性德自然流出、合于天道者，因而可知"六艺本是吾人性分内所具的事，不是圣人旋安排出来的"③，也就是说它不是外在的文句、知识、见闻、利害等，而是根据世界和人的本性而豁显出来的人的道德价值、属人的生活原则等基本原理。因此，一切学术研究都应以追求义理为主，而不应纠缠于文句、知识等细枝末节上的争论，更不应由那些分歧进而演变为分门立派，相互攻击排斥："义理之学最忌讲宗派、立门户。"④他认为，历史上无论是考据之学与义理之学、今文学与古文学的争论还是汉学与宋学、朱学与陆学的分歧，都是各执一偏、"局而不通"的结果，囿于门户之见。他说：

> 今古文之分，乃是说经家异义，于本经无与。今文出口授，古文出壁中，偶有异文，非关宏旨。……故必以经为主，而后今古文之见可泯也。……然今文家亦有精处，古文家亦有驳处，当观其通，不可偏执。⑤

基于历史原因造成的今古文差异本不可怪，也各有所长，但演变为学派之争多因各有偏执、不能以通相观的结果。在这方面马一浮对清代经学批评尤甚，认为"清代经学家今古文各立门户，多不免以胜心私见出之，著述虽多，往往乖于义理"，所以马一浮提出："六经皆因事显义，治经当以义为

---

① 马一浮：《尔雅台答问》，《马一浮全集》第一册，第413页。
② 马一浮：《泰和宜山会语》，《马一浮全集》第一册，第16页。
③ 马一浮：《泰和宜山会语》，《马一浮全集》第一册，第15页。
④ 马一浮：《尔雅台答问》，《马一浮全集》第一册，第412页。
⑤ 马一浮：《尔雅台答问》，《马一浮全集》第一册，第412页。

主,求其当于义而已,不必硁硁于今古文之别。"①

同样,对于历史上的汉学、宋学之别,马一浮也有不同于常人的态度:

> 汉、宋之争,亦复类此,为汉学者,诋宋儒为空疏;为宋学者,亦鄙汉儒为锢蔽。此皆门户之见,与经术无关。知以义理为主,则知分今古、汉宋为陋矣。②

马一浮认为,"治经当以义为主",但是也要适当兼顾章句考证,如此不仅能平息汉、宋之争,也体现了公允平正的治学态度。马一浮自己在治经中就很好地做到了这一点,无论是在编辑刻印《群经统类》《儒林典要》这些典籍时,还是在复性书院讲授群经大义时,都既对《孝经》《尚书》《周易》及其他一些典籍的版本源流作了历史的考证梳理、对历代注疏作了认真的取舍及说明,又反复强调不能拘泥于这些文句、考据之学,以免陷于支离破碎之蔽,从而能予以超越,达到知类知要,通于义理。只有这样才能真正摈弃门户、贯通诸家,体现对今古文之学、汉、宋之学的会通。

宋代儒学中还有著名的朱、陆之别,马一浮对其也持否定态度。他说:

> 义理之学最忌讲宗派、立门户,所谓"同人于宗,吝道也"。
>
> 先儒临机施设,或有抑扬,皆是对治时人病痛,不可执药成病。程、朱、陆、王,并皆见性,并为百世之师,不当取此舍彼。但其教人之法亦有不同,此须善会,实下工夫。若能见地透澈,自然无疑矣。③

马一浮主张为学应以义理为主,所以他在总体上是偏向于认同优长于义

① 马一浮:《尔雅台答问》,《马一浮全集》第一册,第 412 页。
② 马一浮:《复性书院讲录》,《马一浮全集》第一册,第 108 页。
③ 马一浮:《尔雅台答问》,《马一浮全集》第一册,第 412~413 页。

理之学的宋明儒学的。至于宋明儒学内部的程朱、陆王之学的差别，马一浮认为，它们的差别主要是在具体的"为学之方"上的差别，并不是它们有什么根本的不同。程朱、陆王之学都是强调明心见性、反求诸己之学，在这一点上两者并无二致，但在因材施教、因病予药、随机指点等治学方法和路径上，它们各有侧重和发挥。所以马一浮认为，它们在明心见性、阐发义理的层面上皆可为"百世师"，在心性之学上成就巨大，因而为学者应合而观之，择善而从，不应简单地选边站队、排斥异己。总之，在马一浮看来，朱、陆并不是必须"取此舍彼"的两极，而是在义理的体察和教人之法上各有特点、可以借鉴的学术典范，共同构成了宋明儒学的理论高峰和丰富内涵。

那么为什么会有这些不同的派别存在呢？马一浮认为，关键还是在治学上未能达到"通"的境界。马一浮在为复性书院学生写的《读书法》中强调的"读书之道"之第一条就是要做到"通而不局"。①他认为："今言专门，则封域愈狭，执其一支，以议其全体，有见于别而无见于通，以是为博，其实则陋。"②治经者往往各主一经，守其师说，各自名家，"人持一义，各不相通"③。由此造成"执一而废他"的局面，就像井龟不可语于海，夏虫不可语于冰一样，自然会引起相互歧见纷呈、门户林立。马一浮指出："儒家既分汉、宋，又分朱、陆……万派千差，莫可究诘，皆局而不通之过也。……欲除其病本，唯在于通。"④正可谓"通则曲畅旁通而无门户之见"⑤。

总之，马一浮从其六艺论儒学的基本精神出发，必然会强调从整体性上来认识和把握宋明儒学。因为既然"六艺之学"统摄一切学术，一切学术都不过是"六艺之学"的整体之道的一个部分，有偏有失本也正常，历史上

---

① 马一浮：《复性书院讲录》，《马一浮全集》第一册，第106页。
② 马一浮：《复性书院讲录》，《马一浮全集》第一册，第106页。
③ 马一浮：《复性书院讲录》，《马一浮全集》第一册，第107页。
④ 马一浮：《复性书院讲录》，《马一浮全集》第一册，第108页。
⑤ 马一浮：《复性书院讲录》，《马一浮全集》第一册，第106页。

那些分门别派之说、得失是非之见,都应是整体性的"六艺之道"之一隅:"以六艺统之,则知其有当于理者,皆六艺之一支也;其有乖违析乱者,执其一隅而失之者也"①,所以在马一浮看来,尽管在儒学史上有今古文之争、汉学宋学之别、程朱陆王之异,却并不妨碍它们都可以统摄于"六艺之道",是六艺论儒学的整体性形态的某一侧面、某一局部或在某种特定历史情境中"因病予药"的观念呈现。正因此,马一浮的宋明儒学观表明了他从根本上不认同那些尊《四书》退"五经",以及编造所谓"道统"的做法,从来没有正面肯定过《四书》是可以取代"六经"而成为儒学的核心经典体系,而是明确地把《四书》统摄于"六经"的经典体系之中;同样马一浮也从来没有认同过关于"道统"谱系的叙述可以成为儒学史书写的唯一形态,把整个儒学的发展演变化约为少数几个圣贤之间"不传之学"的授受,而是始终坚持以六艺论儒学的整体性观念来透视宋明儒学的各家各派,在深入了解各家各派的基础上,更多地强调了它们"同"的一面,即其万源归一、汇于"六艺"的一面,从而断其"执一而废他"、知异而忘通的流弊,教人更多地树立起儒学的整体性观念。马一浮曾经把能够在繁杂多样的事物中看到自然的"多样性的统一"当作达到"最高艺术"的境界,②这与他强调儒学的整体性观念是完全一致的。

事实上,马一浮这种强调儒学的整体性形态的观念对于我们重新审视儒学史特别是宋明儒学史是富有启发意义的。正如《群经统类》等书目所显示的,对于真实历史中的宋明儒学学者而言,"六经"的整体性存在几乎构成了他们绝大多数人共同的不言而喻的知识、教育与精神生活的基本背景,而他们的所有思考也始终没有溢出"六经"的整体性范围。马一浮《群经统类》等书目这种从儒学的整体系统来考察儒学的演化的新的研究方法,可以让研究者跳出现有的以人物为对象、以学派为归趣的单一化传

① 马一浮:《复性书院讲录》,《马一浮全集》第一册,第109页。
② 丰子恺:《桐庐负暄》,《马一浮全集》第六册(附录),第343页。

统研究范式的局限,通过努力回归到以"六经"为中心的广阔论域中去重塑宋明儒学历史地展开的原生形态,并由此获得对宋明儒学丰富多样的思想内涵和一以贯之的精神旨趣的重新认识,从而有利于对整个宋明儒学史面貌的重新定位和拓展,由此根本性地推进当代学界对宋明儒学的重新理解和进一步研究。同时,它还可以进一步探明以"六经"为中心的宋明儒学作为有机整体所呈现出的各种全新的思想特点,掌握它在实现思想传承与理论创新中所具有的内在机理和独特路径。这些不仅有助于我们对历史中宋明儒学的真实面貌进行更深入的研究,而且有助于揭示中国传统思想文化不断更新延续的内在动力,直接助推当下中国文化乃至人类各种历史文化的传承与创新。

第四节　马一浮对宋明儒学的传承创新

现代新儒学是传统儒学的继承和开新,而在传统儒学中,宋明儒学被普遍地认为是其最主要的理论来源,或者说被认为是"接着"宋明儒学讲的。当然,这个被当作现代新儒学的"源头活水"的主要是指宋明儒学中的理学,所以"从一定意义上说,现代新儒学就是现代的宋明理学。不论是'新程朱',还是'新陆王',都是'接着'宋明理学讲的,是宋明理学在现代的复兴和重建"①。不过,现代新儒学对宋明儒学的继承,主要不是也不可能是全盘性的继承,而主要表现为前者对后者在问题意识特别是核心话题、基本精神和思想旨趣等一些主要方面的吸收借鉴。不可否认的是,现代新儒学除了有对传统儒学尤其是宋明儒学继承的一面,还有其超越和创新的一面,而且在不同的现代新儒学的代表人物那里,这种继承和创新

① 方克立:《〈现代新儒学与宋明理学〉序》,李道湘:《现代新儒学与宋明理学》,沈阳:辽宁大学出版社,1998年,第1页。

的内涵和方式、路径等又是各不相同的。作为现代新儒学的开创者,马一浮学术研究的问题意识可以说仍处于传统儒学特别是宋明理学的话语体系之中,其关注的核心话题是接续了宋明理学的,其表达的基本精神、思想旨趣也渗透了所受的宋明理学的深刻影响,甚至他在浙大和复性书院的学术讲论方式也延续了宋明儒学所常用的讲录和答问体裁,这些都表明了马一浮以六经为根柢,以宋学为主要学术取径,兼容各家的学术特色。总体而言,马一浮以其独特的六艺论儒学为基本的理论框架,不仅通过开列的《群经统类》等书目为我们理解基于经典的传承与创新而实现了知识范式转型的宋明儒学给出了一条新的路径,而且也为自己接续儒学传统,在传承宋明理学的精神资源基础上实现思想理论的创新和超越给我们提供了一个鲜活的典范。

一、以易释理:理本体的追寻

"理"的本体论建构无疑是宋代理学最迫切的一项核心性话题,而宋代理学的其他一系列重要话题如心性道德、体用功夫等,无不是在此基础上的逻辑展开。

宋初名相赵普的"道理最大"一语实可称为有宋一代精神文化领域的一面旗帜。随着唐宋变革的社会转型的展开,以疑经改经为开端的经学批判思潮逐渐推进,一步步动摇了原有注重章句训诂的汉唐儒学的权威地位,而催生了注重义理之学的新儒学思想的萌发。宋儒重视的"义理之学"当然不是一般的道理,而是"最大的"道理,即具有最高价值的"理"或"天理"。而程颢称这"天理"是"自家体贴"出来的,正是表明了其在"理"的本体论的理论建构层面上所实现的实质性创新的确开创了理学思想的新时代。由此,"道理最大"这句话可看作是下开宋代理学的一个象征性话语。作为"道理最大"的绝对价值的体现,"理"是超越于各种具体的知识、观念和事物的最高存在，是一切思想、观念和行动所应关注的中心，并在理学运动中上升成为本体层面的"天理"予以阐发和系统的理论建构，最终形成了一个"以理为本"的理学思潮，"识者谓开万世理学之原"。宋明理学的这种起源决定了它的思想指向主要是一种理性的诉求。确认万事万物存在背后具有的根本理据，阐明历史表象背后具有的合理逻辑，这正是宋明儒学被标识为理学的根本原因。

从儒家形上学的发展过程上看，以朱熹为代表的宋儒的主要使命是为了弥补传统儒学在形上学建构上的先天性缺陷和不足，需要在吸纳道释等思想成果基础上回应来自道释的形上学挑战，构建一个以天道观为中心的理学本体论，所以宋代儒学重在构建"天理"的本体地位，表现在理论形态上，就是通过对理与气、无极与太极、天地之性与气质之性等基本问题的辨析，确立起天理的至高无上和绝对权威的地位。"天理"的本体地位的确立，意味着宋代儒学的整个理论系统是努力建基于客观的自然原则基础上的，其"格物穷理"的方法论正是希望通过发现一切事物背后的"理"，与作为最高本体的"天理"具有着高度的吻合性，这样一方面既确证了"天理"的"理一分殊""月印万川"的特性，另一方面又表现了理学建构所具有的理性原则，从而在很大程度上显示了人的理性精神的高扬。可以说，高扬理性，以理性原则建构并呈现一个理的世界，这是宋代儒学在接续先秦儒学的基础上，创造性地以哲学改造汉唐经学，实现经学向理学转型的一个最显见标志，也是其最根本的成就。

不过，为了突出"理"的这种至高本体地位，朱熹等宋儒又存在着将理本体绝对化的倾向。在朱熹看来，"理"作为宇宙间最高的存在本体，是超越一切具体事物的绝对的、客观性的存在，它并不依赖于具体事物的存在。朱熹说："若理，则只是个净洁空阔底世界，无形迹，它却不会造作。"[1]

---

[1] 《朱子语类》卷一，第3页。

"未有事物之时，此理已具。少间应处，只是此理。"①这样，在朱熹那里，理虽然涵摄事物，但两者终究有形而上与形而下之别，他说："事物虽大，皆形而下者；理虽小，皆形而上者。"②"理也者，形而上之道也，生物之本也；气也者，形而下之器也，生物之具也。……其理器之间，分际甚明，不可乱也。"③朱熹理学在强调理作为最高本体应具有其普遍性品格和终极性特质的同时，又把理、物分割为两个不同甚至对立的世界，世界终究被当作一种二重化的存在。他说，"所谓理与气，此决是二物"④，"同者，理也，不同者，气也"⑤，"若便将那形而下之器作形而上之道，则不可"。⑥朱熹的这种理气二元论，归根结底是要把"理"作为绝对价值完全凌驾于一切具体的事物之上，"就具体事物而言，每一个对象都一无例外地受普遍之理的制约"⑦。从历史上看，朱熹理学本体论的这种理气二元论，在完成宋代理学的本体论建构方面，自有其价值和意义，但也包含了不可避免的矛盾和缺陷，从而导致后来的阳明心学在本体论上对其展开深刻批判并实现了本体论上的重大转向。⑧

马一浮在哲学本体论上是基本上继承了宋明儒学的理本体论的，但对理本体论的接纳，有他自己独特的切入口，即坚持以六艺论儒学的视角以《易》释理，从而得出了理气一体、事理圆融的本体观。他说："今说义理名相，先求诸《易》。"⑨《易》的基本原理有三义：变易、不易、简易。若以此易之

① 《朱子语类》卷七十五，第 1936 页。

② 《朱子语类》卷七十五，第 1936 页。

③ 朱熹：《答黄道夫》，《晦翁先生朱文公文集》卷五十八，《朱子全书》第二十三册，第 2755 页。

④ 朱熹：《答刘叔文（一）》，《晦翁先生朱文公文集》卷四十六，《朱子全书》第二十二册，第 2146 页。

⑤ 《朱子语类》卷一，第 9 页。

⑥ 《朱子语类》卷六十二，第 1496 页。

⑦ 杨国荣：《王学通论——从王阳明到熊十力》，上海：上海三联书店，1990 年，第 9 页。

⑧ 朱晓鹏：《从朱熹到王阳明：宋明儒学本体论的转向及其基本路径》，《哲学研究》2015 年第 2 期。

⑨ 马一浮：《泰和宜山会语》，《马一浮全集》第一册，第 31 页。

三义来看待理气关系，则不难理解理的变与不变的关系奥秘："学者当知气是变易，理是不易。全气是理，全理是气，即是简易。只明变易，易堕断见；只明不易，易堕常见。须知变易元是不易，不易即在变易，双离断常二见，名为正见，此即简易也。易简而天下之理得矣，天下之理得而成位乎其中矣。"①

其实，马一浮以《易》释理的方法，并非他自己独创，应该说也是继承了宋代理学的早期传统的。宋明理学本体论的最初建构是以《周易》为基础的，并由易学转出了理学。马一浮说："《易》教至宋而始大明，一为周程之义理，一为邵氏之数学，皆探赜索隐，钩深致远，豁然贯通，非汉魏诸儒所及。"②尽管周敦颐之太极图、邵雍之先天诸图均被后儒质疑，但马一浮却一并继承了他们的义理之学与象数之学，保留了易学中基于经验的实践理性特质。但在宋代儒学的发展中，早期多元的易学传统逐渐被注重义理之学的单一学术目标所取代。我们从《周易程氏传》可以看到，程颐煞费苦心地论证，虽然在易学史上存在辞、变、象、占四种解卦方法，但唯有辞的方法足以把握卦爻之义，并能够涵摄变、象、占的方法，从而将理学牢牢地巩固在具有逻辑力量的义理语言的阐发上，而排斥了充满感性经验的变、象、占；而他独取《序卦传》作为释传《周易》六十四卦的基础文献，就是为了足以保证他对易理的解释获得义理上的一贯性而避免碎片化的经验性陈述。可见，马一浮吸取了宋儒从易学中转出理学的方法论，又避免了其为了突出易理而排斥变、象、占等具有感性经验色彩的解卦方法的局限性，以义理统摄象数，把"生生为易"融入理的本体存在中予以理解，自然不难得出理气一元论的结论。因为在马一浮看来，无论理还是物、人，都不是死的存在，而是活的存在，唯有着眼于宇宙万物生生不息的生命运动，才能理解宇宙万物真正的存在之理及其相互关系的本质，所以他强调，应

---

① 马一浮：《泰和宜山会语》，《马一浮全集》第一册，第31~32页。

② 马一浮：《濠上杂著·太极图说赘言》，《马一浮全集》第四册，第3页。

马一浮与现代新儒学——宋明儒学的传承创新

二五二

将理的本体性及理气关系、理事关系和天人关系都置于宇宙生生不息的生命运动的层次上来加以理解，才能清楚地认识理气是"一物而两名"的特点，否则，就难免把理看作死理、物看作死物，人亦是死人，"若然，则人为死人，而不足以为万物之灵；理为死理，而不足以为万化之原"①。为此，马一浮并不赞成曹端在《太极图说述解》中关于"理之乘气，犹人之乘马"的说法，认为这样是把人、理都看作死的概念，而不是有生命的活泼泼之物。马一浮特引黄宗羲的话说："以理驱气，仍为二之，气必待驱于理，则气为死物。抑知理气之名，由人而造。自其浮沉升降而言，则谓之气，自其浮沉升降不失其则而言，则谓之理。盖一物而两名，非两物而一体也。"②理气作为"一物而两名"，是宇宙浮沉升降之运动的两个方面，气表现为运动过程本身，而理则为运动过程之固有的内在法则，两者是相辅相成的。也正是基于这一认识，马一浮特别注重以易学"生生之谓易"的思想来理解理气一元论。反过来说，理气一元论的观点也圆融透彻地解释了宇宙生生不息的本质。他指出：

> 形而上者谓之道，形而下者谓之器。道即言乎理之常在者，器即言乎气之凝成者也。《乾凿度》曰："太易者未见气也，太初者气之始也，太素者质之始也，太始者形之始也。"此言有形必有质，有质必有气，有气必有理。未见气即是理，犹程子所谓'冲漠无朕'，理气未分可说是纯乎理，然并非是无气，只是未见。故程子曰"万象森然已具"。理本是寂然的，及动而后始见气，故曰：气之始。气何以始？始于动，动而后能见也。动由细而渐粗，从微而至著，故由气而质，由质而形，形而上者即从粗以推至细，从可见者以推至不见者。逐节推上去，即知气

---

① 马一浮：《濠上杂著·太极图说赘言》，《马一浮全集》第四册，第9页。
② 马一浮：《濠上杂著·太极图说赘言》，《马一浮全集》第四册，第9页。

未见时纯是理,气见而理即行乎其中。故曰:体用一源,显微无间。不是元初有此两个事物对出来也。①

邵康节云:"流行是气,主宰是理。不善会者每以理气为二,元不知动静无端,阴阳无始,理气同时而具,本无先后,因言说乃有先后。②

在马一浮看来,那些只看到"变易"的人,只是认识到了宇宙运动的现象,是所谓"断见";而那些只看到"不易"的人,是只认识到了宇宙运动的本体,是所谓"常见",因而两者都有片面性,还不是"正见"。只有消除动与静、变与不变、现象与本体之间的隔阂和对立,真正懂得"动静无端、阴阳无始、理气同时而具,本无先后",达到理气一体、体用一源、显微无间,才是对宇宙大化本质的根本认识。正如马一浮说的:

"易有太极,是生两仪,两仪生四象,四象生八卦",故曰:"生生之谓易。"生之理是无穷的,太极未形之前冲漠无朕,可说是气在理中;太极即形以后万象森然,可说理在气中。四时行,百物生,逝者如斯夫,不舍昼夜。天地之大化默运潜移,是不息的。此所谓易行乎其中也。③

总的来说,马一浮以其深厚的儒佛道学养,在吸收佛道本体思维智慧的基础上,从六艺论儒学的立场出发,以《易》释理,体现了马一浮不同于一般学者的六艺论视角。马一浮以"易"的原理贯穿、引导向作为本体之理的阐发,既接续了宋学的早期传统,符合宋儒思想真实的发生学过程,又有助于对宋代理学思想史的追溯回归到"六经"元典,以元典固有的发现

---

① 马一浮:《泰和宜山会语》,《马一浮全集》第一册,第32页。
② 马一浮:《泰和宜山会语》,《马一浮全集》第一册,第32页。
③ 马一浮:《泰和宜山会语》,《马一浮全集》第一册,第33页。

问题、呈现问题、思考问题、解决问题的方式去观照宋代儒学的思想起源及其理论实质。更重要的是,它进一步揭示了被一般论者所普遍忽视的宋儒形上学的另一个深层意蕴即易理相融的本体观,它使马一浮不仅肯定了理的最高本体地位,更进一步把理的世界看作一个"鸢飞鱼跃,莫非此理之流行,真是活泼泼地"①宇宙大化流行、生生不息的生命世界,从而克服了宋代理学由于过分强调"理"的至高地位和普遍性品质而造成其一头独大,把理气、理事打成两橛,并进而造成天人关系、天理人欲关系的紧张和对立的局限,为其天人贯通、理事圆融的生命哲学取向打开了一条形上学的进路。

二、独立精神、自由思想

宋代思想文化已达到了先秦以后中国历史上的一个最高峰,"就繁荣程度而言,宋朝是中国历史上最具有人文精神、最有教养、最有思想的朝代之一,甚至可能在世界历史上也是如此"②。驱动宋代思想文化能够达到这种最高峰的最主要力量,应是来自其内部最富有创新性、独特性的动力,而这种动力也可以凝练为构成宋代思想文化的最根本的精神。

那么宋代思想文化的最根本精神是什么呢? 有些学者认为是怀疑精神、兼容精神、实用精神、创新精神、理性精神等。③宋史学者李裕民曾专门著文探讨了这一问题,他认为,包括理学在内的宋学的最根本精神应该是在宋学中独有的最具有普遍性、共同性的精神,它可以陈寅恪的一句名言

---

① 马一浮:《泰和宜山会语》,《马一浮全集》第一册,第33页。
② [德]迪特·库恩:《儒家统治的时代:宋的转型》,《哈佛中国史》第4卷,李文锋译,中信出版社,2016年,第8页。
③ 陈植锷:《北宋文化史述论》,北京:中国社会科学出版社,1992年,第287~323页;祝瑞开:《宋明思想和中华文明》,上海:学林出版社,1995年,第30~66页。

"独立之精神、自由之思想"作为代表。①的确,"独立精神、自由思想"确实可以说是宋代思想文化不同于先秦以后任何时代最突出、最具有特性的精神标记了。从历史上看,由于宋王朝尊崇文治,其佑文和科举取士等一系列政策促进了一个新阶层——士大夫阶层——的出现,也极大地促进了宋代思想文化的繁荣和独立、自由的发展。如宋学无论在其初起还是发展阶段,各家各派学者在研读"六经"为主的各类经典时,往往都能大胆地抛开汉唐注疏章句的束缚,自寻义理,并且还进一步对经典和圣人提出了各种质疑,如欧阳修作《易或问》《易童子问》,否定了孔子作《易传》的传统说法。程颐怀疑《周礼》《礼记》之书"文多讹阙"②,张载认为,《周礼》中部分内容是"末世添入者","必非周公之意"。③因此,他们还由疑经而发展为改经。不少儒家学者甚至掀起了尊《四书》退"五经"的运动,最终确立起了以《四书》取代"五经"成为新的儒学核心经典体系,并带动传统儒学进入了一个革命性的新阶段,形成了以理学为中心的新儒学形态。这些都表现了宋学中富有独立思考精神,能够不受任何圣贤和成说的限制,自由探索,勇于提出独到的见解、开创自己的独立门派。另外,宋学中大多数学者虽然都有博学百家、出入佛老的求学经历,但往往最后通过求之"六经",自创新说,表现了不单纯接受师说,不专守一门一户的自由思想精神。如被看作"理学开山之祖"的周敦颐,就在充分吸收了道家道教的形上学思想基础上创作了其《太极图说》《通书》,开创性地为后世理学提供了一个形上学的本体论及其理学体系的基本框架。王安石年轻时在三次登门拜访周敦颐被拒绝后愤然说:"吾独不可自求之六经乎?"④他"自百家诸子之

---

① 李裕民:《论宋学精神及相关问题》,《宋史新探》,西安:陕西师范大学出版社,1999年,第161页。

② 《河南程氏粹言》卷一,《二程集》下,第1201页。

③ 张载:《经学理窟》,章锡琛点校,《张载集》,北京:中华书局,1978年,第248页。

④ 罗大经:《鹤林玉露》卷十五。

书”无所不读，“农夫、女工，无所不问”，①最终形成自己的思想体系，主编的《三经新义》《字说》成为当时官学及科举贡试的主要教材，所创建的新学成为北宋中后期最有影响的思想学说。北宋永嘉之学的早期代表周行己等“元丰九先生”大多在太学从学王安石的新学，后又转学二程，但他们既不“专趋王氏”，也未专守程门，“绝不立洛蜀门户之见”，②使不守一师之承、不立门户之见，坚持独立自主地进行学术探索的风气逐渐成为以后宋代浙学里的一个突出传统。③如南宋永嘉学派的代表叶适学无常师，于学无所不窥，并在其所著《习学记言序目》等书中“讥评古今无全人”，对各种权威、学统都进行了批判，是一个正如全祖望所说的“叶（适）、蔡（幼学）宗止斋以邵薛、郑之学……左祖非朱，右祖非陆，而自为门庭者”④。婺学创始人吕祖谦虽然有深厚的家学渊源并“独得中原文献之传”，但也是以“不名一师”“不私一说”而博采众长、自成一派著称。

宋代思想文化中的“独立精神、自由思想”为宋代思想文化的巨大发展和创新提供了深层次的动力。专治宋史的德国著名汉学家迪特·库恩认为，“中国历史上很少有朝代像宋朝那样愿意去重塑和改革整个社会。有些历史学家甚至把宋代称作开启现代性曙光的中国的‘文艺复兴’时代”⑤。宋代社会的这种变革和创新追求是全方位的、整体性的，仅就思想学术领域而言，宋代的各种新思想、新学术就层出不穷，各种学派也异彩纷呈，仅《宋元学案》中所录学案就有近百个，各种学派数百个，而且许多思想家、学者、学派都在当时和历史上留下了深刻的影响，真可与春秋战国时期的百家争鸣局面相媲美。显然，这些思想学术上的巨大成就正是独立精神、

① 王安石：《答曾子固书》，《临川先生文集》卷七十三。

② 《浮沚集提要》，《四库全书总目》卷一五五《集部·别集类》八。

③ 朱晓鹏、赵玉强：《平民哲学与社会发展——南宋浙学精神及其现代价值》，北京：社会科学文献出版社，2019年，第104~106页。

④ 《宋元学案》卷五十三《止斋学案》，《黄宗羲全集》第五册，第90页。

⑤ ［德］迪特·库恩：《儒家统治的时代：宋的转型》，《哈佛中国史》第4卷，第1页。

自由思想所结出的硕果。

马一浮作为现代新儒家不仅在思想理论上受到了宋代儒学的很大影响，而且在治学态度、思想方法、人格形态等方面也深受宋学的根本精神的影响。具体而言，这些影响可以体现在以下三个方面：

一是独立探索、自由思考的学术精神。

马一浮一生博学深思，却从未受过系统的教育，也未拜任何名家为师，可以说他是以各种典籍为师、自学而成，表现了与宋明学者相似的独立探索、自由思考的学术精神。马一浮从小熟读各种传统典籍，十六岁参加县试时，要用古文集句作文，马一浮能拔得头筹，说明他在熟读博览古籍方面功夫深厚。马一浮不到二十岁就到上海与好友们学习外文，一起创办《二十世纪翻译世界》杂志，翻译介绍西方文学、哲学、社会学等名著。后又在赴美工作之余奋发攻读各类自购或借阅的外文类政治学、历史学、哲学、文学等著作，其中在其游美日记《一佛之北米居留记》中有明确书名或作者名记载的书目就超过一百种。① 他回国后又赴日本游学半年、去新加坡考察等，这些经历使他对西学有了较深入的了解和兴趣，除了曾计划许多译介工作外，还计划编著《西方学林》《西方艺文志》等，以导其学术源流，"推本人生之诣，陈上治之要"②。可以说，在当时西学尚处引入中国的初期，马一浮能想到以这种方式系统地介绍和总结西方学术思想成就，还是具有独特性、创新性的。此后，马一浮又花数年时间转以中学为主，仅在西湖边广化寺就住了三年，通读了《文澜阁四库全书》。在精研博览六经、诸子、文史等典籍基础上，马一浮又计划"为儒宗，著秦汉以来学术之流派"；"为文宗，纪羲画以降文艺之盛衰"。③马一浮所计划的这些学术工作是非常宏大且富有独特创新性的，"因欲纂汉以来迄于近代诸儒学术，考

① 马一浮：《一佛之北米居留记》，《马一浮全集》第五册，第1~56页。
② 马一浮：《致何稚逸（二）》，《马一浮全集》第二册，第294页。
③ 马一浮：《致何稚逸（一）》，《马一浮全集》第二册，第293页。

马一浮与现代新儒学——宋明儒学的传承创新

二五八

其师承,别其流派,以补黄、全之阙"①,他的目的是"贯缀前典,整齐百家,搜访文物,思弘道艺,次献哲之旧闻,竢来者之足征……悬艺海之北辰,示儒术之总龟,振斯道于陵夷,继危言于将绝"②。虽然马一浮的这些大型著述没能最终完成,但在他后来一再计划并在复性书院时期开始实施的编印大型典籍丛书《群经统类》《儒林典要》中得到了部分的延续和实现。马一浮的这些学术编撰工作,从表面上看主要是以传统的目录学、文献学为基础的,在形式上看创新性不太大,但实际上其中是包含了马一浮的独特追求的,具有不容忽视的创新性。如《群经统类》不仅是马一浮在博览群籍、汇纳众流的基础上对宋明儒学典籍的重新梳理、对六艺论儒学核心经典体系的重建,而且表达了他对宋明儒学的理论体系、精神旨趣的全新理解,是其六艺论儒学理论体系重构的一个不可或缺的部分。尤其是马一浮这种奠基于回归经典的理论诠释而进行的理论创新路径及其方法论,不但具有独特的理论价值,而且具有普遍的方法论意义。至于马一浮提出的六艺论儒学的理论体系,则如前所述是马一浮倾其毕生学识和修养所贡献的一项巨大的理论创新,是充分地体现了其独立精神和自由思想的一个硕果。

二是独立的人格形态和自由的学者人生。

唐宋时期是中国历史上少有的知识分子"安能摧眉折腰事权贵"而保持较多独立人格和自由人生的时代。人生上如此,学术上亦是如此。

马一浮从小便志向高远,具有独立人格。据说马一浮十岁时便作有"枝枝傲霜雪,瓣瓣生云霞"的《菊花诗》,表现了马一浮自拔于流俗的独立志向。马一浮自年轻时起,不仅在治学上一贯独立,学无常师,而且在人格上也崇尚自由、独立,颇有宋儒之风。1912年,马一浮曾被同乡蔡元培委任

---

① 马一浮:《致何稚逸(一)》,《马一浮全集》第二册,第293页。

② 马一浮:《致何稚逸(一)》,《马一浮全集》第二册,第292~293页。

民国教育总长时聘为秘书长,因不赞成废除读经,及主张设"通儒院"不成,在到职不到三个星期后就辞职了,他说:"我不会做官,只会读书,不如让我回西湖。"可见,这时的马一浮已主张以复兴儒学为培植国本的途径,因见理想落空便宁可辞职自守。后来蔡元培任北京大学校长时又欲招马为文科学长,马以"古闻来学,未闻往教"而辞。20 世纪 30 年代,北京大学校长陈百年、浙江大学校长竺可桢等都数次相邀马一浮任教,马均以平日所学不合时宜,"不副髦俊研究之望"而予拒绝。①从表面上看,马一浮的这些做法主要是担心自己平生所推重的儒家义理之学,与现时代以反传统为主流的学术思潮不同调,难免"见绌于时",不愿去做"称性而谈,则闻者恐卧"②的无用之功。但更深一层来看,是马一浮不愿意进入现代的学校教育体制和学术体制,以免受其束缚,以维护自己的学术独立和自由研究,为此不惜"自隐其陋",过一种远离时俗、一志于学的隐士式的学者生活。因此,马一浮一生始终远离时俗、自隐其陋,过一种隐士式的学者生活,决不是纯粹消极的态度,而是在努力探索一条在现时代复杂的社会和文化环境里真正实现儒学复兴的创新性道路,因为他相信:"六艺之教是中国至高特殊之文化,唯其可以推行于全人类,放之四海而皆准,所以至高;唯其为现在人类中尚有大多数未能了解,百姓日用而不知,所以特殊。"③正是相信"六艺之教"是可以推行于全人类的中国至高之文化,所以马一浮要不懈地去倡导;但又由于知道现在尚有大多数人对此未能了解,所以马一浮深知前路尚有多艰,难以毕其功于一役,还需不少"被褐怀玉"的痛苦等待和"自隐其陋"的独立坚守。总之,马一浮在当时普遍倡导西化的浪潮中勇于坚守传统,号召回归"六经"、回归古老的本土文化传统,彰显了其独立的人格形态和自由思考的精神。即使同在倡导复兴儒学的现代新儒

① 事迹均见马镜泉、赵士华:《马一浮评传》,第 34~37 页。
② 马一浮:《致马叙伦(四)》,《马一浮全集》第二册,第 403 页。
③ 马一浮:《泰和宜山会语》,《马一浮全集》第一册,第 19 页。

家中,他也与熊十力、梁漱溟等人不同,可以说是一个谨守传统的治学理念和治学方式甚至言说方式,而不求闻达、不骛新学、不尚名利、隐居治学,却又能特立独行、自由创新的"醇儒"。

三是独立办学、自由讲论的教育理念。

儒学的一个重要职能是从事教育,儒者上为王者师、下为学子师,其思想学术的传承传播主要是通过讲学授徒的教育途径实现的。马一浮虽然是一位心无旁骛、隐居治学的儒学大师,但也希望并曾致力于通过讲学授徒的教育途径原汁原味地阐发和传播其所理解的儒学思想,因而也和历史上的儒学大师一样十分重视儒学教育。①

马一浮从其六艺论儒学的基本观念出发,形成了其一系列独立不凡的教育理念。首先,他认为,教育的最主要内容就是"六艺之学"。他说:"圣人何以圣? 圣于六艺而已;学者于何学? 学于六艺而已。"②"六艺之道……圣人用是以为教,吾人依是以为学。教者教此,学者学此。外乎此者,教之所由废,学之所由失也。"③为此马一浮曾反对在现代教育中取消读经的教育。他在主持复性书院时也强调,"书院以综贯经术讲明义理为教,一切学术该摄于六艺,凡诸子、史部、文学之研究皆以诸经统之",所以书院要"确立六艺之教,昌明圣学"④。在现代西式教育体制全面引进并成为教育的主要形态的环境下,马一浮这种要求回归以"六艺"为中心的经典体系的教育内容显然是极为独特的教育主张,甚至不免显得有悖时流。然而,如果考虑到现代教育中普遍地存在着过于注重实用知识技术的传授、专业分科的固化及人文教育、通识教育的欠缺等弊端,那么马一浮这种本质上是强调经典教育、人文教育和会通教育的教育理念,则不无补偏救弊之效,

---

① 朱晓鹏:《马一浮教育思想精粹及其意义》,《高等教育研究》,2004 年第 4 期。
② 马一浮:《泰和宜山会语》,《马一浮全集》第一册,第 17 页。
③ 马一浮:《复性书院讲录》,《马一浮全集》第一册,第 127~128 页。
④ 马一浮:《复性书院简章》,《马一浮全集》第四册,第 41~42 页。

甚至体现了马一浮对传统教育如何回归于现代教育所作出的自己的独立思考和探索。

其次,马一浮非常强调通过自由、独立的方式来办学和教育,反对一切外在的、强制性的管理和干涉控制。马一浮曾一再拒绝进入北大、浙大等校任教,很大一个原因是他反对现代学校里实行的计时上课、按分科和专业授课、大班化工厂式教学等缺乏自由的教学方式。马一浮在创办复性书院时,首先强调并始终坚持书院是完全独立的民间办学机构,不能隶属于任何政府管理机关,也不接受任何外来的管理措施,最终马一浮因一再地拒绝政府部门的强行管理而将书院停办。在书院的具体教学方式上,马一浮钟情于传统的儒学教育方式,其所孜孜追求的是古典书院式自由讲论的教学形式,而不是现代大学集成式、规范式的教育方式。中国古代书院兴于唐,盛于宋明。马一浮认为,只有像宋明时期的古典式的书院,有着优美宁静的山水、基本的供给和充分的自由,以及从容和闲暇的环境条件,才能和宣讲儒家六艺学术相一致。尤其是马一浮强调书院要进行原汁原味的六艺论儒学的教育,要求学生能自拔流俗,向内体究、讲求心性,则更需要书院那种单纯、淡泊的生活环境,亲切、直接的师生交流,宽松、自由的讲论气氛。若是采用现代新式学校教育,则难以避免受外界功利主义的影响,使教育仅仅成为获利的工具,它使人沉溺于世俗社会和现象世界,无法达到精神的超越。此外,传统儒学的经典教育不以求知为主,而重在心性体悟、切身感受,为此,马一浮在教育方法上就十分强调"因材施教,随机指点"。书院教育由于学生较少、讲论自由,师生交流较为方便,很适合于因材施教、随机指点。可以说,这种自由、独立的讲学活动才是马一浮特别重视书院教育的一个重要原因,而它们在很大程度上也典型地体现了马一浮对宋代思想文化中"独立精神、自由思想"的根本精神的着力传承。20 世纪以来,中国尽管也仿照西方建立起了现代的大学制度和各种学术研究机构,但大都仅有其形,未得其神,即缺乏理性的态度、对科学和普遍知识的尊重,尤其是独立精神和自由思想的追求等,反而往往成为现实政治和各种世俗功利的附庸。从这个角度来看,马一浮以"六艺之学"的陈旧内容和复性书院的传统方式所坚守的"独立精神、自由思想"这些基本原则,恰恰也是现代大学教育和学术研究的根本生命所在,这是值得深思的。

三、反求诸己:主体性的挺立

"独立精神、自由思想"的根本精神对于马一浮而言,还有其更深层的意蕴, 即它可进一步转化为一种哲学理论的建构原则——人的主体性的挺立。因为独立精神、自由思想归根结底是指人作为主体自身的特质的,是标志人的主体性的挺立程度、丰富程度的基本内涵的,舍此,人的主体性不仅失去其充盈的内容,也会失去其根本的意义。所以"独立精神、自由思想"在马一浮思想那里的一个更深层的意蕴,就是它进一步指向了人的主体性问题,成为其主体性建构的一个重要维度。

宋代儒学的理本体论在逻辑上可以展开为两个具体的维度:一是理与气(理与事、理与器)关系的事实维度,它主要解决本体与现象、本体存在与万事万物之间的关系;二是理与心(天与人、客体与主体)关系的价值维度,它主要解决外在的"天理"如何内化为人的认知和价值取向问题。宋代儒学以其成功的理本体论体系的建构而使儒学获得了宋儒自称为"再辟"的真正复兴,也极大地高标了"道理最大"的价值取向,使格物穷理的理性精神第一次普遍地培植于中国人的内心世界, 可以说是较好地解决了世界存在的根本性质"是什么"的实然问题。但是宋代儒学在高标"道理"、培植理性的同时,也造成了把理本体绝对化、让"天理"一头独大的局面。尽管朱熹等宋儒也有强调理事一体、理本体与现象世界显微无间的时候,但这两者之间的紧张与冲突终究未能得到较好的化解,正如杨国荣指出的：“朱熹虽然力图以理散为物、物本于理来沟通二者，但由于他一再强调理的超验性，因而始终未能真正在理论上把这二重世界统一起来。正是这一点，在一定意义上构成了朱熹理学体系的致命痼疾。”①从这个意义上说，宋儒的形而上中还有世界存在中天理与人心相统一的应然问题需要后继者去认真解决。

从历史上看，宋代儒学的形上学建构虽然有其局限性，但对于宋儒来说，他们已完成了自己的历史使命。明代儒学特别是阳明学无疑是在继承了宋儒所构建的本体论基础上发展起来的，因此它的主要使命不再是构建“天理”，而是如何体认这个“天理”，即如何由天达人，使外在的天理内化而为人的道德自觉和良知的问题。也就是说，在阳明学那里，其形上学建构的首要问题是在承接宋儒所制定的理的本体地位的前提下，如何让具有外在超验性的普遍天理不再以强制性的律令形式“命令”于我，消除其异己性、他律性，而转化为具有主体自觉的道德意志和道德行为，从而真正有助于消解外在天理与个体存在的紧张和对峙。王阳明通过“龙场悟道”认识到朱熹理学之偏，就在于心外求理，“未免已启学者心理为二之弊”②，而找到了一条“圣人之道，吾性自足”③的“只在身心上做”的形上学进路。从这里可以看到，王阳明对如何体认外在天理问题的解决，即如何由天达人，使外在的天理内化为人的道德自觉和良知的问题，实际上走的就是一种内在化的思想进路。它使王阳明不仅以“心外无理”的命题彻底否定了程朱对“理”的客观的、超验的解释，重新将此“理”安顿于人“心”之中，而且进一步把“理”规定为作为至善的心体，他说，“心之体，性也，性即理也”，“心之本体即是天理，体认天理只要自心地无私意”。④于是以心为

---

① 杨国荣：《王学通论——从王阳明到熊十力》，上海：上海三联书店，1990年，第11~12页。
② 王阳明：《传习录》，《王阳明全集》卷二，第42页。
③ 《王阳明年谱》一，《王阳明全集》卷三十二，第1228页。
④ 王阳明：《传习录》，《王阳明全集》卷一，第27页。

马一浮与现代新儒学——宋明儒学的传承创新

二六四

本体也可以直接讲就是"心即理也"。①这样,阳明学从宋儒注重外求的"道问学"转换到了注重内省的"尊德性",即以"尊德性"为主旋律,使形上学的关注焦点聚集在体悟内心的良知是否与天理同一、如何同一等内在化进路上,即追求揭橥"良知",直指本心,使个体通过内在化的进路获得对普遍本体的内在认同和把握。这是阳明学在本体论上实现的重大推进。

如果说前述马一浮重新回归"六经"的立场,引入《易》的视角以易释理,使理事一体,从而较好地平衡了理的普遍性与经验性之间的紧张关系,使理的世界重新呈现其"活泼泼地"特点,那么马一浮在这里则进一步以其"六艺一心论"来处理理与心的关系,解决外在"天理"如何内化而为人的认知和价值取向的难题。

为此,马一浮首先接过了陆王"心外无理"的理论命题作为基本的逻辑前提。他十分赞同陆九渊的"宇宙内事即吾性分内事,吾性分内事即宇宙内事"的说法,认为是"知至之言"。②在他看来,吾与事物、宇宙不能分而为二,而是一体。那么如何能使两者为一体?马一浮认为:"从来学者都被一个'物'字所碍,错认物为外,因而再误,复认理为外。"③马一浮解释说:"学者须知,儒家所言事物,犹释氏言万法,非如今人所言物质之物。若执唯物之见,则人心亦是决然一物质耳,何从得有许多知识?"④可见,马一浮此处所言之事、物,皆指人参与的社会现象,用朱熹的话说,"物"即天理、人伦、圣言、世故。所以它们都与人相关涉,不能因"物"字将它们与人间隔。正因此,马一浮得出了"心外无理""心外无事"的逻辑结论:"知者,知此理也。知具于心,则理不在心外明矣,并非打成两橛。"⑤看来,在宋儒形上学存在着理与心相脱节、"打成两橛"的问题上,马一浮也与王阳明一样

---

① 王阳明:《传习录》,《王阳明全集》卷一,第2页。
② 马一浮:《复性书院讲录》卷一,《马一浮全集》第一册,第93页。
③ 马一浮:《复性书院讲录》卷一,《马一浮全集》第一册,第91页。
④ 马一浮:《复性书院讲录》卷一,《马一浮全集》第一册,第90页。
⑤ 马一浮:《复性书院讲录》卷一,《马一浮全集》第一册,第93页。

看到了其中之弊,并主张予以克服。但理、心的统一、一体并不是指以理统一于心、以心消融理,所以马一浮不同意王阳明的"心即理"之说,认为"阳明谓心即理,不如宋儒性即理之说为的当"①,因为"明儒谓心即理,须是全气是理时方能如此说"②,"阳明'心即理'说得太快,末流之弊便是至误认人欲为天理"③。

那么,如何理解马一浮对王阳明"心即理""说得太快"的批评呢?这涉及马一浮的形上学主题从"理本体"转入"心主体"的转型问题,也就是如前所述的,朱熹之后儒家形上学的主要任务已经由什么是本体(天理)的实然维度的问题转换为如何体认本体(天理)的应然维度的问题。从这个角度说,王阳明虽然对如何体认天理这一问题找到了正确的路径,但其"心即理"说仍有将"心"与"理"简单地等同,从而把"心"予以本体论化的倾向。而实际上,"心"与"理"虽然一体,却并不能完全等同:"天也、命也、心也、性也,皆一理也。就其普遍言之,谓之天;就其禀赋言之,谓之命;就其体用之全言之,谓之心;就其纯乎理者言之,谓之性;就其自然而有分理言之,谓之理;就其发用言之,谓之事;就其变化流形言之,谓之物。"④在马一浮看来,天、命、心、性、理、事、物,虽是同一个东西,只是从不同角度和层次而言得出的不同概念。

这样,马一浮已不自觉地对理本体论的两个维度作了区分:天、性、理等概念所表达的是"普遍""自然""纯乎理"层面的东西,也就是作为本体的天理的"实然"维度的问题;而命、心、事等概念所表达的是"禀赋""体用""发用"层面的东西,是属于广义的修养工夫论层面的问题,也就是与作为人这一主体性相关联的"应然"维度的问题,前者涉及具有客观性、普

---

① 乌以风:《问学私记》,马镜泉、楼达人等校点:《马一浮集》第三册,杭州:浙江古籍出版社、浙江教育出版社,1996年,第1142页。

② 乌以风:《问学私记》,《马一浮集》第三册,第1149页。

③ 马一浮:《尔雅台答问续编》,《马一浮全集》第一册,第475页。

④ 马一浮:《复性书院讲录》卷一,《马一浮全集》第一册,第92页。

遍性品格的"理本体"问题，后者关涉人的主体性认知和价值取向的"心主体"问题。而所谓"心主体"是在肯定了理本体的普遍性品格的同时，又肯定了人也作为本体性存在的一个重要部分参与其一体化的运作，即《老子》所言的宇宙之"四大"，"人居其一焉"，①又如《中庸》所言："能尽人之性，则能尽物之性；能尽物之性，则可以赞天地之化育；可以赞天地之化育，则可以与天地参矣。"②人作为与天地万物一体的存在参与其统一的化育，体现了"良以物我无间、人己是同"的本体—主体的特点，从而"不可执有内外"。③依此思路，马一浮进而提出了"心具众理"的"心主体"论，他说："心外无物，事外无理，事虽万殊，不离一心。一心贯万事，即一心具众理。"④马一浮之所以以"心具众理"来取代"心即理"作为基本命题，是因为与"心即理"试图直接以心取代"理"而为本体的倾向不同的是，"心具众理"表现的主要是"心"作为能动的主体，具有能动地认识乃至践行"众理"的能力，使"众理"俱存于"一心"。而这显然不能反过来说就是"心即理"，这是不同层面的逻辑，不可通约。实际上，"心具众理"既突出了"心"作为人的主体性的能动作用，又可以避免"心即理"思想所带来的"误认人欲为天理"之弊端，从而在很大程度上继承和超越了阳明学，完成了其广义的修养工夫论层面上的"心主体"论的建设难题。正因为如此，与学术界一般都以"尊德性"与"道问学"的不同来谈论"朱、陆之异"不一样的是，马一浮是着重从治学与修养工夫之差异来阐明"朱、陆之异"的。马一浮指出："朱陆异同之辨，历来聚讼纷纭，未有定论。"⑤而他是从朱陆注重"察识"还是注重"涵养"来说明他们的差别问题的。所谓"察识"是"事上体悟"的工夫，而"涵养"则是"读书穷理"等工夫。马一浮认为，朱子提倡"涵养与察识并重"，而

---

① 《老子》第二十五章。

② 《中庸》第二十二章。

③ 马一浮：《复性书院讲录》卷一，《马一浮全集》第一册，第90页。

④ 马一浮：《复性书院讲录》卷一，《马一浮全集》第一册，第91页。

⑤ 乌以风：《问学私记》，《马一浮集》第三册，第1138页。

"重涵养"。陆象山提倡"先察识而后涵养,重察识"。"故朱陆同异,此是纲领。"①应该说,马一浮能够从修养工夫上来阐明朱陆异同的问题,是有其深刻的学术见地的。因为如果从儒学本体论的实然层面的角度来考察,程朱之学和陆王之学并无本质区别,但他们在本体论的应然层面确有区别,特别是在治学风格和修养工夫上各有自己的特色。从总体上来看马一浮对程朱陆王的取舍情况,就前者而言,马一浮倾向于归本程朱;而就后者而言,马一浮倾向于取法陆王。马一浮在谈到朱熹与王阳明在阐释《大学》"格物致知"之旨的差别时说:"阳明是就自家得力处说,朱子却还他《大学》元来文义,论工夫造诣是同,论诠释经旨却是朱子较密。"②这既已经明白地说出了程朱陆王的不同之处,也实际上正是马一浮自己对程朱、陆王的不同取舍之处。正如贺麟评论的,马一浮"其格物穷理,解释经典,讲学立教,一本程朱;而其返本心性,祛习复性,则接近陆王之守约"③。

当然,在马一浮看来,上述这些区别实际上都并没有根本性的意义。就朱陆的"察识"与"涵养"之别来说,"然朱子重涵养并非轻察识,陆子重察识亦非轻涵养"。他还特别强调:"象山、慈湖、阳明,涵养工夫极深。"④所以马一浮面对不同的思想学说,更愿意强调它们"同"的一面,强调其圆融会通的必要性。在谈朱王之异时他说:"非于先儒妄生异同,心存取舍,亦非欲为调停之说也。"⑤马一浮认为,自己不愿有意地对先儒"妄生异同、心存取舍",也不是想调停各家。所以马一浮是不认同自己是调和朱陆的。他认为"程朱陆王并皆见性,并为百世之师,不当取此舍彼"⑥。的确,马一浮一贯主张,六经皆因事显义,治经当以义理为主,不必砣砣于章句、文辞之

（竖排左侧）马一浮与现代新儒学——宋明儒学的传承创新

① 乌以风:《问学私记》,《马一浮集》第三册,第1139页。
② 马一浮:《复性书院讲录》卷一,《马一浮全集》第一册,第90~91页。
③ 贺麟:《五十年来的中国哲学》,上海:上海人民出版社,2012年,第28页。
④ 乌以风:《问学私记》,《马一浮集》第三册,第1139页。
⑤ 马一浮:《复性书院讲录》卷一,《马一浮全集》第一册,第91页。
⑥ 马一浮:《尔雅台答问》卷一,《马一浮全集》第一册,第412页。

别，他说："义理之学最忌讲宗派、立门户"，"讲学宗旨乃是经术与义理为一，不分今古、不分汉宋、不分朱陆"。① 为什么要不讲宗派、不立门户，不分今古、不分汉宋、不分朱陆？ 因为这种种分别更多地会导向人们去关注和追求外在的知识、是非、得失、功利，而忽视了蕴含在这一切背后的真正价值和意义，从而产生"骛外遗内"之弊。马一浮说："教相多门，各有分齐，语其宗极，唯是一心。从上圣贤，唯有指归自己一路是真血脉。"② 马一浮相信，"六经"所揭示的义理都有其实实在在的内容，因而又可称为"实理"。实理是"人心所同具"的，故欲求实理，就须向自己的内心寻求，向内求证。"知是知此理唯是自觉自证境界，拈似人不得，如人饮水，冷暖自知。"③ 也就是说，任何学问的追求，最终都须落实到人自己的身上，通过向内体悟自己的本性、以自己本性同所了解的义理加以印证，从而获得自证自悟的自得之学。显然，这一过程主要是向内体究而得的，而不是"专恃闻见"、向外驰求所得。马一浮说："古人垂语，皆本其所自得，见得端的，行得纯熟，自然从胸襟流出，不假安排，以其皆实理也。"④ 总之，马一浮要求必须"切下去矜功夫"，放弃"与自己身心了无干涉"之事，"收敛向内"、方可一变至道，以求"自心虚明之本体"，⑤ 乃为明体达用之学问。

值得注意的是，马一浮在这里提出了一个儒家哲学中最重要的思想，即"体认自性"。而究其思想渊源，应在很大程度上来自马一浮对宋明儒学相关的丰富思想的继承。因为正如滕复说的，"这一思想是马一浮整个哲学的出发点和归结点，同时也是整个传统儒学特别是宋明儒学之精髓"⑥。传统儒学所倡导的"体认自性"，表现了与一般以追求客观真理为目的的

---

① 马一浮：《尔雅台答问》卷一，《马一浮全集》第一册，第 412~413 页。

② 马一浮：《尔雅台答问》卷一，《马一浮全集》第一册，第 424 页。

③ 马一浮：《复性书院讲录》卷一，《马一浮全集》第一册，第 91 页。

④ 马一浮：《复性书院讲录》卷一，《马一浮全集》第一册，第 131 页。

⑤ 马一浮：《尔雅台答问》卷一，《马一浮全集》第一册，第 435 页。

⑥ 滕复：《马一浮思想研究》，第 207 页。

西方哲学及满足于获得外在的见闻、知识等俗学不同的价值取向。它从人人具足的完美人性的先验性存在出发，以这种人性的守护、提升及完美回归为最终目的，通过放弃"追逐外物"、反身而诚、反求诸己，体认自我心中的本性，从而实现人对自身的生命意义的提升和完成。

在马一浮那里，这种"体认自性"的功夫又通过两条具体的进路得以展开：

一是通过"向内体究"而为自得之学。马一浮认为，义理本人心所同具，因之"六艺摄归一心"，①万事万物具归于一心，所以人要知此理，只须返求自心，"向内体究"。②"体是反之自身之谓，究是穷尽其所以然之称"③，其关键是要"转过身来"，"着眼自家"，从而能够"发明自心之义理"④，或者说是"发明自性本具之义理"⑤，而据此所收获的就是自我生命价值的肯定和提升，是真正的自得之学。所以马一浮说："儒者之道，亦在解蔽去惑，反情合性，使人自得之耳。"⑥"向内体究"正与"向外驰求"相对立，"向外求知，是谓俗学"⑦。这种"向外求知"之所以是俗学，是因为它无法"见性"，即不是以自我心性的体证为目的，而是往往徒骋言说，执滞名言，造成以知解为足、见闻为学之病。马一浮在讲论和通信中，曾一再批评这种学人通病，"只向人讨言语"，而不能于自性上涵养自得，所以为学"所贵求之在己"，"务以反之身心"⑧。只有经过反之身心、向内体究的切实工夫，才能把如何体认"天理"，如何使外在的天理内化为人的道德自觉和道德实践的

① 马一浮：《泰和宜山会语》，《马一浮全集》第一册，第17页。
② 马一浮：《致熊十力（十六）》，《马一浮全集》第二册，第480页。
③ 马一浮：《泰和宜山会语》，《马一浮全集》第一册，第31页。
④ 马一浮：《尔雅台答问》卷一，《马一浮全集》第一册，第424页。
⑤ 马一浮：《尔雅台答问》卷一，《马一浮全集》第一册，第425页。
⑥ 马一浮：《尔雅台答问续编》卷一，《马一浮全集》第一册，第561页。
⑦ 马一浮：《尔雅台答问续编》卷一，《马一浮全集》第一册，第443页。
⑧ 马一浮：《致熊十力（十二）》，《马一浮全集》第二册，第476页；《致吴玮楼》，《马一浮全集》第二册，第907页。

问题得到较好的解决。马一浮说，"学者读书穷理，不独理会文义，处处要引归自己，方见亲切"，① "知若是从闻见得来，总不亲切。不亲切，便不是真知。是自己证悟的才是亲切，方是真知"②。通过自己体究、证悟而获得的"真知"，正是儒学及至一切学问最值得重视的"自得之学"，因为它已消除了作为普遍性天理对人的异己性、他律性，而转化为主体自觉的道德良知，从而不仅消除了外在天理与个体存在之间的紧张和对峙，而且使"理"具有了更广泛更普遍性的品格和意义，真正为良善的社会秩序、道德秩序的建立发挥内在的动力源作用。

二是通过知行合一而为一贯之学。从本体工夫论的角度来看，人作为主体的能动性作用不仅仅体现在能"知道"上，更重要的还是在能"行道"上。"向内体究"而形成的"自得之学"终究不是最后的目的，而只是途径和方法，最后目的仍是要通过"知道"而"行道"，做到知行合一、内外一贯。马一浮说："无论儒佛，凡有言教，皆以明性道为归。然见性者多，尽性者少。说道者多，行道者少。若其门庭施设方便应机，大都曲为今时，亦不可为典要。唯有指归自己一路是真血脉。故凡学道人必以见性为亟。见性方能行道，行道方能尽性，然后性道不是空言。"③在知行关系上，朱熹理学有分知行为二之弊，朱熹说："论先后，知为先；论轻重，行为重。"④王阳明针对朱子之病，努力要消除知行的二分局面，强调既不能重行轻知以至"冥行妄作"，缺乏自觉性，也不能知不与行合，徒以"口耳讲说"、只成一种"口耳之学"，所以必须使知行合一。王阳明说："知者行之始，行者知之成。圣学只一个功夫，知行不可分作两事。"⑤马一浮对王阳明的"知行合一"说有高度

① 马一浮：《尔雅台答问续编》卷一，《马一浮全集》第一册，第404页。
② 马一浮：《泰和宜山会语》，《马一浮全集》第一册，第43页。
③ 马一浮：《尔雅台答问续编》卷一，《马一浮全集》第一册，第546~547页。
④ 《朱子语类》卷九，第148页。
⑤ 王阳明：《传习录》上，《王阳明全集》，第13页。

的评价，认为儒佛都把成己成物、物我不二、仁智相成当作最高境界，而"王阳明知行合一之说见得此意"①。儒学在本质上是一种心性道德之学，于儒学而言，从不存在纯粹的形上学及其知识论，一切形上学及其知识论的建构都是以心性道德原则的确立为指归，天道的建立原本就在于人事的安顿。作为对道德原则的"知"，由于道德本身所具有强烈的实践性品格，而必然指向于"行"，使道德原则的体认、证悟最终落实于外化的行为上，通过切实的践履彰显主体道德觉悟的真伪及其境界程度，所以牟宗三等学者都承认中国传统哲学具有注重主体性、道德性和实践性的特点。②其实更准确地讲，就传统儒学而言，上述三个相互关联、特点实际上是同一个特点的三个不断递进的层次：主体是道德主体、实践是道德主体的实践、道德必须通过主体付诸实践。正因此，马一浮说："阳明即知即行，亦以见性为亟。""见性者合下便行，行的圆满，方名尽性。说道者直饶说得是，犹未必见性。"③如果只是出入口耳，不能即知即行，就背离了作为心性道德之学的儒学所最重视的功夫论与实践论原则，故"学自是知行合一，即知即行，岂有分成两橛之理？"④儒门的心性义理之学追求的是"一以贯之"之道，体现在工夫论上就是坚持见性方能行道，行道方能尽性，也就是即知即行，行就得知，知必已是行，不可将知行打成二橛，使之成为"彻上彻下""内外本末一贯"之道。

在思想史上，宋明儒学从理学向心学的延异有其历史和逻辑的必然性。这种思想延异的一个重要价值就是使人的主体性在理的世界中得以明确地张扬，使宋明理学的完整性和丰富性由此得到加强。不过，以往对心学的研究较多地聚焦于其心体工夫的展开，以完善甚至精致化的内圣

①　马一浮：《尔雅台答问续编》卷一，《马一浮全集》第一册，第 457 页。
②　牟宗三：《中国哲学的特质》第三讲，台北：学生书局，1963 年。
③　马一浮：《尔雅台答问续编》卷一，《马一浮全集》第一册，第 449、448 页。
④　马一浮：《尔雅台答问》，《马一浮全集》第一册，第 429 页。

工夫为基本指向。马一浮通过返求"六经"、重建六艺论儒学，不仅吸取了宋明理学极性命理心之精微，而且努力扭转宋明理学过分内在化的倾向，补救宋代理学特别是其末流往往销行于知、只知不行之弊。他说："唯见性而后能行道，行道即尽性之事也。"①马一浮明确地把"行道"也归入"尽性之事"，显然是扩大、充实了宋儒中原有的"尽性"之学的内涵，打通了内外本末的各种人为间隔，"体物而不可遗"②，万物而为一体，以"宇宙内事即吾性分内事"的主体性精神的挺立，力图以明体达用、内外本末一贯的原则重塑宋明儒学的内圣外王、成己成物的价值取向。马一浮说："功夫即从本体上来，本体即在功夫上见"，故"中土圣人之学，内外本末只是一贯。"③他又说："圣贤之学乃以求道会物归己，其结果为成己成物。一则向外驰求，往而不反；一则归其有极，言不离宗。此实天地悬隔。"④的确，这种由本体工夫、内外本末一体而达于成己成物、内圣外王的"脉络通贯、无所不备"的"大成"之学，⑤体现了马一浮对传统儒学的在传承基础上的创新，也是马一浮六艺论儒学的一个重要贡献，它不仅进一步挺立了人的主体性，丰富了人这一主体的生命意义，而且保持了孔门六艺论儒学对所涉及的世俗社会的深切关注，为儒家人文主义传统的再生和创新、为现代中国社会文化的转型发展提供了可贵的探索。

---

① 马一浮：《尔雅台答问续编》卷一，《马一浮全集》第一册，第449页。
② 马一浮：《尔雅台答问续编》卷一，《马一浮全集》第一册，第449页。
③ 马一浮：《尔雅台答问续编》卷一，《马一浮全集》第一册，第469页。
④ 马一浮：《泰和宜山会语》，《马一浮全集》第一册，第45页。
⑤ 马一浮：《泰和宜山会语》，《马一浮全集》第一册，第23页。

第五章 马一浮与现代新儒学的发展走向

马一浮身为现代新儒学的代表人物，却典型地体现了传统儒学的思想特质。这种典型性不仅仅表现在马一浮以其对儒学及整个中国传统学术思想的深厚学养和识见，使其所着力阐发的六艺论儒学典型地体现了传统儒学的思想特质，有益于对传统儒学的真实面貌、基本精神的重新理解，而且可以据此展开为整个儒学史特别是宋明儒学、现代儒学的传承发展和创新性转型提供许多不同的认识路径。正是从这一意义上，我们可以把马一浮看作 20 世纪的一位难得的"醇儒"，也是可以借此反观和剖析儒学的一面镜子，在进一步彰显马一浮的六艺论儒学思想的独特内容和开创性作用的同时，探讨我们现代人应如何正确地理解儒学传统，我们当下应该继承和发挥什么样的儒学精神，等等。而这些对于探索现代新儒学的走向和现当代中国文化乃至世界文化的重建发展无疑是具有积极意义和示范作用的，当然也具有一定的警示和反思价值。

第一节 宗本"六艺"与话语权重建

尽管马一浮不承认作为其最重要学说的"六艺论"是自己的创新，而强调其实发自"先儒旧说",自己只有缀辑之功,[①]但是不可否认,"六艺论"至少是为马一浮建构自己的儒学思想体系提供了主要的话语依据,可以说"六艺论"成了马一浮自己的思想建构、理论阐发所需要的独特话语体系,而马一浮也据此形成了自己以"六艺"为宗本的一系列新儒学思想。马一浮在这方面的学术工作主要从三个维度上展开:

一是以"六艺"为总体框架,构建了其六艺论儒学思想体系,并以此来阐发传统儒学的基本精神、考察儒学史的"多样性的统一"面貌。在马一浮那里,"六艺"即"六经",而"经"乃"常道"的载体,所以"六艺之道"即"常道",儒学作为"六艺之学"就是体现了最普遍、最恒久、最根本之道的学问,这也就是马一浮之所以说"大哉,六艺之为道!","圣人以何圣?圣于六艺而已;学者于何学?学于六艺而已"[②]的缘由。正因此,马一浮明确强调,"六艺者,即是《诗》《书》《礼》《乐》《易》《春秋》也,此是孔子之教"[③],"儒者以六艺为宗本"[④],职是之故,"不通六艺,不名为儒,此不待言"[⑤]。真正的儒者必须精通六艺,而且要以六艺为"宗本"。这样,马一浮不仅把儒学还原为"孔门六艺之学"[⑥],而且以"六艺论"为他所阐发的儒学思想的总纲领。抗战时期他在浙江大学和复性书院讲学中,在对以《诗》《书》《礼》《易》《乐》《春秋》等"六经"为中心的群经大义的具体阐发中全面系统地阐述了其六艺论儒学的基本思想,展现了自己对原始儒学传统及其根本精神的独特理解。同时他还以此儒学观为范围,通过编辑整理大型丛书《群经统类》《儒林典要》等,重新审视了以"六经"为中心的经典诠释体系下的汉唐儒学、宋明儒学的多样化的思想生态及其内在的统一性面貌。正如马一浮在

---

① 马一浮:《泰和宜山会语》,《马一浮全集》第一册,第9页。
② 马一浮:《泰和宜山会语》,《马一浮全集》第一册,第17页。
③ 马一浮:《泰和宜山会语》,《马一浮全集》第一册,第8页。
④ 马一浮:《因社 Chinese-Renaissance Society 印书议》,《马一浮全集》第四册,第324页。
⑤ 马一浮:《泰和宜山会语》,《马一浮全集》第一册,第11页。
⑥ 马一浮:《泰和宜山会语》,《马一浮全集》第一册,第21页。

复性书院创办之初就在《复性书院简章》中所说的：

> 书院宜附设编纂馆及印书部。编定《群经统类》(先儒说经主要诸书)、《儒林典要》(汉、宋以来诸儒著述之精粹者)、《诸子会归》(先秦、两汉、六朝、唐、宋著述在子部者)，并得修订通史，渐次印行，以明文化渊源、学术流别，使学者知要能择。[①]

与现有的儒学史研究中以人物为主线、以学派归属为旨趣的主流研究范式不同的是，马一浮以"六艺之学"为基本框架，通过对历代有代表性的儒学著述的精心遴选，编辑成《群经统类》《儒林典要》等丛书，展现了一个以"六艺论"为中心的整体性的儒学思想史面貌，很大程度上可以避免以往碎片化、主观化的儒学史叙述模式，以"六艺论"的独特话语体系给儒学史研究提供了另一种更丰富、更全面开阔的视域，"以明文化渊源、学术流别，使学者知要能择"。

马一浮这种以"六艺论"作为儒学的思想纲领，把原始儒学还原为"孔门六艺之学"的儒学观，不仅基本符合孔子自己通过对"六艺"的儒学化改造而实现的对儒学理论体系建构，而且也符合从先秦至两汉儒家学者们对以"六经"为基础的儒学基本框架的认同。而早期儒学对六艺论儒学的这种自我认同，也从在汉代以来绵延近两千年而始终占据儒学研究中心地位的经学身上得以体现。可见，马一浮以"六经"为中心对六艺论儒学的还原与回归，不仅有其足够的文献学依据，也有历史学的依据。或者如马一浮自己所说的，此虽是"先儒之所未言"，"然寻究经传遗文，实有如是条理，非敢强为差排，私意造作"[②]。

① 马一浮:《复性书院简章》,《马一浮全集》第四册,第44页。

② 马一浮:《致叶左文(十)》,《马一浮全集》第二册,第387页。

马一浮的这种儒学观，并非完全是"绝响"，而是也有一些响应者，如其好友现代新儒学的另一代表人物熊十力就在晚于马一浮提出"六艺论"几十年后，也提出了类似的儒学观。熊十力认为，与五十岁前的孔子不同的是，五十岁以后孔子经由研习《易经》而发明大道之学，也可说是"晚年六经之学"[①]，所以熊十力主张应把孔子"晚年六经之学"视为孔子的真儒学，而后世儒学大都背离了孔子"晚年六经之学"，实则皆未能继承孔子的真儒学、未得儒学之真义。尽管熊十力对"六经"与儒学的关系的上述看法中尚有一些粗疏、缺乏论证之处，但他的这种儒学观无疑是对马一浮的六艺论儒学基本立场的一种响应，至少也是对马一浮所主张的孔子之学为六艺论儒学的儒学观提供了另一个有力的证明。

二是以"六艺"为基本分类，由"六艺该摄一切学术"，以此梳理整个古今中外的学术传统，力图使它们都整合圆融于统一的"六艺之学"的知识体系和"六艺之教"的价值体系之中。马一浮不仅以"六艺"为基本的话语体系来阐发儒学，强调儒学即"六艺之学""六艺之教"，而且进一步以"六艺"来"楷定"国学，认为"今楷定国学者，即是六艺之学"[②]，因此，"六艺"可以说是该摄一切学术，包括"六艺"统诸子、"六艺"统四部，"六艺"还可统摄西来一切学术。[③]马一浮在《复性书院简章》中就明确规定："书院以综贯经术、讲明义理为教，一切学术该摄于六艺，凡诸子、史部、文学之研究皆以诸经统之。"[④]马一浮早在浙江大学讲学中就提出："六艺不唯统摄中土一切学术，亦可统摄现在西来一切学术。"[⑤]马一浮用"六艺"来该摄古今中外一切学术，认为它们或者是"六艺"的流失和衍生（如诸子、四部），或者是相似的类别归属（如西学）。马一浮这种以"六艺"统摄古今中外一切学

---

① 熊十力:《原儒》,长沙:岳麓书社,2013 年,第 104 页。

② 马一浮:《泰和宜山会语》,《马一浮全集》第一册,第 8 页。

③ 马一浮:《泰和宜山会语》,《马一浮全集》第一册,第 10~20 页。

④ 马一浮:《复性书院简章》,《马一浮全集》第四册,第 41 页。

⑤ 马一浮:《泰和宜山会语》,《马一浮全集》第一册,第 17 页。

术的话语体系，虽然采取了传统的经说形式，兼取佛学判教方法予以阐述，尽管创发良多、富有启迪，但由于其观点过于独特，且在历史的考证上又较为粗疏，喜欢"把这种展开的历史线索略过了，一针到底地把完成之义显了出来"①，所以令许多人难以理解和相信，更有不少误解和批评。其实马一浮这种"六艺论"的话语体系，除了具有"从殊相以直探全相，汰夹杂以直显纯真"②的直觉主义方法论特点之外，还有这两个方面的主要作用：

一方面，马一浮要以此对古今中外的一切学术梳条理、明统类，以达到将人类一切知识、学术纳入"六艺论"的框架系统进行真正整体性、统一性、系统性的认识和把握。马一浮认为，人类的各种知识、学术虽然"千举万变，其统类一也"③。马一浮解释道：

> 统是总相，类是别相。总不离别，别不离总，举总以该别，由别以见总，知总别之不异者，乃可与言条理矣。内外本末，小大精粗，统之有宗，会之有元。备而不遗，通而不暌，交参互入，并摄兼收，错列则行布分明，汇合则圆融无碍，此条理之事也。若乃得其一支而遗其全体，守其一曲而昧乎大方，血脉不通，触涂成滞，畛域自限，封执随生，相绌相距，不该不遍，是丹而非素，专己而斥人，安其所习，毁所不见，是犹井龟不知有海，夏虫不知有冰。游骑忘归，散钱无串。④

正因为如此，在马一浮看来，不唯中土学术与文化，整个人类的学术与文化在内容上都可归入"六艺"，或者说都不外乎"六艺"这几大门类，这样马一浮就使整个人类的学术文化成为一种有条理可循、有流别可辨的知

---

① 徐复观：《如何读马先生的书》，《中国知识分子精神》，上海：华东师范大学出版社，2004年，第52页。

② 徐复观：《如何读马先生的书》，《中国知识分子精神》，第52页。

③ 马一浮：《复性书院讲录》，《马一浮全集》第一册，第127页。

④ 马一浮：《复性书院讲录》，《马一浮全集》第一册，第127页。

马一浮与现代新儒学——宋明儒学的传承创新

识系统。而且，由于这样的"六艺之学"是"自然流出的""前进的""日新的""活泼泼的"，所以它也是"有体系的""普遍的"、开放性的，[1]也就是说，它不仅是对以往人类的知识系统的一个很好的总结梳理，更是可以适应现代、应对未来的人类的学术文化发展需要的开放性、普遍性、整体性的知识系统，此即马一浮所说的"世界人类一切文化最后之归宿必归于六艺"[2]。

另一方面，马一浮以"六艺"统摄古今中外一切学术的主张，还寄寓了其一个更主要的作用，这就是要确立、突出"六艺"在人类一切学术文化中的终极价值地位。在任何一种文化中，某种重要的知识系统的建构，总是自觉不自觉地导向某种相关联的价值系统的确立。从孔子那里开始，"六艺之学"作为一种知识系统就是为"六艺之道"的价值系统提供一种知识论基础的，它本身并不是目的，建构在其上的价值系统才是终极目的。这正如孔子说到自己"与史巫同涂而殊归者"，就在于与史巫追求"祝""数"之知识技术不同的是，"吾求其德而已"[3]，即追求其中所蕴含的道德价值。尽管宋明理学曾通过尊《四书》而退"五经"的经典重建运动试图将其心性之学的价值目标剥离于以"六经"为代表的旧的知识体系，转而使之奠基于《四书》这一新的知识系统之上，但实际上它并没有能够真正超脱于"六经"的范围。如前所述，马一浮的《群经统类》等宋明儒学的典籍选目就表明了宋明儒学仍是一个"群籍皆统于六艺……儒者以六艺为宗本"[4]的具有"多样性的统一"的思想世界。在马一浮那里，"一切学术统摄于六艺"命题的意义很大程度上只是为了从认知的维度上将"六艺之道"的价值还原于各种经验性的知识，从而确证着"六艺之道"的终极价值的根源性存在。为此，马一浮在《复性书院讲录》中为了应对各种对其"六艺论"的质疑、批

---

① 马一浮：《泰和宜山会语》，《马一浮全集》第一册，第3、19页。

② 马一浮：《泰和宜山会语》，《马一浮全集》第一册，第20页。

③ 廖名春：《帛书〈要〉释文》，廖名春：《帛书〈周易〉论集》，上海：上海古籍出版社，2008年，第389页。

④ 马一浮：《因社 Chinese-Renaissance Society 印书议》，《马一浮全集》第四册，第324页。

评而曾以"自简其过"的方式指出：

> 判教之言，实同义学，不明统类，则疑于专己，一也。摄事归心，务存要约，无取依文，迥殊前轨，二也。玄义流失，直指斯兴，禅病既除，儒宗乃显，原流未晰，将以杂糅见诃，三也。世方盛谈哲学，务求创造，先儒雅言，弃同土梗，食芹虽美，按剑方瞋，四也。胸襟流出，不资獭祭，针石直下，不避瞑眩，旧师恶其家法荡然，异论诋为闭门自大，五也。①

马一浮这里所作的批评与自我批评，实也可看作是其思想路径的某种提示，以此可一窥其思想的价值取向。在马一浮看来，"六艺"作为一种"先儒雅言"所形成的"原流"、一种久远的基本知识系统，不能"弃同土梗"，而是始终具有作为一切价值的根源性存在的意义，而且正是这种价值的根源性存在构成了中国思想文化的源头活水，滋养培植着它不断发展延续、亘古弥新。

有基于此，马一浮相信：六艺之教不仅是"中国至高特殊之文化"，而且是"可以推行于全人类""普遍的及于全人类"的。②因为马一浮认为，"六艺之教，不是圣人安排出来，实是性分中本具之理"③。"六艺"是人类自身性分内所本具的事理，体现了"人类合理的正常生活"的要求，④所以它是自然流出的，反映了人的本然之善、性德之真。只要我们能够"睽而知其类，异而知其通"⑤，就能达到"观其会通"⑥"相生相养"⑦的圆融之境。总之，

---

① 马一浮：《复性书院讲录》，《马一浮全集》第一册，第 126 页。
② 马一浮：《泰和宜山会语》，《马一浮全集》第一册，第 19 页。
③ 马一浮：《泰和宜山会语》，《马一浮全集》第一册，第 15 页。
④ 马一浮：《泰和宜山会语》，《马一浮全集》第一册，第 15 页。
⑤ 马一浮：《泰和宜山会语》，《马一浮全集》第一册，第 18 页。
⑥ 马一浮：《泰和宜山会语》，《马一浮全集》第一册，第 18 页。
⑦ 马一浮：《泰和宜山会语》，《马一浮全集》第一册，第 3 页。

"六艺"不仅是中国古典时代基本的生活方式、思想方式的源头活水,而且也是能够滋养今后人类生活和整个文明的最高价值资源,具有最广泛最根本的终极性意义。马一浮说:"克实言之,全部人类之心灵,其所表现者不能离乎六艺也;全部人类之生活,其所演变者不能外乎六艺也。"①这样,在马一浮那里,体现着知识与价值相统一的"六艺",实具有了作为一切人类文化共同的文化原型的普遍而终极性的意义,因为只要人类还追求"合理的生活亦曰正常生活",就离不开"六艺之教","须知六艺之教即是人类合理的正常生活"。②

三是以"六艺论"为中心构建起一个普遍的、统一的、现代的、开放的文化体系。马一浮这种以人类普遍性的经验生活回溯"六艺之教"的根源性存在意义的思路,对于我们今天探索人类更合理的生活世界及价值世界的建构无疑具有启发作用。在当代人类经济社会现代化发展达到高度全球化的情境下,人类文化的趋同化、一体化乃至世界化并没有随之顺利到来,相反,由文化差异等引起的各种"文明的冲突"反而有加剧之势。不管马一浮以"六艺"该摄古今中外一切学术的主张是否包含有因对本国传统文化过分自信而致"闭门自大"的倾向,但它对本国传统文化不愿轻易地"弃同土梗"的持守态度是值得充分肯定的。它在寻求人类文化大同的"中国方案"中所包含的会通圆融、"相生相养"的文化多样的统一观、包容合作的整体观,都是富有中国文化智慧和和谐共赢的合作精神的价值导向,的确具有化解人类现当代发展中的"文明冲突"、对人类未来文明发展的模式形塑具有范导意义和根本性价值的作用。这正如陈寅恪所说:"窃疑中国自今日以后……其真能于思想上自成系统,有所创获者,必须一方面吸收输入外来之学说,一方面不忘本来民族之地位。此两种相反而适相成之态度,乃道教之真精神,新儒家之旧途径,而两千年吾民族与他民族思想接触史

---

① 马一浮:《泰和宜山会语》,《马一浮全集》第一册,第18页。
② 马一浮:《泰和宜山会语》,《马一浮全集》第一册,第15页。

之所昭示者也。"①显然,这也正是马一浮通过其"六艺论"所要"昭示者"。所以马一浮在阐发其"六艺论"时,一再地批评近人对中国固有文化的自卑、自弃态度:"今人舍弃自己无上之家珍而拾人之土苴绪余以为宝,自居于下劣,而奉西洋人为神圣,岂非至愚而可哀!"②马一浮不但要以"六艺之学"来突出中国传统文化的固有价值,提高人们对自己民族文化的认识和信心,而不致陷于自卑、自弃的境地,而且要让以"六艺之道"为中心的中国文化精神成为"可以推行于全人类,放之四海而皆准"的普遍真理,能够成为人类未来文明发展的方向和基本模式:"吾敢断言,天地一日不毁,人心一日不灭,则六艺之道炳然常存。世界人类一切文化最后之归宿必归于六艺。"③

应该说,马一浮之所以对"六艺之道"有这么高的自信,与他不同于历史上的儒生或经学家只是固守"六经"传统而不知变革有很大的关系。相较而言,马一浮的"六艺论"无论是在内涵上还是在价值取向上都已作了现代的诠释和阐发,可以说是对"六艺之学"作了根本性的改造。

首先是马一浮在"六艺之学"的内涵上,除了对"六艺"本身作了诸多新的诠释、解读,如在《复性书院讲录》中对《诗》《书》《礼》《易》《乐》《春秋》等"群经大义"都一一作了新的诠释,对"六艺"之间的互摄等逻辑结构关系作了新的阐发之外,还对"六艺"统摄诸子、四部作了论证,对中国传统学术谱系及学术史路径作了全新的描述。而且,马一浮还提出"六艺"可以该摄西来一切学术,"自然科学可统于《易》,社会科学或人文科学可统于《春秋》","文学艺术统于《诗》《乐》,政治、法律、经济统于《书》《礼》"④。这样就把古今中外一切学术文化都统摄于"六艺之学"这一知识系统之中,

① 陈寅恪:《冯友兰中国哲学史下册审查报告》,《金明馆丛稿二编》,北京:生活·读书·新知三联书店,2001年,第284~85页。

② 马一浮:《泰和宜山会语》,《马一浮全集》第一册,第20页。

③ 马一浮:《泰和宜山会语》,《马一浮全集》第一册,第20页。

④ 马一浮:《泰和宜山会语》,《马一浮全集》第一册,第17、18页。

马一浮与现代新儒学——宋明儒学的传承创新

使人类所有的学术文化都既条理分明又融会贯通为一个统一的知识整体，这是以往的"六艺论"所完全没有提出过的宏大的、力图适应现代社会知识爆炸新知迭出的需要而提出的一种全新的开放性知识体系。

其次，马一浮在"六艺之道"的价值取向上也赋予了其许多新的现代性内涵。如马一浮认为，西学所注重的真、善、美，其实也蕴含在"六艺"的传统之中，"《诗》《书》是至善，《礼》《乐》是至美，《易》《春秋》是至真"①。因此，"六艺之道"是可以适应于一切文化的普遍之道，"更无有一事一理能出于六艺之外者"，"若使西方有圣人出，行出来的也是这个六艺之道，但是名言不同而已"。②正因此，马一浮明确地肯定了"六艺论"所具有的现代文化的性质。他说：

> 六艺之道是前进的，绝不是倒退的，切勿误为开倒车；是日新的，绝不是腐旧的，切勿误为重保守；是普遍的，是平民的，绝不是独裁的，不是贵族的，切勿误为封建思想。要说解放，这才是真正的解放；要说自由，这才是真正的自由；要说平等，这才是真正的平等。③

这样的"六艺之学"，经过马一浮的彻底的改造，已消褪了传统的古典色彩，而成为具有了系统性、开放性的现代知识体系和价值体系，从而成为力图融会天下之学、贯通一切之理的全人类性文化的理想原型和普遍性的价值标准的象征。从这一意义来看，马一浮的"六艺论"已经不是传统意义上的经学，也不可能是新经学，而是真正的现代新儒学，是一种努力使传统儒学适应新的时代，成为一种走向现代社会、走向世界和未来的文化理想学说。

---

① 马一浮：《泰和宜山会语》，《马一浮全集》第一册，第19页。
② 马一浮：《泰和宜山会语》，《马一浮全集》第一册，第19页。
③ 马一浮：《泰和宜山会语》，《马一浮全集》第一册，第19页。

当然,对于马一浮这种追求文化统一性的大文化观,也要警惕其由于过分追求大一统性而难以避免的反面作用。因为越是历史悠久、影响深广的文化,就越像一棵根深叶茂的参天大树,对其周围其他草木往往会产生相应的遮蔽作用,使它们难以再生长。因此,统一性的大文化不等同于绝对化的文化大一统,我们不但要警惕这种绝对化的大一统文化对其他多样性文化的遮蔽作用,还要努力保持一种多样性文化共生共荣的生态机制,实现体现着真正的"多样性的统一"的圆融境界。

第 二 节　标 举 性 德 与 认 知 分 层

马一浮六艺论儒学虽然宗本"六艺"、纵贯群经,统摄天下之学,但其整个思想综合起来看,应该说首先是围绕着知识与价值及其相互关系这一理论主题展开的,而且在其知识与价值这个理论主题内部又存在着深刻的矛盾。因此,考察马一浮六艺论儒学对这些问题的思考,不仅有利于从其内容到形式都可更新对传统儒学的真正理解,而且还可进一步加深对现代儒学的发展和创新性转型的可行性路径的探索。

马一浮面对近现代西方文化及现代科技文明强势侵入而引发的中国社会政治、文化及社会生活的巨大危机,深感以原有的以宋明理学为主体的中国传统文化从知识系统到价值系统上都已完全无法应对,更无胜算可能。如在知识系统上,传统知识体系如经子之学、四部之学等,已不能很好地概括中国传统的各类学术,更无法涵摄现代西学。因此,马一浮要从原始儒学那里寻找可以重建新的儒学文化体系的根本思想资源,马一浮提出应以"六艺"来统摄古今中外一切学术,就是要使"六艺论"首先成为一个可以与时俱进、无所不包的,最普遍、最广泛且最具现代性、开放性的现代知识体系。同样,以宋明儒学为代表的中国传统思想在价值观层面上趋于过度的内在化，以个体的道德完善、成圣成贤的内在化自我成就为根本的追求目标，而基本上没有涉及现代社会所普遍追求的自由、平等、解放等社会性人格的基本价值。如前所述，马一浮在"六艺之道"的价值取向上赋予了其真、善、美和自由、平等、解放的现代性内涵，显然是力图以"六艺之道"为中心重建一种儒学文化的现代价值体系。

然而，尽管马一浮把知识与价值及其关系当作其"六艺论"中的一个最重要的理论主题，但深入考察起来，其中还是存在一些值得进一步探讨和反思的重要理论问题，而这些问题实际上关乎对马一浮以"六艺"为中心的新的知识体系及其价值体系建构的合理性、可行性的评价。

首先，马一浮否定知识的独立价值，而只肯定与人的心性道德相关的知识价值。虽然马一浮也强调面对中华民族危亡的"今日之祸"，只"患下之无学"，"必赖学术以维系之"，[1]但他所强调的"学术"，不是指一般的知识，而是主要指道德心性的学问。所以马一浮实际上区分了两种知识及其学术：一种是外在性的实在知识，一种是内在性的道德知识。马一浮认为，人们所追求的大部分知识，包括各种俗学、实学、西学，都是以向外寻求的方法获得的实在性知识，难免造成心物对待、主客对立，因而不可能达到真正真理性的认识。他说：

> 今人所谓探求真理，全是向外寻求，如此求真得不到，即有所得，亦不真实。中土圣贤所谓性，即今世所谓真理。此乃人人本具，最为切近简易，反身而求，当下即是。今之人驰心务外，正是舍本逐末，舍近求远，可谓枉费工夫。[2]

在马一浮看来，人们用向外驰求的方法去认识真理，是只知有物而不

---

[1] 马一浮：《致邵廉存（1909年）》，《马一浮全集》第二册，第351页。
[2] 乌以风：《问学私记》，《马一浮全集》第一册，第740页。

知有心,从而只能认识和追求外在的物质性存在,所谓文明进步也就停留在物质器具的改进和物质财富的享受上,所以这种知识达不到真理的高度,也不是真正的文明。相反,马一浮相信真正的真理不是"只知向外求事物上知识",而是"向内求自心之义理"。①马一浮说:"学者,所以学为圣人也,穷理尽性即学者分上事……舍穷理尽性而别有学,将所学为何事邪?"②所以,真理应是心物一体的自性之知、反求诸己的德性之知。这样,马一浮虽然以其"六艺论"建构了一种统摄一切学术而无所不包的知识体系,但他对那些"向外求事物上知识"的外在性知识是持否定态度的,而只肯定那些"向内求自心之义理"的精神性体认的价值,或者说任何外在性知识只有融合于内在性的心性道德才是有价值的,这实际上又有意无意地解构了以六艺论为中心的知识体系的存在意义。马一浮说:"今欲对治时人病痛,亦在教其识仁、求仁、体仁而已。任何哲学、科学,任何事功,若不至于仁,只是无物,只是习气。"③在马一浮那里,任何脱离了道德理性的知识、学术都是不具有真实价值的。

马一浮否定一切知识的独立价值,只肯定心性道德的根本性意义,使他不仅在很大程度上解构了自己在其六艺论中所建构的知识体系,而且导致其在各种相关的理论和实践活动中都采取了轻视知识而只标举性德的价值取向。如他一直拒绝进入北京大学、浙江大学等大学任教,在很大程度上就是不愿意接受以现代知识体系为主导的大学教育体制。同样,他在自己创办的复性书院中,明确强调书院不传授一般知识,而是"以综贯经术、讲明义理为教"④。他在《复性书院简章》中规定:"书院确立六艺之教,昌明圣学。始于读书穷理,反身修德,终于穷神知化,践形尽性。"⑤可见

① 马一浮:《泰和宜山会语》,《马一浮全集》第一册,第 46 页。
② 马一浮:《尔雅台答问》,《马一浮全集》第一册,第 411 页。
③ 马一浮:《致熊十力(1939 年 7 月 1 日)》,《马一浮全集》第二册,第 491 页。
④ 马一浮:《复性书院简章》,《马一浮全集》第四册,第 41 页。
⑤ 马一浮:《复性书院简章》,《马一浮全集》第四册,第 42 页。

复性书院实际上完全是以道德教育、道德实践为根本宗旨的。马一浮一再强调复性书院不同于一般大学,也不为学生颁学位、谋出路,并为此不惜与好友熊十力分道扬镳,也都是出于对这种价值取向的坚持。所以虽然在治学上马一浮曾一再地称赞朱熹的为学工夫绵密①,但他并非真的要像朱熹那样偏重于"道问学",而是仍以"尊德性"为目标的,正如陈锐指出的:"马一浮尽管也像朱熹一样博学,但他不是要用理智的分析去认识世界的差别,而是要用广博的学识去论证世界的同一。"②的确,马一浮思想的一个突出特点正是通过"道问学"以"尊德性",这是他既不同于朱熹,也不同于王阳明之处。③

其次,马一浮以是否标举性德作为衡量社会历史的价值标准。马一浮上述这种只尊德性的价值取向还在他的中西文明观上得到典型体现。他说:

> 近世所谓文明,只务宫室车服之美、游乐之娱而已。然上下凌夷、争斗劫夺,无所不为。不知此正是草昧,岂得谓之文明……何谓文,文者事之显,参错交互而不乱者也。明者性之德,虚灵不昧,无时或已者也。文就人伦言,明就心理说。人伦有序谓之文,心中不昧谓之明。文明与草昧相对,草者杂乱之谓,昧者昏迷之称。近世人伦失常,昏迷颠倒,正是草昧。国人率皆以西方社会为文明,不知西方正是一部草昧史,岂得谓之文明。④

这里,与近现代中国人普遍承认西方以近代工业化和科学技术所推

---

① 马一浮:《复性书院讲录》,《马一浮全集》第一册,第91页。
② 陈锐:《马一浮儒学思想研究》,第144~145页。
③ 详见朱晓鹏:《论马一浮对宋明儒学本体论思想的传承与创新》,《哲学与文化》2022年第7期。
④ 乌以风:《问学私记》,《马一浮全集》第一册,第755页。

动的物质生产生活水平的确已处于较先进的发展状态、社会已处于较文明的程度的主流看法不同的是,马一浮认为,它这种奠基于物质性的发展上的文明不仅不能算作"文明",反而完全是"草昧",而只有注重道德人伦的精神文化才能拥有"文明"。"文就人伦言,明就心理说。人伦有序谓之文,心中不昧谓之明",可见马一浮所肯定的文明是仅指道德人伦意义上的精神文明。按照这种观点的逻辑可以推论,拥有现代化的物质生产和生活水平的西方世界根本不值得我们学习,因为它实际上还处于草昧状态,而自古注重道德人伦的中国早就处于最先进、最文明的发展状态了。

正是鉴于这一观点,马一浮面对近代许多人主张的科学救国论,有着完全不同的救亡思路。他说:

> 如今一般为学方法,只知向外求事物上之知识,不知向内求自心之义理。不能明体,焉能达用。侈谈立国而罔顾立身,不知天下国家之本在身。身尚不能立,安能立国? 今谓欲言立国,先须立身;欲言致用,先须明体。体者何? 自心本具之义理是也。义理何由明? 求之六艺乃可明。六艺之道不是空言,须求实践。实践如何做起? 要学者知道自己求端致力之方,只能将圣人吃紧为人处尽力拈提出来,使合下便可用力。①

立国须先立身,救亡须先明义理,这已回到了传统的以道德立国乃至救国的思路。其实,道德层面上的心性义理之学在启发人的道德理性、确立人的道德自觉性、主体性作用上对立国、救亡及一般事功是有着积极意义的,但政治实践与道德实践毕竟还有相当的区别,后者无法完全取代前者。否则面对强敌入侵,人人只从道德层面上去反己内省、谈心论性,而不

① 马一浮:《泰和宜山会语》,《马一浮全集》第一册,第46页。

从物质力量上自强抵抗、从技术上提高行动效率，怎么能够真正拯救国家，重建和平呢？如果进一步把这种道德层面上的反己内省的不足当作近代以来中国社会普遍地遭受外祸苦难的主要根源，这不等于说自己罪有应得、活该如此吗？那就可能真的会导致是非善恶上的价值颠倒等严重问题了。马一浮说：

> 今天下大患，唯在徇物肆欲，而不知率性循理，此战祸之所由来，不独系于一国家一民族也。孟子当战国之时，举世言利而独称仁义道性善，故时人以为迂阔而远于事情。孰知彼所谓迂阔者，乃至切近。彼所谓事情者，乃是虚妄。彼时所谓事情，即纵横家所言利害。如今之外交政策。此佛氏所谓颠倒见也。吾昔尝为诸子言，言富强者必极于不仁。以今观之，岂不益信。自清道光年间鸦片战争以后，魏源始作筹海篇，创为师夷制夷之说，至今垂百年。从变法自强，递变为科学救国，为革命抗战，只是魏源流派所衍，不能出其范围，言师夷已自沦为夷，言制夷卒为夷所制，祸烈之至，而朝野上下，曾不一悟。出言行事，无反躬自责之意，无寅畏惕厉之心，犹是虚愭夸饰，行险侥幸。丧乱无日，民力垂尽。泄沓荒湎，不知忧恤。谁为为之，孰使致之。[①]

马一浮在这里根据其否定知性知识的真理性的价值观，对近代以来"以夷制夷"的救亡路径提出了批评，这当然是有道理的，因为妄想单纯依靠学习西方外在的科学技术知识实现"师夷之长技以制夷"的策略的确是难以成功的，还需在政治、经济诸多层面的根本变革的系统化跟进。不过，"马一浮这里对近代中国战争苦难的原因分析超越了国家和民族的立场，

---

① 刘梦溪主编：《中国现代学术经典·马一浮卷》，石家庄：河北教育出版社，1996年，第743~744页。

立足于儒教的普遍人性论观点，把战争苦难的原因归结为全人类普遍的人性堕落和道德沦丧”[①]。因此，马一浮把拯救危亡、解除苦难的良策不再寄托在师夷制夷的外在知识技术路径上，而寄托于“率性循理”“反躬自责”，则难免有道德理想主义的简单化之嫌。如果因此还有“咎由自取”之责[②]，则还真有倒因为果、颠倒是非的倾向了。因为这样一来，似乎制造那些苦难和罪恶的最大责任不是在那些残暴的侵略者、集权专制的统治者，而是在于大多数民众自身的道德觉悟不高，那不是自得其咎，无须反抗从而也无从自救了吗？这种结论虽然未必出于马一浮的本意，却不能不说是把道德价值绝对化后难以回避的一个危险结论。

其实，从思想史上看，这种把知识与价值二元化和对立，乃至以价值取消知识的现象是传统儒学乃至整个中国传统思想中一个普遍的特点。孔子的“罕言性与天道”“未知生，焉知死”和老子的“为学”与“为道”的分疏，宋明儒学“尊德性”与“道问学”的选择，都反映了这一思想传统。马一浮的态度当然也是这一思想传统的典型体现。它实际上也是中国传统社会的生产生活方式、人格结构、价值观念等从社会存在到意识系统的一种整体性特质的体现。在中国传统社会，由于以小农生产及其相应的自给自足的经济生活方式为主，整个社会处于相对静态，知识生产和积累都较为缓慢，知识的重要性也不突出，仅仅依靠简单的经验、习惯、风俗及各种类型的权威引导，人们就能进行有秩序的生产、生活活动。加上中国传统社会中血缘宗族制度和尊卑等级观念长久存在而造成国人普遍缺乏人格独立，个体的道德品质在价值天平上总是占据了过重的分量，可以说中国传统文化呈现为一种轻视纯粹知识而特别重视德性价值的文化属性。因此，如果说在传统社会中这样的文化属性还具有一定的合理性的话，在很大程度上也是因为它适应过去那种社会历史的存在，随着社会历史时代的

① 李国红:《马一浮思想研究》,巴蜀书社,2012年,第27页。

② 李国红:《马一浮思想研究》,第27页。

变革趋势的演进，它不能不丧失其合理性。正如有学者指出的："西方十六七世纪以后的历史发展告诉我们，任何一个古老的文明，如不能使原有的价值系统、人格结构、生活方式激起创造性的变革，很难完成一个真正富有自由民主精神的现代化国家。"①近现代大工业、商业贸易等的快速发展，使知识、技术的重要性空前凸显，并深刻而广泛地改变了社会生活及其一切方面，也不断地改变和重塑了人们的价值观念世界。为此，我们也不能不重新思考知识与价值的关系。

首先是不能把知识与价值特别是知性知识与德性价值完全分割、对立起来。知识和价值作为人类认识的两种方式，在具体内容上是各有侧重的，但在本质上都是人类把握世界的基本途径，相互之间不存在根本的对立，也不可能作完全的分割，因为根本不存在绝对的知识或价值。譬如即使看起来最远离人类的日常生活、似乎是纯粹知识性的天文学、宇宙学知识，也具有通过认识和掌握宇宙自然的特点、规律，用以指导人类的生产、生活，安顿人类的身心，以"天道引领人道"的价值，正如马克思所说："自然科学通过工业日益在实践上进入人的生活，改造人的生活，并为人的解放作准备，尽管它不得不直接地使非人化充分发展。"②事实上，马克思所说的知识的价值作用在当代世界已愈益突出而成为一个无可争辩的基本事实。近现代中国许多学者尤其是新儒家常常批评西方社会只重知识不重道德，这其实是对西方社会文化的误解和浅见。现代新儒学提倡要对传统儒学及整个中国文化首先作"同情"的理解，但实际上我们对任何文化包括中国文化、西方文化都需要首先作"同情"的理解，然后以此为基础才可以作出价值上的评判和作用上的分析。

同样，任何价值世界的建构都离不开以正确的认知活动作为基础，完全愚昧无知的人也不可能有较高的道德修养，因此必要的启蒙正是造成

---

① 韦政通：《伦理思想的突破》，台北：水牛出版社，2002年，第1页。

② ［德］马克思：《1844年经济学哲学手稿》，北京：人民出版社，2000年，第89页。

"人禽之别"，人之成为人的前提条件。马克思就不赞成卢梭把没有受到任何文明和文化、教育触动的原始状态当作人类最理想的"自然状态"，他认为，这恰恰是一种"对整个文化和文明的世界的抽象否定"的"非自然状态"，①不能体现人的真正本质。与此观点相同，马一浮否定"向外驰求""只知求知"的认知活动的意义，认为只需"反求自心之义理"即可，②实际上这等于否定了一切外在性的知识、文化等的意义，只肯定人的内在心性的德性价值。问题是这种完全来自封闭性内在心性的德性究竟具有多大的价值？因为它固然是至纯的，但一旦接触外面有污浊成分的空气后，能保证不被"氧化"变色吗？它又固然是本然的未接世事的，而一旦历经世事的磨炼后，还立得住吗？所谓"本然之善""天命之性"，不应该是完全与外在的认知和实践活动相隔绝的一种内在德性，而应是一种合内外统一之道。马一浮倡导"六艺之学""六艺之教"的根本意义恰恰就在于希望以诗、书、礼、乐等"六艺"来激发、丰富、涵养人的内在德性，这也就是孔子说的"兴于诗，立于礼，成于乐"。庄子以"庖丁解牛""痀偻承蜩"的故事力图表明外在的知（"官知""蜩翼之知"）可经过"进乎技"而达于内在的"道"。③当然，这其中实现转化的关键还是要"依乎天理""因其固然"。④

进一步而言，知识与价值的关系还可以从形上学的层面上来理解为人类对终极性存在问题的认识的两个本体论维度，它所显现的理论视域，可以康德所言的"我们头上的星空和心中的道德律"为典型的象征。就"知识"这一维度而言，它首先关涉"事实"，即主要关注对客观世界的存在及其本质特征的追问；就"价值"这一维度而言，它侧重于对人的存在的终极价值和意义的探讨。这样它们又可以被称为本体论的认知维度和价值维

① [德]马克思：《1844年经济学哲学手稿》，第79页。
② 马一浮：《泰和宜山会语》，《马一浮全集》第一册，第45页。
③ 《庄子·养生主》《庄子·达生》。
④ 《庄子·养生主》。

度,它们共同构成了相互关联和融合的形上学系统。①马一浮在形上学上主张本末一体、理事统一的圆融本体观,但在理论的应用层面上又把知识与价值割裂对立起来,表现了其理论的不彻底性和逻辑的不严密性,更体现了其未能摆脱传统儒学固有缺陷的局限性。

其次,必须理顺知识与价值的关系,使之不能颠倒。一种完整的人类认知的基本结构应该是由真—善—美这三个层次构成的认知结构,而且三者之间存在着层层递进的关系。求真是人类认知的一个最基本维度,人类的认知活动首先追求对各种客观存在对象的真相的认识,以此形成对事实及其内在规律的把握。求善是人类认知的另一个重要维度,它构成了人类认识及各种实践活动的一个重要目标。但是,它只有建立在"真"的基础上才是有意义和可能的,因为任何不具备"真"的性质的"善"都是"伪善""假善",或无意义的善。"美"是人类认知及一切实践活动所追求的最高目标,但同样,任何一种"善"或其他人类认识和实践活动要成为一种"美德""美言"或其他"美"的产品,也都必须具备一定的"真"的特质,否则就会丧失其"美"的根基及其意味。总之,"善""美"等都属于价值评判范畴。它们必须以"真"作为"事实"基础,不然一切都会如同无源之水、无本之木无从谈起,因此真—善—美作为人类认知的三个基本维度存在着层层递进的结构关系,它们的关系不仅不能相互割裂,而且也不能相互颠倒。从这个意义上来说,知识的本性是"求真",它不仅并不会必然地引向一味驰求外物、徇物忘性的外在性之知,而且反而也可以成为启蒙心智、触发性情、涵养灵魂的智慧之知,成为一切价值认知和价值判断的基本前提。孔子自己所力行和推崇的"好学"、儒家传统所说的"学为圣人"、朱熹倡导的"格物致知"、王阳明强调的"知行合一",实际上都是在肯定"为学""求知"而得的"知识"的基础性作用。马一浮所倡导的以"六艺"为中心的

① 详见朱晓鹏:《从朱熹到王阳明:宋明儒学本体论的转向及其基本路径》,《哲学研究》2015 年第 2 期,第 35 页。

儒学文化体系,首先也是一种统摄古今中外一切学术的知识系统。因此,在这一问题上的正确态度不在于要不要以"知识"作为"价值"评判的基础,而在于这个"知识"基础必须足够坚实可靠。也就是说,只有先拥有真实可靠的"知识"所提供的"事实"基础,我们据此作出的"善""美"等一切价值判断才有可能是合理的、有意义的。

譬如,儒家伦理是一种宗法伦理,而"儒家宗法伦理的两个基本原则是尊尊和亲亲"①。"尊尊""亲亲"的宗法伦理观被推崇为是来源于天道,传统儒学试图以自然存在的规范及其规律的客观性、永恒性来论证宗法伦常关系的普遍性、永恒性和神圣性,如董仲舒说:"君臣父子夫妇之义,皆取诸阴阳之道。君为阳,臣为阴;父为阳,子为阴;夫为阳,妻为阴。……王道之三纲,可求于天。"②"道之大原出于天。"③其实,儒家这种宗法伦理所依据的"天道"主要是基于对天尊地卑的宇宙观和父系家长制的宗法社会的观念反映,如《孝经》说:"夫孝,天之经,地之义。"但实际上,这是一种极为原始粗陋的有限的经验性认识,如果从更大的时空系统来看,并不存在什么天尊地卑的自然之道,父系家长制的宗法社会既不是从来就有的,也不可能是永恒存在的。这样董仲舒所谓"天不变,道亦不变"④的信念也就无法成立,因为其宗法伦理的前提性认知基础就是有局限性、狭隘性的,所以在此基础上建构的儒家宗法伦理也就具有历史性,难以具有真正普遍性、永恒性的意义和价值。传统儒家伦理要想在现代社会继续保持和发挥自己的道德价值,就必须在一种更合理有效的认知结构和认知模式下进行创造性的转化和重建。

从总体上来看,就知识与价值的关系这一问题而言,马一浮的"六艺

---

① 余敦康:《论儒家伦理思想》,《中国哲学论集》,沈阳:辽宁大学出版社,1998 年,第 13 页。
② 董仲舒:《春秋繁露·基义》。
③ 董仲舒:《春秋繁露·举贤良对策》。
④ 董仲舒:《春秋繁露·举贤良对策》。

论"中有关"孝"的看法对传统儒学的宗法伦理观的继承是十分突出的,实际上表现了一种把道德价值本体化的趋向。马一浮遵循孔子所说的"君子务本,本立而道生。孝弟也者,其为仁之本与"①的主张,不仅把"孝悌"看作一切道德的源头,而且进一步看作"可求于天"的天道的体现,从而也就是整个世界的源头、根本,由此孝也就具有了作为整个世界的本体的性质。马一浮说:"行孝弟,则礼乐由此生,性命由此至,神化由此出。……孝弟之心,实万化之根原,至道之归极。"②这里的逻辑其实是先把"孝"作为一切道德理性的道德本体,然后再进一步提升为整个宇宙世界的存在本体,轻易地跨越了人的精神世界与外在的客观世界之间的界限。这样,整个世界也就成为孝之体流行而化育天下万物的结果。他说:"六艺之道,明乎自性而已矣。曷有而明之? 求之《孝经》斯可明矣。性外无道,事外无理。六艺之道,即吾人自性本具之理,亦即伦常日用所当行之事也。亘古亘今,尽未来际,尽虚空界,无须臾而可离,无一事而不遍者也。由是性之发用而后有文化,故曰'观乎人文以化成天下'。"③显然,这种把道德理性本体化的做法在认知结构上是颠倒了"真"与"善"的认知层次,取消了"真"的认知基础性作用,而导致对善的价值世界的建构本体化、绝对化、永恒化,看不到其合理性的价值和意义更应该放在一种历史的、变化的维度上予以考察。

第三节　体认自性与内外界域

马一浮身为现代新儒学的代表人物,却典型地体现了传统儒学的思想特质,其表现不单是指其基本论题、主要概念、言说方式、理论形态诸外

---

① 《论语·学而》。

② 马一浮:《复性书院讲录》,《马一浮全集》第一册,第143~144 页。

③ 马一浮:《复性书院讲录》,《马一浮全集》第一册,第178 页。

在方面,更重要的还体现在其理论特点、思想旨趣等内在的方面。比如,马一浮与孔子一样都以"内圣外王"为其理论的基本宗旨。但是马一浮之于孔子毕竟又是经历了两千多年的历史,他显然又具有一些自己不同的思想路径和价值取向。因此,考察马一浮以"内圣外王"理论为中心的思想旨趣及其特点,对于探讨现代新儒学如何在现代社会文化条件下打通传承发展和创新性转型的可行路径具有重要的启示作用。

一、内圣外王理论的现代困境

孔子所创立的原始儒学虽以"六艺"为其基本的经典体系,并以"六艺"为教,但其理论的基本宗旨,可用庄子所说的"内圣外王"加以概括。对此,孔子自己曾有过很好的阐述。《论语》中记载:"子路问君子。子曰:'修己以敬。'曰:'如斯而已乎?'曰:'修己以安人。'曰:'如斯而已乎?'曰:'修己以安百姓。修己以安百姓,尧舜其犹病诸!'"①如果说"修己"是"内圣"之功,"安人""安百姓"就是"外王"之用。在孔子看来,一个理想的人(君子)首先要"修己以敬",努力使自己的身心得到最好的修养,但还不能止于个人的道德境界,还需进一步推己及人、达到"博施于民而能济众"②,而这是连尧舜都难以达到的境界,所以这也是一个由"仁"而"圣"的过程。"仁"是人的内在道德情感和精神境界,"圣"则不但有"内圣",还有"外王",即把内圣之功外化于事功上的客观成就。可以说,孔子儒学就是仁圣相合为内外统一之道的大学问,这也是孔子晚年深入系统研习"六经"之后的最大成果。孔子儒学的"内圣外王"的理论宗旨,也构成了儒学的基本理论结构,或如余英时所说的"儒学的整体规

---

① 《论语·宪问》。
② 《论语·雍也》。

划"①。原始儒学以个体的"内圣"修养为基点,而其终极关怀还是在合理社会秩序的重建,即实现"博施于民而能济众""安人""安百姓"的"外王"理想。这种实现由"内圣"而至"外王"这一连续的目标构成了孔子儒学的一个基本理论预设。也就是说,对于真正的儒学而言固然是重视内圣的,但内圣的目的还是要达到外王,以实现内圣外王的统一。反过来说,若内圣未能达至外王,也是内圣未臻于理想之境。对此,南宋著名学者吕祖谦曾生动地把内圣没有达至外王比喻为"未熟之五谷",他说:"五谷未熟时,固不如荑稗,然或至于熟,岂荑稗之比哉!彼五谷不至于熟,亦无用之物而已。"②他又说:"五谷若不至于熟,亦不如稊稗。以此知学者须成就,若不成就,不如常人。"③吕祖谦认为,五谷不同于稊稗,首先在于其种子不同,是好种子。但种子虽好,如果不能长为成熟的五谷,仍然是无用之物,所以学者在学问精进和心性修养的基础上,还需要取得事功上的成就,以实现成己成物的统一。这应该也就是孔子所坚持的从内圣达至外王的"一以贯之"之道。

孔子的原始儒学关于内圣外王的基本理论结构也成为此后传统儒学的一个基本理论预设,孔子之后的儒学几乎都没有不承认此一基本理论预设的。不过,体现在其理论和实践中的,具体又有较多、较大的差异:一般认为沿思孟一脉演变的儒学较侧重于心性之学的内圣一面,沿荀子一脉演变的儒学较侧重于事功之学的外王一面。如就宋代儒学而言,前者以朱熹为代表的理学为典型,后者以吕祖谦、叶适为代表的浙学为典型。当然,它们在理论上都并不绝对地排斥另一面,只是实际重心有所不同。像余英时就曾在其专著《朱熹的历史世界》中论证了,在理论上热衷心性道德之

---

① 余英时:《试说儒家的整体规划》,《余英时文集》第十卷《宋明理学与政治文化》,桂林:广西师范大学出版社,2006 年,第 307~319 页。

② 吕祖谦:《丽泽论说集录》卷第七,《吕祖谦全集》第二册,杭州:浙江古籍出版社,2008 年,第 178 页。

③ 吕祖谦:《丽泽论说集录》卷第七,《吕祖谦全集》第二册,第 206 页。

学的朱熹,同样在实际政治生活中关切重建合理社会秩序的"外王"之事。

现代新儒学也没有例外,它当然也继承了传统儒学包括宋明理学的内圣外王的理论预设。方克立指出:"现代新儒学是对传统儒学的继承和开新。在传统儒学中,它所接引的'源头活水'或直接理论来源主要是宋明理学的道德心性之学和'内圣外王'的思维模式。"①不过,尽管现代新儒学也和宋明理学及整个传统儒学一样在主观上是认同内圣外王这一儒学的基本理论预设的,但由于近现代以来中国社会文化因遭受西方社会文化的强势冲击而产生重重危机局势,同时也在"刺激—反应"模式下发生了向现代社会的被迫转型,促使它认识到传统的内圣外王模式已经难以再适应现代中国社会的现实,因此它的内圣外王理想在无形之中已打了很大的折扣。这样,现代新儒家虽然仍相信儒学所体现的是一种"常道"而非"变数",坚持对"道统之肯定",但由于儒学从根本上是与中国传统血缘宗法社会及其政治建构相适应的意识形态,"儒学的政治保障与经济基础无疑是王朝政治与小农经济……小农经济的解体,王朝政治的终结,必然导致儒学的生存危机"②。所以儒学的内圣外王模式也必然会进一步失去其在现实中的适应性和合理性,从而面临要么改弦更张,要么基本放弃的重大抉择。

因此,就绝大多数现代新儒家而言,他们虽然依恋故旧的传统,相信可以返本开新,但也已认识到应接受现代社会文化的一些基本价值观来重新构建其返本所开之"新外王"的具体内涵。其中最突出的就是,他们提出了要求"老内圣开出新外王",即要从儒学的内圣传统里寻找可以生出现代科学与民主的新外王。1958 年由牟宗三、张君劢、唐君毅、徐复观四人联合署名发表的《为中国文化敬告世界人士宣言》,就明确强调要发展儒家的"心性之学",并"要使中国人不仅由其心性之学,以自觉其自我之为

---

① 方克立:《〈现代新儒学与宋明理学〉序》,李道湘:《现代新儒学与宋明理学》,第 1 页。

② 启良:《新儒学批判》,上海:上海三联书店,1995 年,第 7 页。

一‘道德实践的主体’，同时当求在政治上，能自觉为一‘政治的主体’，在自然界、知识界成为‘认识的主体’及‘实用技术的活动之主体’”①。这也就是当代新儒家所谓的儒家的当前使命主要是要从“内圣之学”中开出新的“外王事功”这一面的具体内容。1979 年，牟宗三在《从儒家的当前使命说中国文化的现代意义》演讲中仍说：“儒家学术第三期的发展，所应负的责任即是要开这个时代所需要的外王，亦即开新的外王。……今天这个时代所要求的新外王，即是科学与民主政治。”②

现代新儒家们能以积极的心态跟随时代潮流，把现代民主与科学当作追求实现“新外王”的目标，当然是不同于顽固守旧派的新文化主张，值得肯定。但最重要的问题是，以传统的内圣之学能否真正开出民主与科学的新外王？对此，新儒家在新儒学及其实践领域中并没有能够找出足够切实可行、富有实效的路径设计及成功案例。即使牟宗三本人，虽有通过“良知自我坎陷”而实现民主与科学之外王的假说，但似乎仍未能真正在“吾家旧物”与民族现代化之间架起一座可通行的桥梁。这就像有学者所批评的：“他们深信内圣可以开出新外王，但究竟怎样开出，始终找不到令人满意的答案。”③而这也从一个重要的层面表明了充满理想主义色彩的现代新儒学在现代社会所处的尴尬局面：它既需要坚持以传统的内圣之学为理论主导，又需要与时俱进地开出民主与科学的新外王，但是它所追求的“从老内圣开出新外王”之设想在社会现实中却仍然会遭遇到难以跨越的巨大障碍。由此导致了现代新儒学也没有能够避免与牟宗三所承认的宋明理学“内圣学强，外王学弱”同样的理论缺陷。因此，总体来看，现代新儒学所追求的“从老内圣开出新外王”的构想并没有成功，正如李泽厚所认

① 唐君毅：《中国文化与世界》，《唐君毅全集》第九卷，北京：九州出版社，2016 年，第 28 页。

② 牟宗三：《从儒家的当前使命说中国文化的现代意义》，《时代与感受》，台北：鹅湖出版社，1984 年，第 309~314 页。

③ 启良：《新儒学批判》，第 8 页。

为的,"想由传统道德开出现代的民主政治和社会生活,以实现儒家'内圣外王之道','现代新儒学'无论在理论上或实践上,都是失败的"①。

二、以内圣涵摄外王

与大多数现代新儒家相比,马一浮面对现代新儒学所面临的内圣外王的现代困境,似乎要淡定很多,因为马一浮在此问题上是较为彻底地继承了传统儒学包括宋明理学的内圣外王理论,可以说是完全回到了原始儒学的内圣外王的理论预设,这样也就巧妙地回避了或者说取消了现代新儒学面临的从"老内圣"如何开出"新外王"的难题。

我们知道,在孔子的原始儒学那里,以"仁"为中心的德性系统在其整个思想中具有根本性的本体地位,孔子儒学本质上就是一种倡导"以德为本"的德性伦理学。孔子儒学的这一理论特质在其内圣外王之道上有典型体现,所以孔子所主张的"内圣"固然是以德为本,但是像作为"外王"主要体现的政治也是以德为本的,即孔子所说的"为政以德,譬如北辰,居其所而众星共之"②。对此,马一浮可以说是全盘继承了的,他说:

> 今观《论语》记孔子论政之言,以德为主,则于本迹之说可以无疑也。尧、舜、禹、汤、文、武、周公、孔子之心,一也。有以得其用心,则施于有政,迹虽不同,不害其本一也。后世言政事者,每规规于制度文为之末,舍本而言迹,非孔子《书》教之旨矣。《论语》"为政以德"一章,是《书》教要义。德是政之本,政是德之迹。③

---

① 李泽厚:《己卯五说》,北京:中国电影出版社,1999年,第4页。

② 《论语·为政》。

③ 马一浮:《复性书院讲录》,《马一浮全集》第一册,第138~139页。

"德是政之本，政是德之迹"，可见《书》教要义就是《论语》中所说的"为政以德"。马一浮认为，后世谈论政事，往往拘泥于制度文为之末，这实际上是舍本言迹，已背离了孔子《书》教之旨。马一浮曾批评史家有"偏重史实"，不能"识其大者"①之弊，其实说《书》者亦有此弊，德为大本，政为小末，实不可舍大本而求小末。

以本迹、本末关系来看待内圣外王关系，实际上也就是以主次、体用关系来看待内圣外王关系。马一浮说："义理是本，事功是迹；义理是体，事功是用。迹自本出，用由体发，未有无本之迹，亦未有无体之用。"②既然内圣外王就是本末体用关系，那么内圣之本、之体是心之仁、性之德，其外王自然也就是人内在的心之仁、性之德的推展、应用和体现，即所谓"体用不二。但就其具于自性者则谓之德，就其发于自性而措之天下、加之庶民者则谓之业"③。故此，马一浮十分推崇宋儒蔡九峰《书传序》中说的"礼乐教化，心之发也；典章文物，心之著也；家齐国治天下平，心之推也"，认为"自来说《尚书》大义，未有精于此者"。④由于无论内圣还是外王，都是"心之德其盛矣乎"的体现，所以内圣外王实为一事，即学道修德。只要学道修德成功，也就成就了内圣外王之业："道远乎哉，触事而真；圣远乎哉，体之即神。内圣外王之学，'穷神知化'之功，咸在于是。"⑤总之，"安危、存亡、治乱，俱在心术上判。今人只知在物质上判，所安者或是危道，求存者或反以致亡，求治者或反以致乱，不知其本也。"⑥对此，马一浮曾以对《尚书》中《洪范》的解读为例作过系统的论证。⑦与一般学者把《书》看作单纯的政治

① 马一浮：《致叶左文（九）》，《马一浮全集》第二册，第382~383页。
② 乌以风：《问学私记》，《马一浮全集》第一册，第763页。
③ 马一浮：《复性书院讲录》，《马一浮全集》第一册，第284页。
④ 马一浮：《复性书院讲录》，《马一浮全集》第一册，第138页。
⑤ 马一浮：《复性书院讲录》，《马一浮全集》第一册，第233页。
⑥ 马一浮：《复性书院讲录》，《马一浮全集》第一册，第220页。
⑦ 详见朱晓鹏：《论〈洪范〉的德性政治学原理及其体系建构》，《学术界》2021年第4期。

典籍不同的是,马一浮认为,《书》本质上是"尽性之书",是古代道德政治的经典文献。因此,《书》所道"政事",实是"修德尽性"之事,所谓"治天下之道",不过就是修德性行仁义而已。马一浮说:"六经总为德教,而《尚书》道政事皆原本于德。尧、舜、禹、汤、文、武所以同人心而出治道者,修德尽性而已矣。离德教则政事无所施,故曰'为政以德'。此其义具于《洪范》。"①

其实,在马一浮看来,不单是《书》所道"政事""治道"只是"修德尽性而已",而且整个六经所载之事、所论之道,都是以人的性德为中心的,离开了性德问题,天下就再无事功可言,所以马一浮一再地说:"故六艺之教,总为德教;六艺之道,总为性道。"②"六经所示,皆修德之门,学道之事。"③"由六艺之道,明乎自性而已矣。……性外无道,事外无理。六艺之道,即吾人自性本具之理,亦即伦常日用所当行之事也。"④这样,儒学的内圣外王问题,实际上就成了人的内在性德的发用流行的循环过程。正如马一浮自己所说:"此之德相,前后相望,示有诸名,总显一心之妙,约之则为礼乐之原,散之则为六艺之用。当以内圣外王合释。"⑤"六艺"之间前后相随的生成关系可以转化为"六艺"之间内外交织的互摄关系,从而形成"六艺之道"的互证互印:"前至为圣,后至为王。如志至即内圣,诗至为外王;诗至即内圣、礼至即外王;礼至即内圣,乐至即外王;乐至即内圣,哀至即外王。此以礼乐并摄于诗,则诗是内圣,礼乐是外王。又原即是体为圣,达即是用为王。更以六艺分释,则《诗》是内圣,《书》是外王;《乐》是内圣,《礼》是外王;《易》是内圣,《春秋》是外王。"⑥"六艺"之间这种体用全该、内外交彻的内圣外王之学虽然显示了其体无乎不在、用无乎不周的特点,被

①　马一浮:《复性书院讲录》,《马一浮全集》第一册,第269页。
②　马一浮:《复性书院讲录》,《马一浮全集》第一册,第186页。
③　马一浮:《复性书院讲录》,《马一浮全集》第一册,第185页。
④　马一浮:《复性书院讲录》,《马一浮全集》第一册,第178页。
⑤　马一浮:《复性书院讲录》,《马一浮全集》第一册,第231页。
⑥　马一浮:《复性书院讲录》,《马一浮全集》第一册,第231页。

马一浮称赞为"此真内圣外王之学也"①。但它同时几乎完全是一种内在化的道德体悟和道德实践过程,基本取消了外在性实践的独立价值。马一浮说:"今欲问如何立国致用,则告之曰:汝且立身行己。……知道立身,才可以为立国之根本。"②"欲言致用,先须明体。体者何? 自心本具之义理是也。"③而这种所谓体用不二之学、彻上彻下之道,归根结底主要是一种由人的内在德性的修养所达到和开显的精神境界,基本上没有脱离道德理想、道德实践的范围。也可以说,马一浮以一种圆融的方式以内圣涵摄了外王,实际上已经有意无意地取消或放弃了真正的外王问题,更不存在向现代"新外王"转型的难题。因为马一浮在本体论上所追求的就是一种知变守常、万殊一理的"多样性的统一",或者说是理气合一、体用不二,"于变易中见不易"④的简易之道。所以马一浮更倾向于在思想和实际存在中"消除差别和二元对立,以达到原始的同一"⑤。马一浮曾引述黄宗羲的话说:"抑知理气之名,由人而造,……盖一物而两名,非两物而一体也。"⑥"所以明万事万物同出于一原,而同归于一致。"⑦正是在这种本体观念的引导下,马一浮十分强调的"同本异迹""体用不二""一性无差"的同一性,实际上更多的是带有一种神秘主义色彩的圆融无碍的精神境界,即洞察到消除了任何差别和有限而达到无限的统一性存在,"故先生有菩提涅槃是一性,尧舜孔佛是一人之说也"⑧,也即马一浮所说的"门庭虽别,一性无差"⑨。

以这样的本体观念来看待马一浮以内圣涵摄外王、合内外为一体的

---

① 马一浮:《复性书院讲录》,《马一浮全集》第一册,第 226 页。

② 马一浮:《泰和宜山会语》,《马一浮全集》第一册,第 47 页。

③ 马一浮:《泰和宜山会语》,《马一浮全集》第一册,第 46 页。

④ 马一浮:《复性书院讲录》,《马一浮全集》第一册,第 379 页。

⑤ 陈锐:《马一浮儒学思想研究》,第 142 页。

⑥ 马一浮:《濠上杂著·太极图说赘言》,《马一浮全集》第四册,第 9 页。

⑦ 马一浮:《濠上杂著·太极图说赘言》,《马一浮全集》第四册,第 5 页。

⑧ 乌以风编:《马一浮先生学赞》,第 20 页。

⑨ 马一浮:《复性书院讲录》,《马一浮全集》第一册,第 108 页。

做法,显然是很自然的,这是他同一的、一性无差的本体论逻辑的必然延伸。他说:"佛氏华严宗有四法界之说,一事法界,二理法界,三理无碍法界,四事事无碍法界。孔门六艺之学实具此四法界,虽欲异之而不可得,先儒只是不说耳。"①在马一浮看来,先儒、佛道都已认识到世界在本质上是无差别的、同一的,只是他们往往引而不发,未加明言而已。就内圣外王学说而言,在先儒那里,外王本来就并不在内圣之外,因而内圣即外王,外王即内圣的顺延和扩展,而并非在内圣之外还需另有一套外王功夫。马一浮引《礼记》中孔子所说"明乎郊社之义、尝禘之礼,治国其如指诸掌而已乎!"②以及"子曰:'礼者何也? 即事之治也。君子有其事必有其治。治国而无礼,譬犹瞽之无相与! 伥伥乎其何之?"③所以马一浮强调,"六艺之学"虽为内圣外王之学, 但实际上它归根结底只是以体认自性为中心的内圣之学,即"成物即是成己,配天亦是成身","安危、存亡、治乱,俱在心术上判"④的内圣之学。故马一浮说,"学是知仁,道是行仁。今治六艺之学为求仁也",此正所谓"'内圣外王'之学,'穷神知化'之功,咸在于是"。⑤

三、成己与成物

传统儒学中所倡导的"内圣外王"之道,不仅是儒学的一种基本理论结构,或如余英时所说的"儒学的整体规划",更是儒学所追求的基本思想目标,也就是吕祖谦所说的把内圣没有达至外王比喻为"未熟之五谷"的意思。在吕祖谦看来,儒学作为一种理想的学说既要培植出内圣的"好种

---

① 马一浮:《泰和宜山会语》,《马一浮全集》第一册,第21页。

② 《礼记·仲尼燕居》。

③ 《礼记·仲尼燕居》。

④ 马一浮:《复性书院讲录》,《马一浮全集》第一册,第220页。

⑤ 马一浮:《复性书院讲录》,《马一浮全集》第一册,第223、233页。

子"，更要让这种好种子长为成熟的"五谷"，即"外王"上的事功成就，以实现成己成物相统一的结果。

然而内圣的"好种子"要长为成熟的外王"五谷"，不仅仅有"好种子"就行，还取决于"土壤""气候"及"功夫"等环境、条件，这些环境、条件不行，"五谷"也难以成熟。从两千多年来的中国历史实际情况来看，我们并不缺少内圣的"好种子"，但真正长为成熟的"五谷"却少之又少。这一点连马一浮自己也是承认的。他曾说："儒家政治理想，秦汉以来从未实现。"① 著名思想史家韦政通也指出，儒家主张"内圣与外王一贯的思想，外王必须以内圣为基础，因此，所谓外王，就是圣德的功化，这是道德的理想主义的看法，不但在现实政治中无法落实，孔、孟、荀在这方面的努力也是失败的"②。也正是由于历史上儒学所追求的"外王"少有成功，所以也自然造成了传统儒学中如牟宗三所说的"内圣强，外王弱"的局面。

那么传统儒学中为什么会出现这种"内圣强""外王弱"甚至"外王"实践基本失败这种结局呢？最主要的原因当然不是缺少好的"内圣"种子，而是其生长的"土壤""气候"及"功夫"等环境、条件不利于其长成为成熟的"五谷"。具体来看，这个现象至少涉及以下三方面问题：

首先，它说明了传统儒学中常常认为是不言而喻的，从内圣到外王的直接外推法是难以成立的。传统儒学强调内圣是一切的基础，因此就几乎把全部功夫都下在了内圣上。如理学家所特别重视的《大学》中的"格物、致知、诚意、正心、修身、齐家、治国、平天下"这"八条目"，前五项都是内圣之学，只有后三项是外王之学，而且理学家们所真正重视的往往只是前五项的内圣之学，以至于他们自己及与心学之间所发生的主要争论也只集中在"首末次第"的内圣学优先性问题或首章文字正误的内圣学意义问题

---

① 马一浮:《语录类编》,《马一浮全集》第一册,第665页。
② 韦政通:《中国思想史》下册,上海书店出版社,2003年,第840页。

上，正如朱熹自己说的："《大学》重处都在前面。后面工夫渐渐轻了。"①至于"外王"，则被他们看作只是"内圣"外推、扩展之后的"余事"，是"触事而真""体之即神""如指诸掌"的自然之事，这样自然也就不必去花多少工夫，只须完全在"内圣"上下工夫。"由于成圣需要细密而持久的体认道体的工夫，学者往往一生溺心于此，驯至百事不理、一无所成。因此宋明时期学者中，'空虚偏枯'成为一种'常见病'、'多发病'。"②这种现象一方面造成了传统儒学特别是宋明理学往往陷于普遍性的过度内在化的弊病之中难以自拔，③从而造成了"内圣"有余的局面；另一方面却对由"内圣"如何转出"外王"，"内圣"推扩出"外王"的切实路径，"外王"的具体可操作性策略等却缺乏足够深入的了解和研究，从而自然不可能产生"外王"的实践性效果，造成了"外王"不足的局面，甚至进一步形成了陈亮曾尖锐地批评的现象："为士者耻言文章、行义，而曰'尽心知性'；居官者耻言政事、书判，而曰'学道爱人'。相蒙相欺以尽废天下之实，则亦终于百事不理而已。"④

这种"内圣强、外王弱"甚至"内圣有余，外王完败"的事实，有力地证明了从内圣到外王的直接外推法是难以成立的。从孔孟到马一浮，儒家学者们相信从内圣到外王的自然贯通和外推，"触事而真""如指诸掌"般的外化之功，其实只是充满了主观神秘主义色彩的精神境界，而不是真实的社会秩序的重建。这样，内圣与外王不但难以直接贯通，而且是相脱节的。马一浮所说的"中土圣人之学，内外本末只是一贯"⑤，"儒者未有不通达治体，其莅政亦未有不能举者"⑥，也更多地流于简单化的同一性思维模式下

---

① 《朱子语类》卷十四，第 251 页。

② 姜广辉：《走出理学》，辽宁教育出版社，1997 年，第 2 页。

③ 详见朱晓鹏：《论南宋儒学的内在化转向及其主要原因》，《学术界》2018 年第 12 期。

④ 陈亮：《送吴允成运干序》，邓广铭点校：《陈亮集》（增订本），石家庄：河北教育出版社，2003 年，第 216 页。

⑤ 马一浮：《尔雅台答问续编》，《马一浮全集》第一册，第 469 页。

⑥ 马一浮：《尔雅台答问续编》，《马一浮全集》第一册，第 465 页。

的想象。因为"内圣"的好种子固然是长为"外王"的成熟五谷的必要条件，但远未构成其充分条件，所以"内圣"与"外王"实际上是分属于不同的知识系统和价值系统的两种活动，前者是客观见之于主观的认识活动，后者是主观见之于客观的实践活动，前者主要表现为主体道德上所达到的精神境界，后者主要表现为社会政治生活中客观物质性的存在状态，它们是不能化约为统一的心性道德问题的。即使从伦理道德角度去考察，它们也分属于不同的领域：前者主要涉及个体性的私德，后者主要涉及社会性的公德。正因此，在道德与政治、私德与公德之间是不可能轻易地运用直接外推法贯通的，而是必须切实地研究、寻求两者转化、共赢的有效路径和机制。而这一点恰恰是历代儒学所未能充分认识并谋求改变的一个重大理论缺陷，正如韦政通所说的："不论是南宋或清初，重视事功的思想家，在一定程度上都与理学家对立，水心甚至与整个的孔子传统为敌。这绝不能以为只是由于时代环境的刺激，而出于意气之言，这种现象实反映着儒学传统中的一个大问题，这个问题的核心，是要求如何解决外王的问题。理学家们，不管对心对性的了解有何不同，他们对外王问题比较忽视，是一无可争辩的事实。"①

其次，更为关键的是，在实际的政治治理及社会生活良性秩序的建构中，仅仅依靠个体人格的健全和道德的自律是远远不够的。在几千年来中国"家天下"的集权统治下，作为权力主体的历代统治者，其角色定位首先是"家天下"的代表，即《礼记》中所说的"各亲其亲，各子其子，货力为己"的"大道既隐，天下为家"②的一家一姓的统治者。因此，它必然要实行以"家天下"为中心的专制集权统治，而道德礼义这些东西本质上不过是它为了更好地维护这种"家天下"的专制集权统治的工具而已。正如《礼记》里接着所指明的，在这种"天下为家"的状态里，"大人世及以为礼，城郭沟

---

① 韦政通：《中国思想史》下册，第 840 页。

② 《礼记·礼运》。

池以为固,礼义以为纪,以正君臣,以笃父子,以睦兄弟,以和夫妇,以设制度,以立田里,以贤勇知,以功为己。故谋用是作,而兵由此起"①。道德礼义与城池兵革一样都是这种"天下为家"社会里维持其固有秩序所需要的工具,所以"谨于礼"的"禹、汤、文、武、成王、周公",这"六君子"也不过就是其所能达到的"小康"社会中的突出代表而已,他们离真正能够"天下为公"的"大同"社会里的"圣人"标准还是有差距的。正因此,连孔子自己都一再地感叹,就"博施于民而能济众""修己以安百姓"而言,"尧舜其犹病诸"②!由此可见,历代统治者在大一统的专制集权体制里,其治国理政从来不是"为政以德",而是主要依靠其暴力统治、丛林法则,这样少数圣贤希求以道德教化来"得君行道"往往也是以失败为主,从而难以真正实行仁政德治的外王理想。因此,连马一浮也不得不承认,"儒家政治理想,秦汉以来从未实现"。因为在传统专制集权社会中,其社会政治的统治权力是不受被统治者任何制约的,而没有制约的权力必然滋生腐败,所以权力必须予以制约。而只有权力才能制约权力,任何道德自律都不足以制约权力。从这个意义上说,只有受制约的权力才可能实行真正的仁政德治。正因此,道德与政治的关系,于人的个体而言,也许可以由其内外而区分为本末主次,但于社会整体存在而言,则似乎不宜简单地以本末主次关系对待处理,更难以直接外推。尤其在现代社会条件下,把道德泛化为政治,或把政治窄化为道德,都是不可取的,也是不符合真实的社会生活需要的。因为在真实的现代社会生活中,不仅价值理性必须与工具理性相结合才能发挥出其应有的深远作用,而且价值理性本身也必须适应现代社会生活的需要而不断地充实、改变自己的内涵,以"科学""民主""自由"等作为其基本的价值目标。所以面对如此巨大的社会变革,现代新儒家所追求的从"老内圣开出新外王"的希望就更是难以实现了。其实,现代新儒学在

---

① 《礼记·礼运》。

② 《论语·雍也》《论语·宪问》。

"外王"上的失败只是传统儒学在"外王"领域的失败的延续,它彻底地证明了,儒学所信奉的由内圣向外王贯通的"内圣外王之道",从根本上说只是被寄予了美好愿望的死胡同,因而它就如李泽厚所说的,必须"改弦更张、另起炉灶"了![1]

最后,这还进一步涉及对儒学的本质是什么的理解,以及儒学在现代社会里的传承和发展走向的探讨等问题。既然如前所述,无论传统儒学还是现代新儒学,所追求的"内圣外王之道"的理想落实到实践中往往是失败的,那么其真正的出路又何在呢? 当然这显然是一个十分重大的问题,绝非三言两语能说得清楚,也绝非一人一时能做得到位,但这些并不妨碍我们先结合马一浮的例子对这些问题作一些初步的思考,探讨一些可能的路径。而要探讨这一重大问题,应该首先对儒学的本质作重新思考,通过这种追本溯源性的思考,可以为现代儒学的定位和发展走向提供方向性的启示。

我认为,如前所述,孔子的原始儒学是一种以六艺(六经)为基本的经典体系,以六艺之学为基本的知识系统和价值系统,以内圣外王之道为根本的思想宗旨的学说,可以概括为是一种六艺论儒学。对此,马一浮以其六艺论进行了论证,他说:"子以四教:'文、行、忠、信。'文即六艺之文,行即六艺之事,忠、信则六艺之本。今此四门亦略同四教,全体起用,全用归体。此乃圣学之宗要,自性之法门,语语从体验得来,从胸襟流出,一字不敢轻下。要识圣贤血脉,舍此别无他道。"[2]正因此,马一浮一再明确强调"六艺之学"即"孔子之教",孔子儒学即六艺论儒学,"不通六艺,不名为儒"[3]。所以"圣人以何圣? 圣于六艺而已。学者于何学? 学于六艺而已"[4]。这

---

① 李泽厚:《己卯五说》,第 13 页。

② 马一浮:《复性书院讲录》,《马一浮全集》第一册,第 101 页。

③ 马一浮:《泰和宜山会语》,《马一浮全集》第一册,第 8、11 页。

④ 马一浮:《泰和宜山会语》,《马一浮全集》第一册,第 17 页。

样看来,"六艺之道"也就是体现了孔子的"一以贯之"的内圣外王之道,是"全体起用,全用归体"、体用不二的"圣学宗要"。

然而,正如前面的分析所表明的,从孔子的原始儒学、宋明儒学到现代新儒学所孜孜以求的内圣外王之道,在很大程度上始终只是一种美好的理想化愿望,难以在现实中长为"成熟之五谷"。因此,从历史上看,整个儒学一步步走向了以内在化的心性道德为中心的道德化哲学,这一客观结果既是上述内圣外王之道无法贯通的现实状况的真实反映,也是儒学在漫长的历史进程中自觉不自觉、情愿不情愿地作出思想路向调整的结果,而马一浮恰恰是现代新儒学中能够自觉地接续了这一传统的突出代表。正因此我们可以观察到,在马一浮那里,他虽然重建了孔子的六艺论儒学,并力图继承和发扬孔子六艺论儒学中的内圣外王之道,在注重内圣的基础上将研习"六经"智慧的目的导向合理的社会政治秩序的构建,但是饱读古今典籍、洞察中外历史的马一浮,大概正是以其深邃的智慧认识到了内圣外王之道在现代社会现实中更难以实现的现实困境,从而无奈地主动接续了返归于以心性道德为中心的思想转向。马一浮以"六艺归于一心"的总体性观点为其六艺论儒学提供了作为一种心性道德之学的理论基石。马一浮认为:"六艺之教,不是圣人安排出来,实是性分中本具之理。"①"故一切道术皆统摄于六艺,而六艺实统摄于一心,即是一心之全体大用也。"②

马一浮曾以本、迹两个维度来说明"六艺"与"一心"的关系,他认为,包含了大量经验性知识和各种道术的六经皆是"迹",只有在这些思想文本背后所隐藏着的心性道德才是最为重要的"本"。他说:"有六经之迹,有六经之本。六经之本是心性,六经之迹是文字,然六经文字亦全是心性的

三
一
〇

① 马一浮:《泰和宜山会语》,《马一浮全集》第一册,第15页。
② 马一浮:《泰和宜山会语》,《马一浮全集》第一册,第16页。

马一浮与现代新儒学——宋明儒学的传承创新

流露,不是臆造出来的。"①从"六经"到心性,可谓由迹而本、由外而内的一个过程,也是一个由外在性的知识、思想的识取回归到内在性的切己的体悟、心性的抉发的过程。因此,"六艺之学"所追求的内外本末体用一贯之道,最终都转化为仅局限于道德实践范围里的心性之学:"六艺之教,总为德教,六艺之道,总为性道。"②"六经所示,皆修德之门,学道之事。"③马一浮的六艺论儒学以疏离宋明儒学过于内在化、单一化的儒学传统为出发点,却又最终回归于以心性之学为中心的儒学传统。正如有学者评价的:"马一浮可谓是引领现代新儒学心性义理精神脉向的第一人,后来的新儒家都公认心性之学是中国传统文化的精髓,并由此探索内圣开出新外王的通道。"④不过,马一浮并没有由此探索出内圣开出新外王的新通道,而是更彻底地回到了以内圣本身为外王的传统取向,从而以旧内圣消解了新外王,终究成就了内涵醇厚、个性独特的马一浮六艺论儒学的重建。

我认为,马一浮的六艺论儒学的确可以成为引领现代新儒学发展走向的一个重要参考。马一浮曾对"什么是儒学"提出了自己的标准,可谓马氏的"儒学三法印"。他说:"博说则有六艺,约说则有《孝经》。《孝经》之义终于立身,立身之旨在于继善成性。圣人以天地万物为一身。明身无可外,则无老氏之失;明身非是幻,则无佛氏之失;明身不可私,则一切俗学外道皆不可得而滥也。"⑤在马一浮看来,所谓儒学有三条根本性的特征,即"身无可外""身非是幻""身不可私",此"三者一一印合,方可称为儒学;有一不合,即非儒学"。⑥马一浮的这一儒学观,典型地体现了其所尊奉的儒学

① 乌以风:《问学私记》,《马一浮全集》第一册,第 744 页。

② 马一浮:《复性书院讲录》,《马一浮全集》第一册,第 186 页。

③ 马一浮:《复性书院讲录》,《马一浮全集》第一册,第 185 页。

④ 许宁:《六艺圆融——马一浮文化哲学研究》,北京:中国社会科学出版社,2008 年,第 267 页。

⑤ 马一浮:《复性书院讲录》,《马一浮全集》第一册,第 178 页。

⑥ 邓新文:《马一浮六艺一心论研究》,上海:上海古籍出版社,2008 年,第 63 页。

区别于佛、道及一切俗学的根本之处就在于，其以"立身"为核心价值的道德中心主义取向。也正因此，正像马一浮所期望的，以六艺论儒学来培植丰富的人性、高远的人格、超越的境界显然是有着其独特作用的，是运用传统的思想文化资源进行创造性转化而生成现代性的个体存在、个人道德境界的提升和良善社会秩序的构建的一个重要路径。从这一意义上说，这也是现代新儒学可以在现代社会的道德实践领域上发挥并实现的"成己"之功。

　　另一方面，面对现代社会生活、现实环境的巨大变化，现代儒学也应该放弃传统儒学所怀抱的内圣外王的不切实际的理想，从以往动不动就想占据"虚幻共同体"的正统意识形态高地的姿态中解放出来，回归到路归路、桥归桥的状态，把心性与事功、道德与政治、私德与公德等不同类别的事物划分出适当的边界，形成一个各有主次、重心又能相互融合而为一个多样性的统一整体，努力达到"和而不同""各美其美、美美与共"的和谐合作的理想社会，实现真正的"成物"之用。对此，有些学者已开始进行相关的探索，如汤一介就认为："照我看，靠个人的道德学问的提升，求得个人的'孔颜乐处'或者可能；但是光靠着个人的道德学问的提高，把一切社会政治问题都寄托在'修身'上，是不可能使社会政治成为合理的客观有效的理想社会政治的。"[1]因此，就倡导王道政治，力图把个体完美的道德人格延伸扩展至政治实践领域，让政治权力的运作置于道德心性的正义框架下予以监督、制约的设想而言，马一浮的内圣外王之道无疑是具有良好出发点的，也继承了原始儒学的真传统。然而，和原始儒学一样，这种理想的内圣外王之道能否真正实现贯通？个人在心性道德上追求成圣成贤的"超凡入圣"问题与企图把"圣人"转化成为"圣王"并由其来实现社会政治理想问题，无疑是两个有一定的相关性但又分属不同的价值系统和实

---

① 汤一介：《对中国哲学的哲学思考》，《非实非虚集》，北京：华文出版社，1999年，第345页。

践领域的问题，难以直接贯通和转化，正如道家所认为的："治在道，不在圣。"①亚里士多德也说，人作为最完美的动物，当他与法律、正义和道德隔绝以后，也难免成为动物中最坏的、最野蛮的动物。②一个良好社会的基本秩序只有依靠法律、正义和道德共同作用，才能构筑起来，三者缺一不可。马一浮不仅寄希望于只靠道德自觉的力量就能有效地引导和规范政治权力、遏制政治权力的胡作妄为，甚至希望借助道德手段去解决一切问题，包揽社会政治、经济和生命中的一切，对良好的政治、社会秩序的构建只突出了其道德性维度，而缺乏系统性法律制度和普遍性的正义原则的维度，完全是不切实际的简单化理想。它不但使马一浮所理想的合理的社会生活秩序无从构建，甚至会将道德功利化，从而严重地损害、毒化作为良知的道德本身，也使他终究难以走出传统儒学的固有局限。因此，我们今天不仅要重新考察儒学的内圣外王之道能否真正贯通的问题，也要进一步重新反省、定位儒家的"外王学"的价值内涵和现代意义问题，尤其需要厘清个人在心性道德上追求成圣成贤的"超凡入圣"问题，与企图把"圣人"转化成为"圣王"并由其来实现社会政治理想这两个分属不同的价值系统和实践领域的问题，要让它们都能发挥各自的作用，只能按照各自的客观逻辑运行，"依乎天理""因其固然"，③这才是最好的选择。

因此，正如马一浮的六艺论儒学造成了知识与价值的紧张和矛盾，即由从知识论层面对"六艺论"的崇尚又倒退到价值论层面，最终又回到了以心性论为主导的思想取向一样，他的六艺论儒学在"内圣外王"问题上，同样也存在内圣有余、外王不足的问题。正如前面所指出过的，马一浮和传统儒学一样相信"内圣"是一切的根本，有了高度的"内圣"之功即可贯通于"外王"之用，"外王"只是"内圣"之余事。这种以道德为绝对中心的观

---

① 《文子·符言》。
② ［古希腊］亚里士多德：《政治学》，吴寿彭译，北京：商务印书馆，2017 年，第 9 页。
③ 《庄子·养生主》。

念不但忽略了道德修养与政治活动等的重要区别，也忽视了道德问题本身也是社会生活的产物，它的真正实践还需要依赖于一定的社会生活基础。所以马一浮强调以"内圣"为本，实际上其"内圣外王"之学最后往往是以内圣代替外王，外王只是主体道德从意志到行为的自我循环，表现为强烈的内在化倾向。当然，马一浮之失也是整个传统儒学之失，是自原始儒学以来的通病，在其理论框架内本无真正可解之方。由此，马一浮最终趋同于宋儒的心性论儒学，也有其理论逻辑和时代的必然性。以内圣本身为外王，实际上已把外王问题在内圣的框架上予以了消解和转化，这固然等于取消了真正的外王问题，但是以此用以重建相对独立圆满的德性精神的价值世界，却未尝没有其独特的价值，即它可以成为马一浮提供给我们可以努力构建而栖居的意义世界。总之，六艺论儒学可以通过改造而较多地适用于当代个人的道德修养和人格塑造，乃至当代社会道德、文化共同体的构建，却已难以直接适用于当代社会整体的体系性建设和普遍性社会秩序的维护，因而马一浮的六艺论儒学最终转入并汇合于心性之学，似也是适应了时代发展的必然趋势。

参考文献

一、原始文献

1.马一浮:《马一浮集》(共三册),虞万里、丁敬涵、马镜泉等校点,杭州:浙江古籍出版社、浙江教育出版社,1996年。

2.马一浮:《马一浮全集》(共六册),吴光主编,邵鸿烈、朱晓鹏、徐儒宗、尚左文、王冀奇等编校,杭州:浙江古籍出版社,2013年。

3.马一浮:《中国现代学术经典·马一浮卷》,刘梦溪主编,马镜泉编校,石家庄:河北教育出版社,1996年。

4.马一浮:《马一浮先生遗稿初编》,陆宝千编,台北:广文书局,1992年。

5.马一浮:《马一浮先生遗稿续编》,陆宝千编,台北:广文书局,1998年。

6.马一浮:《马一浮先生遗稿三编》,丁敬涵编,台北:广文书局,2002年。

7.马一浮:《中国近代思想家文库·马一浮卷》,吴光编,北京:中国人民大学出版社,2015年。

8.马一浮编:《群经统类》,何俊主持,张天杰等校点,上海:上海古籍出版社,2017年。

9.乌以风:《马一浮先生学赞》,合肥:安徽新华印刷厂打印稿,1987年。

10.《十三经注疏》，上海：上海古籍出版社，1997年。

11.陈戍国：《四书五经校注本》，长沙：岳麓书社，2006年。

12.《宋史》，北京：中华书局，1977年。

13.《王安石全集》，上海：上海古籍出版社，1999年。

14.《二程集》（上、下），王孝鱼点校，北京：中华书局，1981年。

15.《张载集》，北京：中华书局，1978年。

16.《三苏全书》，曾枣庄、舒大刚主编，北京：语文出版社，2001年。

17.《吕祖谦全集》，黄灵庚等主编、点校，杭州：浙江古籍出版社，2008年。

18.叶适：《习学记言序目》（上、下册），北京：中华书局，1977年。

19.叶适：《叶适集》（全三册），刘公纯、王孝鱼、李哲夫点校，北京：中华书局，1961年。

20.陈亮：《陈亮集》（增订本），邓广铭点校，石家庄：河北教育出版社，2003年。

21.黎靖德编：《朱子语类》，北京：中华书局，1986年。

22.朱熹：《朱子全书》，上海：上海古籍出版社；合肥：安徽教育出版社，2002年。

23.朱熹：《四书章句集注》，上海：上海古籍出版社，2001年。

24.陆九渊：《陆九渊集》，钟哲点校，北京：中华书局，1980年。

25.陈献章：《陈献章集》，孙通海点校，北京：中华书局，1987年。

26.王阳明：《王阳明全集》，吴光等编校，上海：上海古籍出版社，1992年。

27.黄宗羲：《宋元学案》，北京：中华书局，1986年。

28.黄宗羲：《黄宗羲全集》（全十二册），杭州：浙江古籍出版社，2004年。

29.文渊阁《四库全书》（影印本），北京：商务印书馆，1986年。

30.《四库全书总目》，北京：中华书局，1965年。

31.《四库全书总目提要》，石家庄：河北人民出版社，2000年。

32.裘锡圭主编：《长沙马王堆汉墓简帛集成》，北京：中华书局，2014年。

33.廖名春:《马王堆帛书周易经传释文》,《续修四库全书》经部第一册,上海:上海古籍出版社,1995 年。

34.荆门市博物馆:《郭店楚墓竹简》,北京:文物出版社,1998 年。

35.饶宗颐主编:《敦煌文薮》,台北:新文丰出版公司,1999 年。

36.赵在翰辑:《孝经钩命诀》,钟肇鹏、萧文郁点校,北京:中华书局,2012年。

37.章学诚:《文史通义》,上海:上海古籍出版社,2008 年。

38.熊十力:《熊十力全集》,武汉:湖北教育出版社,2001 年。

39.梁漱溟:《梁漱溟全集》,济南:山东人民出版社,2005 年。

40.[古希腊]亚里士多德:《政治学》,吴寿彭译,北京:商务印书馆,2017 年。

41.[德]卡尔·马克思:《1844 年经济学哲学手稿》,北京:人民出版社,2000 年。

42.[法]路易斯·博洛尔:《政治的罪恶》,蒋庆、王天成等译,北京:改革出版社,1999 年。

二、研究论著

1.毕养赛、马镜泉主编:《马一浮学术研究》,杭州:杭州师范大学马一浮研究所内部刊印,1995 年。

2.毕养赛主编,吕正之、马镜泉副主编:《中国当代理学大师马一浮》,上海:上海人民出版社,1992 年。

3.蔡方鹿:《中国经学与宋明理学研究》(上、下),北京:人民出版社,2011年。

4.陈来:《古代思想文化的世界——春秋时代的宗教、伦理与社会思想》,北京:生活·读书·新知三联书店,2002 年。

5.陈来:《古代宗教与伦理:儒家思想的根源》,北京:生活·读书·新知三联书店,2009 年。

6.陈来:《宋明理学》,沈阳:辽宁教育出版社,1991 年。

7.陈锐:《马一浮儒学思想研究》,上海:上海古籍出版社,2010 年。

8.陈锐:《马一浮与现代中国》,北京:中国社会科学出版社,2008 年。

9.陈少峰:《中国伦理学史》,北京:北京大学出版社,1996 年。

10.陈星:《隐士儒宗:马一浮》,济南:山东画报出版社,1996 年。

11.陈炎:《多维视野中的儒家文化》,济南:山东教育出版社,2013 年。

12.陈寅恪:《金明馆丛稿二编》,上海:上海古籍出版社,1980 年。

13.陈战国:《先秦儒学史》,北京:人民出版社,2012 年。

14.程苏东:《从六艺到十三经——以经目演变为中心》,北京:北京大学出版社,2018 年。

15.程勇:《早期儒家文论话语研究》,北京:中国社会科学出版社,2015 年。

16.[德]阿尔伯特·爱因斯坦:《道德的衰败》,方在庆、韩文博、何维国译:《爱因斯坦晚年文集》,海口:海南出版社,2000 年。

17.[德]迪特·库恩:《儒家统治的时代:宋的转型》,李文锋译、邵君安校,北京:中信出版社,2016 年。

18.[德]卡西尔:《人论》,上海:上海译文出版社,1985 年。

19.[德]马克斯·韦伯:《新教伦理与资本主义精神》,于晓、陈维纲等译,北京:生活·读书·新知三联书店,2002 年。

20.邓新文:《马一浮六艺一心论研究》,上海:上海古籍出版社,2008 年。

21.丁敬涵:《永怀集》,成都:西南财经大学出版社,2016 年。

22.方东美:《原始儒家道家哲学》,北京:中华书局,2012 年。

23.费孝通:《乡土中国》,北京:生活·读书·新知三联书店,1985 年。

24.葛兆光:《七世纪前中国的知识、思想与信仰世界》,《中国思想史》第一卷,上海:复旦大学出版社,1998年。

25.葛兆光:《七世纪至十九世纪中国的知识、思想与信仰》,《中国思想史》第二卷,上海:复旦大学出版社,2000年。

26.葛兆光:《思想史研究课堂讲录:视野、角度与方法》,北京:生活·读书·新知三联书店,2005年。

27.郭齐勇主编:《儒家伦理争鸣录》,武汉:武汉大学出版社,2011年。

28.贺麟:《五十年来的中国哲学》,上海:上海人民出版社,2012年。

29.侯外庐、邱汉生、张岂之主编:《宋明理学史》北京:人民出版社,1984年。

30.黄俊杰:《孟子思想史论》,台北:"中央研究院"中国文哲研究所,2007年。

31.姜广辉:《走出理学》,沈阳:辽宁教育出版社,1997年。

32.李道湘:《现代新儒学与宋明理学》,沈阳:辽宁大学出版社,1998年。

33.李国红:《马一浮思想研究》,成都:巴蜀书社,2012年。

34.李会富:《绍续与革新:儒学史视域中的理学问题考察》,天津:天津社会科学院出版社,2016年。

35.李泽厚:《己卯五说》,北京:中国电影出版社,1999年。

36.刘乐恒:《马一浮六艺论新诠》,上海:上海古籍出版社,2015年。

37.刘清平:《忠孝与仁义——儒家伦理批判》,上海:复旦大学出版社,2012年。

38.刘泽华主编:《中国政治思想史》(隋唐宋元明清卷),杭州:浙江人民出版社,1996年。

39.刘子健:《中国转向内在——两宋之际的文化转向》,南京:江苏人民出版社,2012年。

40.吕妙芬:《孝治天下——〈孝经〉与近世中国的政治与文化》,台北:联经出版公司,2011年。

41.马镜泉、赵士华:《马一浮评传》,南昌:百花洲文艺出版社,1993年。

42.马宗霍、马巨:《经学通论》,北京:中华书局,2011年。

43.[美]爱德华·希尔斯:《论传统》,傅铿、吕乐译,上海:上海人民出版社,2009年。

44.[美]包弼德:《斯文:唐宋思想的转型》,刘宁译,南京:江苏人民出版社,2000年。

45.[美]刘子健:《中国转向内在:两宋之际的文化转向》,赵冬梅译,南京:江苏人民出版社,2011年。

46.[美]塞缪尔·亨廷顿:《现代化——理论与历史经验的再讨论》,上海:上海译文出版社,1993年。

47.[美]余英时:《宋明理学与政治文化》,沈志佳编:《余英时文集》第十卷,桂林:广西师范大学出版社,2006年。

48.[美]余英时:《朱熹的历史世界——宋代士大夫政治文化的研究》(上、下册),北京:生活·读书·新知三联书店,2004年。

49.蒙培元:《理学的演变》,福州:福建人民出版社,1984年。

50.牟宗三:《心体与性体》,上海:上海古籍出版社,1999年。

51.牟宗三:《中国哲学的特质》,台北:学生书局,1963年。

52.皮锡瑞:《经学通论》,北京:中华书局,1954年。

53.皮锡瑞:《经学历史》,北京:中华书局,2008年。

54.皮锡瑞:《〈六艺论〉疏证》,上海:上海古籍出版社,1996年。

55.漆侠:《宋代经济史》,北京:中华书局,2009年。

56.漆侠:《宋学的发展和演变》,《漆侠全集》卷6,保定:河北大学出版社,2002年。

57.启良:《新儒学批判》,上海:上海三联书店,1995 年。

58.束景南:《朱子大传》(上、下),北京:商务印书馆,2003 年。

59.汤一介:《非实非虚集》,北京:华文出版社,1999 年。

60.滕复:《马一浮思想研究》,北京:中华书局,2001 年。

61.滕复:《一代儒宗——马一浮传》,杭州:杭州出版社,2004 年。

62.王葆玹:《今古文经学新论》,北京:中国社会科学出版社,1997 年。

63.韦政通:《伦理思想的突破》,北京:中国人民大学出版社,2005 年。

64.韦政通:《中国思想史》(上、下),台北:水牛出版社,1990 年。

65. 吴光等主编:《海纳江河 树我邦国——马一浮先生诞辰 130 周年纪念大会暨国学研讨会论文集》,杭州:浙江大学出版社,2013 年。

66. 吴光主编:《马一浮思想新探》(论文集),上海:上海古籍出版社,2010年。

67.吴光主编:《中华人文精神新论》,上海:上海古籍出版社,1998 年。

68.吴震、[日]吾妻重二主编:《思想与文献:日本学者宋明理学研究》,上海:华东师范大学出版社,2010 年。

69.萧萐父、许苏民:《清明启蒙学术流变》,沈阳:辽宁教育出版社,1995 年。

70.徐复观:《中国思想史论集》,上海:上海书店出版社,2004 年。

71.徐儒宗:《六艺论——马一浮六艺学研究》,杭州:浙江大学出版社,2019 年。

72.许宁:《六艺圆融——马一浮文化哲学研究》,北京:中国社会科学出版社,2008 年。

73.严复:《严复论学集》,卢华、吴剑修编,北京:商务印书馆,2019 年。

74.杨国荣:《成己与成物——意义世界的生成》,北京:北京大学出版社,2011 年。

75.杨国荣:《王学通论——从王阳明到熊十力》,上海:上海三联书店,

1990 年。

　　76.杨向奎:《宗周社会与礼乐文明》,北京:人民出版社,1992 年。

　　77.姚名达:《中国目录学史》,上海:上海古籍出版社,2002 年。

　　78.叶舒宪:《现代性危机与文化寻根》,济南:山东教育出版社,2007 年。

　　79.叶舒宪选编:《神话——原型批评》,西安:陕西师范大学出版社,1987 年。

　　80.[英]阿雷恩·鲍尔德温:《文化研究导论》,陶东风译,北京:高等教育出版社,2002 年。

　　81.于文博、吴光:《六艺该摄一切学术——马一浮说儒》,贵阳:孔学堂书局,2018 年。

　　82.余敦康:《中国哲学论集》,沈阳:辽宁大学出版社,1998 年。

　　83.俞建章、叶舒宪:《符号:语言与艺术》,上海:上海人民出版社,1988 年。

　　84.张立文主编,张立文、祁润兴著:《中国学术通史》(宋元明卷),北京:人民出版社,2004 年。

　　85.章太炎:《章太炎学术史论集》,北京:中国社会科学出版社,1997 年。

　　86.赵旭东:《反思本土文化建构》,北京:北京大学出版社,2003 年。

　　87.周予同:《周予同经学史论著选集》,上海:上海人民出版社,1983 年。

　　88.朱晓鹏:《儒道融合视域中的阳明心学建构》,北京:商务印书馆,2019 年。

　　89.朱晓鹏、赵玉强:《平民哲学与社会发展——南宋浙学精神及其现代价值》,北京:社会科学文献出版社,2019 年版。

三、论文

1.戴琏璋:《马一浮六艺论的人文思想》,《杭州师范大学学报》(社会科学版)2008 年第 6 期。

2.范兵:《马一浮与儒学文化体系的重建》,《中国文化》1994 年第 9 期。

3.葛兆光:《道统、系谱与历史——关于中国思想史脉络的来源与确立》,《文史哲》2006 年第 3 期。

4.葛兆光:《回到历史场景:从宋人两个说法看哲学史与思想史之分野》,《河北学刊》2004 年第 4 期。

5.何俊:《中国传统知识谱系中的知识观念》,《中国社会科学》2016 年第 9 期。

6.蒋国保:《汉儒称"六经"为"六艺"考》,《中国哲学史》2006 年第 4 期。

7.李裕民:《论宋学精神及相关问题》,《宋史新探》,西安:陕西师范大学出版社,1999 年。

8.廖名春:《帛书释要》,《中国文化》第十辑,北京:中华书局,1994 年。

9.束景南、王晓华:《四书升格运动与宋代四书学的兴起——汉学向宋学转型的经典诠释历程》,《历史研究》2007 年第 5 期。

10.肖永明、殷慧:《北宋心性之学的发展与宋代〈四书〉学的形成》,《中国哲学史》2008 年第 1 期。

11.朱汉民、张国骥:《两宋的〈论语〉诠释与儒学重建》,《中国哲学史》2008 年第 4 期。

12.朱晓鹏:《从朱熹到王阳明:宋明儒学本体的转向及其基本路径》,《哲学研究》2015 年第 2 期。

13.朱晓鹏:《论马一浮对六艺论儒学的重建》,《杭州师范大学学报》(社会科学版)2021 年第 5 期。

14.朱晓鹏:《论马一浮对宋明儒学本体论思想的传承与创新》,《哲学与文化》2022 年第 7 期。

15.朱晓鹏:《论马一浮〈群经统类〉视域中的宋明儒学》,《哲学研究》2021 年第 3 期。

后 记

马一浮虽然是现代新儒学的代表性人物之一，但是近几十年来学界对于马一浮的研究并不像对其他几位现代新儒家一样成为热点，而是一直比较稀少。其原因一则可能是马一浮研究本身难度较大，因马一浮不仅其著述、表达及其所用概念、语言等都崇尚古风，甚至爱用古僻字、异体字，而且在其一生的学术活动中除了在抗战时期所作的《泰和宜山会语》《复性书院讲录》这两个讲稿，几乎很少有比较系统的著述，这些问题都给人们对马一浮论著的阅读理解造成了不少困难。二则由于马一浮缺少比较系统的理论著述，所以容易给人造成其学术思想没有多少创新性的印象，而一个没有多少创新性的新儒学人物，其学术思想的价值、意义及其定位是难以确立的。许多人也许正是因为有这些困难和问题而不大愿意去做马一浮思想的研究。

我自己由于某些外在的机缘，在二十多年前陆续撰写了几篇相关论文、参与编校了《马一浮全集》等，从此开始了对马一浮学术思想的关注。但是这些只能算是与马一浮的学术思想有了一些初步的接触，还算不上真正深入的研究。自从 2013 年临时受命参与国家社科基金重大项目"'群经统类'的文献整理与宋明儒学研究"的申报设计并独立承担了其中唯一一个直接有关马一浮学术思想研究的子课题"马一浮与现代新儒学"以来,为了完成这一课题才开始进入了真正的相关研究中。本书就是这一课题在经过十来年的相关研究和写作后拿出来的一个初步成果。但其实这十来年的头几年除了主要从事搜集相关资料进行全面系统的研读和思考外,由于当时手头另有两个重要项目还在进行而花费了不少主要的精力,并没能全力投入这项工作中。所以对马一浮学术思想的真正研究是在那两个项目研究完成以后才得以具体展开的。随着相关研究的展开,原来在课题设计中初步描画的马一浮以"六艺论"为基础,以六艺论儒学为中心的一个富有创新性的独特理论体系逐渐具体地呈现了出来,并且具有了较为丰富的内涵。也正是通过这种研究,我不但发现了马一浮学术思想中在没有创新的传统外表下所包含的巨大思想理论的创新性,也逐渐进一步理解了马一浮这种独特的学术思想工作的丰富而重大的价值和意义。而且在我看来,马一浮对六艺论儒学的阐发和重建,不但有益于我们对儒学的传统和历史及其真正精神、儒学与经学的关系、传统经典的现代诠释和活化等重要问题可以作出一系列全新的认识,而且可以对中国传统文化的普遍性价值及其现代意义、中国传统文化在当代中国现代化进程中的创造性转化和创新性发展的可行性路径做出一些新的探索。当然,对于我个人而言,这些问题没有也不可能在这一本书里得到全面的探讨和解决。许多问题恰恰正是借机提了出来,而真正的探讨和解决则需要通过我自己和学界同行及后来者持续不断的再努力,才有希望实现。

　　值得一提的是,无论是在杨国荣教授主持的本课题所属的国家重大项目的开题论证会上,还是在陈来教授担任组长的该国家重大项目结题鉴定会上,各位专家对马一浮通过"群经统类"的文献整理所体现出来的宋明儒学观及其一般的儒学思想都十分感兴趣,分别表示过对相关研究的期待和肯定。感谢他们对此问题的关注,希望本书的出版能够提供给他们一个进一步考察的窗口。在课题的研究写作过程中,有一部分阶段性成果已经作为相关论文在《哲学研究》《哲学与文化》《学术界》《浙江社会科

马一浮与现代新儒学——宋明儒学的传承创新

学》《杭州师范大学学报》等学术期刊及有关的国内外学术会议上先后发表过，在此谨对这些学术刊物及主办会议的学术机构对学术工作的支持表示感谢和敬意。同事赵玉强博士、研究生倪福东等同学、天津人民出版社林雨编辑等人在相关论文和书稿的修改、录校、编辑等工作中分别给予了很多帮助，在此也对他们表示衷心感谢！

朱晓鹏

2023 年 9 月 29 日于青山居

后　记